한국어뱅크

TOPIK II
한 권이면 OK

한국어뱅크

TOPIK II
한 권이면 OK

한국어능력시험 II
중·고급(3~6급)

English Edition

초판 8쇄 발행 | 2024년 3월 1일

지은이 | 김훈·김미정·김승옥·임리라·장지연·조인화
발행인 | 김태웅
편 집 | 김현아
디자인 | 남은혜, 김지혜
마케팅 | 나재승
제 작 | 현대순

발행처 | (주)동양북스
등 록 | 제 2014-000055호
주 소 | 서울시 마포구 동교로22길 14 (04030)
구입문의 | 전화 (02)337-1737   팩스 (02)334-6624
내용문의 | 전화 (02)337-1762   dybooks2@gmail.com

ISBN 979-11-5768-294-2 13710

한국어뱅크

TOPIK II
한 권이면 OK

한국어능력시험 II
중·고급(3~6급)

동양북스

머리말

아무리 좋은 재료와 요리 도구를 가지고 있다고 하더라도 그것을 맛있게 조리하는 방법을 모르면 절대 맛있는 음식은 완성할 수 없을 것입니다. 한국어능력시험II (TOPIK II)를 준비하는 수험생들은 좋은 점수를 얻고 싶어 하지만, 실제로는 어떻게 시험을 대비해야 하는지는 모르는 경우가 많습니다. 본 책은 수험생들에게 시험의 유형에 익숙해지고 자신의 언어 능력을 발휘할 수 있는 방법, 더 나아가 TOPIK II에서 효율적으로 좋은 성과를 올리는 방법을 제시하고 있습니다.

본 책은 TOPIK II를 준비하는 외국인 수험생을 위한 종합 학습서입니다. 준비 단계와 유형 분석, 문제 분석과 적용의 단계로 이루어져 있습니다. 수험생들은 준비 단계를 통해 TOPIK II에서 필수적으로 나타나는 어휘와 문법을 익힐 수 있습니다. 또한 유형 분석을 통해 시험의 유형을 숙지하고, 직접 기출 문제와 샘플 문제를 통해 문제를 해석하여 올바른 정답을 찾아내는 연습을 하게 됩니다. 마지막으로 실전과 유사한 형태의 연습 문제를 통해 최종 점검을 하도록 구성하였습니다.

본 책에서 나오는 어휘와 문법은 그동안 출제되었던 TOPIK 문제와 국제 통용 한국어교육 표준 모형(국립국어원), 주요 대학의 한국어 교재를 분석한 결과를 바탕으로 하고 있습니다. 또한 읽기와 듣기, 쓰기 문제의 주제와 소재는 그동안의 TOPIK 기출 문제와 다년간의 시험의 흐름을 면밀히 분석하여 선정하였습니다.

또한 본 책은 선생님들이 직접 수업을 하는 것 같은 친절하고 자세한 설명을 제공합니다. 이는 집필진 모두가 한국어 교육 현장에서 TOPIK 관련 프로그램을 운영하거나 교재 집필, TOPIK 문제 출제와 평가를 한 경험이 있는 전문가들이기에 가능한 것이었습니다. 또한 이와 같은 경험은 많은 TOPIK 수험생들이 현장에서 바라고 있는 시험 관련 대비서로서의 요구 사항을 분석하여 본 책에 반영할 수 있는 바탕이 되었습니다.

이 책이 나올 때까지 세심한 부분까지 도와주시고 격려해 주신 분들께 감사의 말씀을 드립니다. 또한 책을 좀 더 나은 모습으로 구성하고 디자인해주신 동양북스에도 감사의 인사를 드립니다. 모쪼록 본 책이 TOPIK을 준비하는 수험생들에게 좋은 길잡이가 되기를 바라며, TOPIK을 준비하는 모든 수험생들에게 격려와 응원을 보냅니다.

집필진 일동

Introduction

Even with high-quality ingredients and cooking utensils, you cannot make excellent dishes without knowledges of know how to cook them well, Although they want to get a higher score, many students do not know how to prepare for TOPIK. This book includes how to get familiar with the question types, how to show own language ability, and how to make higher effects, in TOPIK.

This is a comprehensive book for foreign students who prepare for TOPIK. It consists of preparatory step, analysis of question types, analysis of questions, and application. Students can get familiar with vocabulary and grammar who necessarily appear in TOPIC this preparatory step. They get familiar with question types through question type analysis, and comprehend the questions through previous test questions and sample questions, to practice to find correct answers. Finally, students can make final check through exercise questions similar to the practical tests.

The vocabulary and grammar in this book are based on the TOPIK questions in previous tests, the international Korean language education standard pattern(The National Institute of The Korean Language), and the results of analysis on Korean language textbooks of colleges in Korea. The topics and materials were selected through close analysis on the previous tests and their flow of TOPIK.

Also, this book is provided with kind and detailed explanations as if you listen to teachers' explanations in class. This was possible because the authors are all experts who have experience of having operated TOPIK classes at educational institutes, written textbooks, or actually prepared or graded TOPIK. Furthermore, such experiences of the authors could be the basis to reflect the needs of TOPIK applicants in this book.

We appreciate all of the people who have participated in the writing. Also, we acknowledge Dongyang Books who made good composition and design of this book. We wish this book would be a good guide to you as the students who prepare for TOPIK, sending all of you our encouragement.

Authors

TOPIK 소개

시험의 목적

— 한국어를 모국어로 하지 않는 재외동포 · 외국인의 한국어 학습 방향 제시 및 한국어 보급 확대
— 한국어 사용능력을 측정 · 평가하여 그 결과를 국내 대학 유학 및 취업 등에 활용

응시대상

한국어를 모국어로 하지 않는 재외동포 및 외국인으로서

— 한국어 학습자 및 국내 대학 유학 희망자
— 국내외 한국 기업체 및 공공기관 취업 희망자
— 외국 학교에 재학 중이거나 졸업한 재외국민

유효기간

성적발표일로부터 2년간 유효

시험의 활용처

— 정부초청 외국인장학생 진학 및 학사관리
— 외국인 및 12년 외국 교육과정이수 재외동포의 국내 대학 및 대학원 입학
— 한국기업체 취업희망자의 취업비자 획득 및 선발, 인사기준
— 외국인 의사자격자의 국내 면허인정
— 외국인의 한국어교원자격시험(2~3급)응시 자격 취득
— 영주권 취득
— 결혼이민자 비자 발급 신청

시험시간표

구분	교시	영역	중국 등			한국, 일본			기타 국가			시험시간(분)
			입실시간	시작	종료	입실시간	시작	종료	입실시간	시작	종료	
TOPIK I	1교시	듣기 읽기	08:30	09:00	10:40	09:20	10:00	11:40	09:00	09:30	11:10	100
TOPIK II	1교시	듣기 쓰기	11:30	12:00	13:50	12:20	13:00	14:50	12:00	12:30	14:20	100
	2교시	읽기	14:10	14:20	15:30	15:10	15:40	16:30	14:40	14:50	16:00	70

※ 중국 등 : 중국(홍콩 포함), 몽골, 대만, 필리핀, 싱가포르, 브루나이, 말레이시아
※ 시험 시간은 현지 시간 기준 / TOPIK I 과 TOPIK II 복수 지원 가능
※ TOPIK I 은 1교시만 실시함
※ 중국 TOPIK II 는 13:00에 시작

시험의 수준 및 등급

— 시험수준: TOPIKI, TOPIKII
— 평가등급: 6개 등급(1~6급)
  획득한 종합점수를 기준으로 판정되며, 등급별 분할점수는 아래와 같습니다.

구분	TOPIK I		TOPIK II			
	1급	2급	3급	4급	5급	6급
등급결정	80점 이상	140점 이상	120점 이상	150점 이상	190점 이상	230점 이상

※ 35회 이전 시험기준으로 TOPIK I은 초급 TOPIK II는 중고급 수준입니다.

문항구성

1) 수준별 구성

시험 수준	교시	영역(시간)	유형	문항수	배점	총점
TOPIK I	1교시	듣기(40분)	객관식	30	100	200
	2교시	읽기(60분)	객관식	40	100	
TOPIK II	1교시	듣기(60분)	객관식	50	100	300
		쓰기(50분)	주관식	4	100	
	2교시	읽기(70분)	주관식	50	100	

2) 문제유형
  — 객관식 문항(사지선다형)
  — 주관식 문항(쓰기 영역)
    문장완성형(단답형): 2문항
    작문형: 2문항(200~300자 정도의 중급 수준 설명문 1문항, 600~700자 정도의 고급 수준 논술문 1문항)

성적 확인 방법 및 성적증명서 발급

① 성적 확인 방법
  홈페이지(www.topik.go.kr) 접속 후 확인 및 발송된 성적증명서 확인
  ※ 홈페이지에 접속하여 성적을 확인할 경우 시험 회차, 수험번호, 생년월일이 필요함
  ※ 해외응시자도 홈페이지(www.topik.go.kr)를 통해 자기 성적 확인

② 성적증명서 발급 대상
  부정행위자를 제외하고 합격·불합격 여부에 관계없이 응시자 전원에게 발급

③ 성적증명서 발급 방법
  ※ 인터넷 발급
    — TOPIK 홈페이지 성적증명서 발급 메뉴를 이용하여 온라인 발급(성적발표 당일 출력 가능)
  ※ 우편수령 선택
    — 한국 응시자의 경우 성적발표일로부터 3일 후(근무일 기준)발송
    — 일반우편으로 발송되므로 수취 여부를 보장하지 못함
    — 주소 오류 또는 반송된 성적증명서는 다시 발송 되지 않음(3개월 이내 방문 수령 가능)

구성 및 활용

➤ 1단계 - 준비 Step 1 - Getting ready

이 단계는 씨를 뿌리는 단계입니다. TOPIK을 풀기 이전에 먼저 한국어 능력을 키워야 합니다. 아무리 좋은 설계도가 있어도 재료가 없으면 집을 지을 수 없는 것처럼 기본적인 어휘와 문법 실력 없이는 TOPIK을 잘 볼 수 없습니다.

This step is like sowing your seeds. Before taking TOPIK, it is important to enhance your Korean language ability. As you cannot build a house without construction materials even with the best design, you cannot get a high score in TOPIK without basic knowledge on Korean vocabulary and grammar.

오늘의 어휘&문법 Today's Vocabulary & Grammar

TOPIK에 자주 출제된 중요 기출 어휘와 문법, 국립국어원에서 제시한 '국제통용 한국어교육 표준모형'의 중요 어휘와 문법, 그리고 주요 대학 교재를 분석하여 앞으로 자주 출제될 어휘와 문법을 제시하였습니다. 문장으로 자연스럽게 학습할 수 있도록 예문을 제시하였고 기출, 샘플, 연습 문제의 지문에도 오늘의 어휘와 문법이 포함되어 있습니다. 항상 가지고 다니며 공부할 수 있도록 핸드북을 따로 만들어 두었으니 적극적으로 활용하시기 바랍니다. 오늘의 어휘와 문법은 반드시 외우기 바랍니다.

This book includes key Korean vocabulary and grammar which have frequently appeared in TOPIK, and which are presented in the 'International Standard Model of Korean Language Education' of the National Institute of Korean Language, and which are expected to frequently appear in TOPIK on the basis of analysis on Korean language textbooks from major universities in Korea, There are sentence examples to help learning naturally through sentences; and 〈Today's Vocabulary & Grammar〉 are also included in the texts of past exams, samples and excercise problems. A handbook is also available for your convenience to study. It is strongly recommended to memorize all of Today's Vocabulary and Grammar.

Hand book

오늘의 어휘와 문법은 가지고 다니면서 공부할 수 있도록 따로 핸드북을 만들어 두었습니다. TOPIK을 준비하는 학생이라면 반드시 알아야 할 최소한의 어휘와 문법입니다. 항상 가지고 다시면서 반복해서 보고 꼭 외우시기 바랍니다. 어휘와 문법은 뜻만 외우는 것보다는 문장과 함께 외우는 것이 더 좋습니다.

A separate handbook is for you to carry and study Today's Vocabulary and Grammar. These are minimum-required vocabulary and grammar for the students preparing for TOPIK. Always take it with you, and make sure to read and memorize them repeatedly. It is better to memorize vocabulary and grammar with their example sentences rather than to memorize their definitions only.

➤ 2단계 – 유형 연구 Step 2 - Study on Question Types

이 단계는 숲을 보면서 전체적인 틀을 파악하는 단계입니다. 문제 하나하나를 보기 전에 전체적인 문제의 유형과 구성을 알아야 합니다. 아무리 한국어 능력이 뛰어나다 해도 시험 유형에 익숙하지 않으면 좋은 점수를 받을 수 없습니다.

This step is to comprehend the general test format like seeing a forest. It is important to understand the general type and pattern of the questions before you reach each question. No matter how excellent your Korean language ability is, it's difficult to get a high score in the test if you are not used to this test format.

유형 분석 Analysis of Question Types

해당 문제들에 대한 전체 설명과 각 문제를 푸는 구체적인 방법을 제시하였습니다. TOPIK 문제 하나하나를 분석하여 가장 빠르고 정확하게 답을 고를 수 있도록 하였습니다. 꼼꼼히 읽고 숙지하기 바랍니다. 진한 글씨 부분은 문제를 푸는 데 핵심적인 내용이므로 더욱 주의 깊게 보십시오.

In here, you will find specific ways of how to solve the questions with overall explanations. This step allows you to find the correct answer quickly and exactly through analysis of each TOPIK question. Make sure to read it thoroughly and understand it. The part with the bold text introduces the key to solve the questions, so read this part especially carefully.

➤ 3단계 – 문제 분석 Analysis of Questions

이 단계는 한 그루 한 그루 나무를 자세히 관찰하는 단계입니다. 왜 이 문제의 답이 ③번인지 문제 하나하나를 분석하고 답을 고르는 방법을 상세히 설명해 줄 겁니다.

This step is to observe each tree thoroughly. In here, you will find analysis of each question on why such answer is the correct answer and detailed explanation about how to choose the correct answer.

기출 문제 Questions of Previous Tests

각 유형을 파악할 수 있도록 TOPIK 기출 문제 35~37회 중 하나를 선택하여 제시하였습니다. 새롭게 바뀐 TOPIK 경향을 파악하는 데 큰 도움이 될 것입니다. 빨간 펜으로 중요한 부분에 밑줄을 긋고 구체적인 설명을 달아 두었습니다. 주의 깊게 보시기 바랍니다. 기출문제는 한 번 푸는 걸로 끝내지 마시고 문제에 나왔던 주제, 어휘, 문법을 반드시 복습해야 합니다.

In here, you will find one of the questions which appeared in the 35th-37th TOPIK tests in order to help you understand each question type. This will be helpful for you to comprehend the new TOPIK trend which has changed recently. The important part is underlined in red with detailed explanation. Make sure to read this part carefully. It is important to try to master the topic, vocabulary, and grammar which appeared in each previous question instead of solving the questions once only.

샘플 문제 Sample Questions

연습 문제를 풀기 전에 문제 유형을 다시 한 번 확인하는 단계입니다. 빨간 펜으로 밑줄을 그어 놓은 부분을 주의 깊게 보시기 바랍니다. 샘플 문제는 각 문제 유형에 나올 만한 주제와 어휘, 문법으로 구성되어 있기 때문에 풀고 나서 꼭 어휘와 문법을 정리해 두시기 바랍니다.

This step is to review the question type before going on to the exercise questions. It is important to read carefully the part underlined in red. The Sample Questions are composed of topics, vocabulary, and grammar which are expected to appear in each question type, so make sure to arrange such vocabulary and grammar after solving each question.

추가어휘   Additional Vocabulary

지문에 나온 새로운 어휘들을 정리해 두었습니다. 오늘의 어휘와 함께 충분히 공부하시기 바랍니다.

In here, you can find additional vocabulary which appear in the reading passage. Make sure to learn them enough through Today's Vocabulary.

문제 풀이   Answer Key

기출 문제와 샘플 문제의 해설입니다. 유형 분석한 내용을 바탕으로 왜 답이 되는지 구체적으로 설명하고 있으니 자세히 읽고 문제를 푸는 방법을 파악하시기 바랍니다.

This is the answer key for the Questions of Previous Tests and Sample Questions. It explains in detail why such answer is correct on the basis on the analysis of its question type, so make sure to read it thoroughly and understand how to solve such question.

➤ 4단계 – 적용   Step 4 - Exercise

자! 이제 준비와 분석은 끝났습니다. 실전이라고 생각하면서 문제를 풀어 보시기 바랍니다.

Now, preparation and analysis are done. Solve the questions as if you are taking an actual test.

연습 문제   Exercise Questions

유형 분석의 내용과 기출 문제, 샘플 문제의 문제 풀이를 잘 활용하여 실전이라고 생각하면서 풀어 보십시오. 연습 문제에도 각 유형에 나올 만한 주제와 어휘, 문법이 포함되어 있습니다. 한 번 푸는 데 그치지 마시고 어휘와 문법은 반복하여 공부하시기 바랍니다.

By using the explanation in 'Analysis of Question Types' and test solving skills described in 'Questions of Previous Tests' and 'Sample Questions', solve the problems as if you are taking actual TOPIK. Exercise questions also include topics, vocabulary and grammar which are expected to appear in each question type. It is important to repeat studying the vocabulary and grammar rather than solving the problems only once.

연습 문제 해설

Answer Key for Exercise Questions

연습 문제의 해설입니다. 틀린 문제는 해설을 보고 참고하여 왜 틀렸는지 알아 두고 같은 실수를 반복해서 하지 않도록 해야 합니다.

This is the answer key for the Exercise Questions. Make sure to check the answer key for wrong answers and figure out why you chose the incorrect answer, in order not to make the same mistake again.

차례

듣기 영역

듣기 영역 MP3 파일 ▶

TOPIK II
한 권이면 OK

꼭 읽어 보세요!
듣기 시험을 보기 위한 TIP

1. 자신이 목표한 등급에 전략 세우기

- TOPIK II 듣기는 **60분 동안 50문제**를 풀어야 합니다. 3·4급 수준의 문항 25개 정도, 5·6급 수준의 문항 25개 정도가 출제되는데 1번부터 50번까지 순서대로 어려워집니다.
- 3급은 300점 만점 중 120점, 4급은 150점, 5급은 190점, 6급은 230점 이상을 받아야 통과할 수 있습니다.

구분	TOPIK II			
	3급	4급	5급	6급
등급결정	120점 이상	150점 이상	190점 이상	230점 이상

- 중급을 목표로 하는 학생들이 처음 토픽 시험을 칠 때 고급 문제 때문에 시험을 망쳤다는 생각을 할 수 있을 것입니다. 하지만 자신이 목표한 등급이 중급이라는 것을 잊지 말기 바랍니다. 당연히 뒷부분은 어려울 수밖에 없습니다. 자신이 목표한 등급에 따라 어느 문제까지 풀어야 하는지 미리 파악해 두기 바랍니다.
- 일반적으로 읽기나 쓰기보다 **듣기에서 점수를 더 많이 얻어 두는 것**이 좋습니다. 3급을 목표로 한다면 듣기에서 50점 이상을, 4급에서는 60점 이상을 받으면 성공했다고 말할 수 있습니다. 즉 **3급을 받기 위해서는 30번 정도까지, 4급을 받기 위해서는 35번 정도까지**는 최선을 다해서 풀어야 합니다.
- 듣기는 1번부터 50번까지 계속 듣기 지문을 들으면서 문제를 풀어야 하기 때문에 읽기와 달리 자신이 시간을 나누어 풀기 어렵습니다. 그리고 다시 들을 수 없기 때문에 집중해서 들어야 합니다.
- TOPIK은 선택지 ①②③④번이 25%씩 나옵니다. 그렇기 때문에 자신의 **수준에 맞는 문제를 확실하게 풀고 나머지는 자신이 선택한 답 이외에 적게 나온 번호를 골라 표시**하는 것이 좋습니다.

2. 듣기 지문 들려 주는 방법 알아 두기

- 문제가 하나인 경우 한 번 들려주고, 두 개인 경우 두 번 들려줍니다. 그래서 **1~20번 문제는 한 번, 21~50번 문제는 두 번씩** 들려 줍니다.
- **문제와 문제 사이는 14초 정도**의 생각할 시간을 줍니다.
- 지문을 두 번 들려주는 경우는 바로 연결해서 들려 줍니다.
- 예를 들어 아래와 같이 진행이 됩니다.

[17~20] 문제

"띵~똥~"	17~20번 문제	"한 번씩 읽겠습니다."
'17번'	지문	무음(14초)
'18번'	지문	무음(14초)
'19번'	지문	무음(14초)
'20번'	지문	무음(14초)

"띵~똥~"	21~22번 문제	"두 번 읽겠습니다."
지문	"다시 들으십시오."	지문
"21번"		무음(14초)
"22번"		무음(14초)

3. 문제 유형 미리 파악해 두기

— 지문을 듣기 전에 먼저 전체 문제를 파악하고 있어야 합니다. TOPIK은 매회 같은 유형의 문제가 출제됩니다.

— '여자가 이어서 할 행동, 남자의 중심 생각' 등 듣기 문제에는 무엇을 집중해서 들어야 하는지 문제 속에 힌트가 들어 있습니다.

— 또 문제에 '대담, 인터뷰, 강연, 뉴스, 다큐멘터리, 교양 프로그램' 등 지문의 유형이 무엇인지도 미리 알려 주고 있기 때문에 문제의 유형을 미리 파악해 두면 무엇을 더 집중해서 들어야 하는지 알 수 있게 됩니다.

4. 문제와 선택지를 미리 파악하고 지문 듣기

— **지문을 듣기 전에 문제를 파악하고 선택지 ①②③④를 먼저 읽어** 두는 것이 좋습니다.

　듣기는 생각보다 느리게 말하기 때문에 들으면서 선택지를 읽을 시간이 있습니다. 지문을 모두 듣고 선택지를 읽으면 시간이 부족합니다.

— **선택지에 반복적으로 나오는 단어를 찾아 미리 어떤 주제가 나오는지 파악**해 두는 것이 좋습니다.

— 그리고 지문을 들으면서 선택지의 구체적인 내용을 읽고 답을 찾으십시오.

— 21번 이후 문제의 경우 지문을 두 번 들려 줍니다. 두 문제 중 한 문제에는 '남자/여자가 누구인지, 남자/여자의 중심 생각이나 태도, 그리고 행동'을 묻는 문제들이 나옵니다. 처음 들을 때는 문제에서 제시되어 있는 '남자/여자'의 목소리를 집중해서 중심 내용을 파악하시기 바랍니다.

— 두 번째 들을 때는 세부 내용에 집중하여 듣고 '내용과 일치하는 것'을 고르는 문제를 푸시기 바랍니다.

5. 집중해서 들어야 하는 부분

— 중심 생각을 고르는 문제의 경우 **접속 부사 뒤에서 중심 생각**을 정리해서 말하는 경우가 많으므로 접속 부사가 나오면 그 뒤에 나오는 내용에 더 집중할 필요가 있습니다.

— 두 사람이 대화하는 형식에서는 보통 **뒤에 말하는 사람이 어떤 분야의 전문가**일 가능성이 높습니다. 사회자는 전체적인 주제를 소개하거나 전문가가 누구인지 알려 줍니다. 이후 전문가가 중심 주제에 대하여 구체적인 설명을 합니다. 그렇기 때문에 **사회자의 말을 들으면서 전체적인 주체를 파악하고 전문가가 하는 말의 내용을 집중해서 들으면서 세부적인 내용을 파악**하는 것이 좋습니다.

— 중심 생각이나 태도를 고르는 문제에서는 전문가가 **강한 어조로 말하는 부분이 힌트**가 될 수 있습니다. 강한 어조로 말하는 부분을 집중해서 들으시기 바랍니다.

듣기 영역 MP3 파일 ▶

Tips for Listening Test

1. Making a strategy to achieve your goal grade

- During the Listening Test of TOPIK II, you need to complete 50 questions in 60 minutes. There are about 25 questions of TOPIK Grade 3-4 level and 25 questions of TOPIK Grade 5-6 level, and the questions will become harder and harder as you get closer to question #50.
- Out of the total score of 300, you will need a score at least 120 for Grade 3, 150 for Grade 4, 190 for Grade 5, and 230 for Grade 6.

Category	TOPIK II			
	Grade 3	Grade 4	Grade 5	Grade 6
Score for Qualification	120	150	190	230

- After taking a TOPIK test at first, students who aim at intermediate grades might think they have messed up the test due to the difficult questions. However, do not forget that the test is for intermediate grades. It is natural that the latter part of the test is difficult. Check in advance how difficult questions you need to practice solve for the grade you aim .
- Generally, it is recommended to get scores as high as possible in the Listening Test rather than the reading or writing test. You need a score of at least 50 for Grade 2, and 60 for Grade 4. Thus, you need to try your best to solve the questions up to question #30 to get Grade 3, or up to question #35 to get Grade 4.
- You need to solve the questions from #1 to #50 while listening to the listening passages, so differently from the reading test, it is hard to allot the time as you wish. You cannot listen to the passages again, so make sure to concentrate on listening to them. Each answer choice ①, ②, ③ and ④ accounts for 25% of the correct answers of TOPIK. Therefore, it is recommended to solve easy questions first, and then, choose and mark the answer choice of which number has been less chosen as the correct answer when you solve the rest of difficult questions.

2. Knowing how the Listening Test will be conducted

- If there is one question for the listening passage, you will hear the passage once only; and if there are two questions, you will hear the passage twice. Therefore, you will hear the passage once in questions #1-#20, and twice in questions #21-#50.
- You will be given 14 seconds to think (silence) between each question.
- As for the listening passage for two questions, you will hear the passage twice in a row.
- For instance, the test will proceed as follows:

Question [17~20]

"Ding ~ Dong ~"	Question #17-#20	"한 번씩 읽겠습니다"
"17번"	Passage for question #17	무음(14초) Silence(14 seconds)
"18번"	Passage for question #18	무음(14초) Silence(14 seconds)
"19번"	Passage for question #19	무음(14초) Silence(14 seconds)
"20번"	Passage for question #20	무음(14초) Silence(14 seconds)

Question [21~22]

"Ding~Dong~"	Question #21-#22	"두 번 읽겠습니다"
Passage for question #21-#22	"다시 들으십시오."	Passage for question #21-#22
"21번"		무음 (14초) Silence (14 seconds)
"22번"		무음 (14초) Silence (14 seconds)

3. Identifying question types beforehand

- It is important to identify the type of questions before listening to the passage. TOPIK issues the same type of questions in every test.
- What you need to concentrate on listening is hinted by the listening question such as '여자가 이어서 할 행동, 남자의 중심 생각 (What the woman will do next, the man's main idea)'.
- Moreover, the question informs what kind of article the passage is, such as '대담, 인터뷰, 강연, 뉴스, 다큐멘터리, 교양 프로그램, (conversation, interview, lecture, documentary)' etc. beforehand, so make sure to identify each type of question in advance to understand what you need to concentrate on listening more carefully.

4. Understand the question and answer choices before listening to the passage

- It is recommended to understand each question and read answer choices ①②③④ before listening to the passage.
- The speaker in TOPIK Listening Test speaks very slowly, so there is enough time to read the answer choices. There will never be enough time to read the answer choices after listening to all of the passage.
- It is recommended to find what word is frequently used in the answer choices and figure out what the dialogue will be about beforehand.
- Read the detailed information of the answer choices while listening to the passage, and choose the answer.
- Starting from question #21, you will hear each listening passage twice in a row. One of the two questions will ask '남자/여자가 누구인지, 남자/여자의 중심 생각이나 태도, 그리고 행동 (Who the man/woman is, the man/woman's main idea, attitude or action)'. While listening to it at first, focus on the voice of the 'man/woman' who appears in the answer choices to comprehend the main content.
- While listening to at the second time, focus on the details and solve the question which asks to choose 'what corresponds with the content'.

5. Part needed to focus on

- As for the questions which asks to choose the main idea, the main idea of the listening passage usually comes after a conjunctive adverb, so after hearing a conjunctive adverb, you need to focus more on the content which follows.
- In the listening passage where two people are talking, the one who speaks later is likely to be an expert of a certain field. The other speaker likely to be the host introduces the overall topic or the expert. After that, the expert explains the main topic in detail. Therefore, it is recommended to comprehend the overall topic by listening to the host's dialogue, and comprehend the details by focusing on the expert's dialogue.
- As for the questions which asks to choose the main idea or a certain action, the part where the expert speaks in a strong tone may be a hint. Make sure to focus on the part of strong tone.

✏️ 오늘의 어휘

검사	examination/inspection	명	어디가 아픈지 검사를 해 봅시다.
구매	purchase	명	요즘은 충동적으로 구매를 하는 경우가 많다.
나타나다	show/appear	동	그 기획안을 검토해 보니 문제가 많이 나타났다.
늘다	increase	동	처음 동호회 활동을 시작했을 때 한 명이던 회원이 지금은 백 명으로 늘었다.
맡기다	leave	동	나는 도서관에 신분증을 맡기고 책을 빌렸다.
싸다	pack/wrap	동	남은 음식은 싸 드리겠습니다.
쏟다	spill	동	물을 쏟아서 바닥이 미끄럽다.
이용하다	use	동	버스나 지하철 같은 대중교통을 이용하면 아주 편리하다.
젖다	get wet	동	비가 와서 옷이 다 젖었다.
조사하다	research/investigate	동	외국인을 대상으로 한국에서 가장 가고 싶은 곳을 조사했다.
줄어들다	decrease/shrink	동	농촌 인구가 계속 줄어들고 있다.
켜지다	(light or power) turn on	동	밤이 되자 가게에 하나둘 불이 켜졌다.
뒤를 잇다	follow/succeed		외국인이 가장 좋아하는 음식으로 비빔밥이 1위를 차지했고 불고기, 삼계탕이 그 뒤를 이었다.

🌱 오늘의 문법

A/V-거든요	상대방의 의견이나 질문에 대해 말하는 사람의 생각이나 이유를 나타낸다. This expresses a speaker's opinion or reason regarding the other's opinion or question. 예 가: 요즘 더 건강해지신 것 같아요. 나: 네, 매일 운동을 하거든요.
N에 비해(서)	앞 내용을 기준으로 뒤의 내용을 비교할 때 사용한다. '-에 비하면'으로 바꿔 쓸 수 있다. This is used to compare the preceding content with the following content. This can be replaced with '-에 비하면'. 예 그는 나이에 비해서 젊어 보인다.

V:동사 동, A:형용사 형, N:명사 명

1-3

📖 유형분석

대화를 듣고 일치하는 그림을 고르는 문제입니다. 대화가 짧고 간단하기 때문에 남자와 여자의 대화에 집중하여 들어야 합니다. 그림을 찾기 위해서는 **대화 속에 핵심이 되는 동사를 잘 들어야 그림을 쉽게 고를 수 있습니다.**

You will be asked to listen to a dialogue and choose the correct image matched with the dialogue. As the dialogue is short and simple, you will need to concentrate while listening to the dialogue between the man and woman. To choose the correct image easily, it is important to pick up the core verb in the dialogue.

1~2 알맞은 그림 고르기

짧은 대화를 듣고 알맞은 그림을 찾는 문제입니다. 여자와 남자가 **대화하고 있는 장소와 두 사람의 역할, 관계가 어떤지 대화 속에서 단서를 찾으면 쉽게 그림을 고를 수 있습니다.** 주로 한 사람에게 문제가 발생하면 다른 사람이 그것을 해결해 주는 방식의 대화가 자주 출제됩니다. 답을 고를 때에는 A1의 말을 집중해서 들으면 좀 더 쉽게 정답을 유추할 수 있습니다. 듣기 전에 먼저 그림을 보고 어떤 내용인지 미리 파악해 두는 것도 좋습니다.

You will be asked to listen to a short dialogue and choose the correct image matched with the dialogue. To choose the correct image easily, you need to find the clue in the dialogue, such as the place where the man and woman are talking, which role they are playing, and how they are related. The dialogue is usually about someone having a problem, and the other solving that problem. When you choose the answer, listening to A1's dialogue carefully will help you find the correct answer more easily. It is recommended to look at the images first and comprehend what the dialogue is about.

3 알맞은 도표 고르기

통계 자료에 대한 설명을 듣고 그에 맞는 도표를 찾는 문제로 새로 추가된 문제 유형입니다. 선택지 ①, ②와 ③, ④에 다른 종류의 도표가 제시됩니다. 내용을 들을 때 대부분 A1이 '을/를 조사한 결과'라는 표현으로 앞부분에서 도표 제목을 말하므로 **도표 제목과 상관이 없는 나머지 두 개의 도표는 자연스럽게 정답에서 멀어지게 됩니다.** 도표의 종류가 다르게 출제되고 있으므로 미리 도표의 종류를 알아 두고 읽는 법을 알아 두도록 합니다. 또한, **통계 자료 분석에서 자주 사용되는 표현과 어휘**를 알고 있어야 합니다.

1) 문법과 표현: N을/를 조사한 결과, 그 다음으로는, N(으)로 나타나다, A/V-(으)ㄴ/는 반면에, N에 비해서, N에 비하면 N 보다

2) 어휘: 늘다, 줄다, 증가하다, 감소하다, 높아지다, 낮아지다, 비슷하다

3) 도표의 종류:

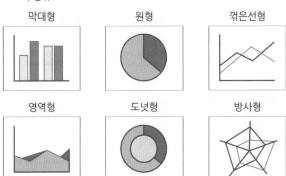

In this newly created question, you will be asked to listen to an explanation on statistical data and to choose the correct chart matched with the report. Two different types of chart will appear each at answer ①,② and ③,④. During the explanation, A1 usually shows the title of the chart beforehand by saying '-을/를 조사한 결과,' so the two remaining charts which are not related to the title of the chart will naturally be out from the correct answer. Sometimes, the type of charts differs in each test, so it is important to know each type of charts and how to read them in advance. In addition, you will need to know the commonly used phrases and vocabulary to analyze statistical data.

※ A, B는 말하는 사람(남자 또는 여자) /
1, 2는 말하는 순서
예) A1-B1-A2-B2

1-3

🔍 문제분석

※[1~3] 다음을 듣고 알맞은 그림을 고르십시오. 각 2점

 track 01

1~2

> 여자: 왜 이렇게 옷이 다 젖었어요?☆ 밖에 비가 와요?
> 남자: 네, 집에 오는데 갑자기 비가 오네요.
> 여자: 우선 이걸로 좀 닦으세요.

①

②

③

④

3

> 남자: 30대 여성을 대상으로 화장품 구매 장소를 조사한 결과 ①화장품 전문 매장을 가장 많이 이용하는 것으로 나타났습니다. 그 다음으로는 ②백화점과 ③대형 마트가 뒤를 이었는데 백화점 이용객은 지난해에 비해서 크게 줄어든 것으로 조사되었습니다.

①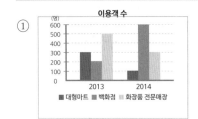

②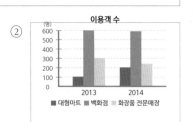

③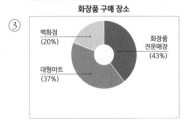

④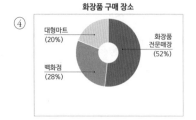

<TOPIK 36회 듣기 [1]>
• 갑자기 suddenly
• 우선 for now, first
• 닦다 wipe

1~2

비를 맞아서 옷이 젖은 남자에게 여자가 닦을 것을 건네준다는 내용의 듣기입니다. 여자의 첫 대화에서 '옷이 다 젖었어요?'라는 표현만 들어도 답을 쉽게 찾을 수 있습니다. 게다가 여자의 마지막 말에서 '이걸로…'라고 하는 것으로 보아 남자에게 무언가를 건네주려고 하는 그림이 나올 것임을 유추할 수 있습니다. 따라서 정답은 ①입니다.

The dialogue shows a man who got wet from rain and a woman giving him something to dry him up. You can easily choose the answer by listening to the phrase '옷이 다 젖었어요?' in the woman's first dialogue. Moreover, the woman says that '이걸로…' in her last dialogue, so it can be guessed that she is handing something to the man. Therefore, the correct answer is ①.

<TOPIK 37회 듣기 [3]>
• 대상 target
• 전문 specialty
• 매장 store
• 대형 large, large scale
• 이용객 users, guests, customers

3

30대 여성의 화장품 구매 장소 이용에 관한 설문 조사입니다. 첫 문장에서 이미 '화장품 구매 장소 조사'라는 말이 나오기 때문에 ③이나 ④ 중에 답이 있습니다. 그 다음의 내용은 도표의 항목 순서와 관련이 있고, 보통은 비율이 높은 순서로 이야기합니다. 여기에서는 '전문 매장', '백화점', '대형마트' 순서입니다. 따라서 정답은 ④입니다.

The questionnaire research shows where women in thirties go to buy cosmetics. '화장품 구매 장소 조사' is mentioned in the first sentence, so the correct answer is either ③ or ④. The following sentence is related to the order of items in the chart, and the highest rate is usually mentioned first. In this dialogue, '전문 매장', '백화점', and '대형마트' are mentioned in order. Therefore, the correct answer is ④.

※[1~3] 다음을 듣고 알맞은 그림을 고르십시오. 각 2점 track 02

1~2

> 여자: 저기, 제가 노트북에 물을 쏟았는데 그때부터 노트북이
> 안 켜져서요.
> 남자: 어디 좀 볼까요? 음…, 검사를 해 봐야 할 것 같습니다.
> 오늘 맡기고 가세요.
> 여자: 그럼, 주말까지 해 주세요.

3

> 남자: 최근 서울 시민들의 도서 구매 장소를 조사한 결과 온
> 라인 서점을 가장 많이 이용하는 것으로 나타났습니다.
> 그 다음으로는 대형 서점과 동네 서점이 그 뒤를 이었습
> 니다. 동네 서점을 이용하는 비율은 5년 전에 비해서 크
> 게 줄어들어 문을 닫는 동네 서점들이 늘고 있는 것으로
> 조사되었습니다.

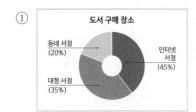
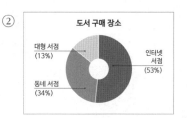
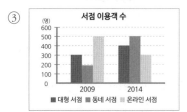
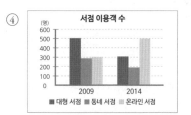

1~2

여기서는 여자의 노트북이 고장 난 상황입니다. 남자의 "어디 좀 볼까요?"라는 말을 통해 두 사람이 같은 장소에 있으며 '검사하다, 맡기다'와 같은 표현을 통해 장소는 수리 센터, 남자는 수리 센터 직원임을 알 수 있습니다. 따라서 정답은 ③입니다.

The dialogue shows a situation of a woman's laptop which is out of order. Through the man's dialogue "어디 좀 볼까요?", it can be guessed that the two people are at the same place, and through the phrases '검사하다' and '맡기다', it can be guessed that they are in a repair center and the man is a staff at the repair center. Therefore, the correct answer is ③.

- 시민 citizen
- 결과 result
- 비율 percentage
- 문을 닫다 close, out of business
- 도서 book
- 온라인 online

3

도서 구매 장소에 대한 통계 자료입니다. 여기서는 도서를 구매하는 장소가 '온라인 서점>대형 서점>동네 서점' 순으로 나타났습니다.
또한 동네 서점은 '5년 전에 비해서 크게 줄었다'라는 표현을 주목해서 들어야 합니다. 뒤에 '문을 닫는 동네 서점이 늘었다'는 앞의 이야기와 같은 이야기인데 '늘다'만 듣고 ③을 선택하면 안 됩니다. 따라서 정답은 ①입니다.

This is statistical data showing where people buy books. According to the data, the places to purchase books are '온라인 서점', '대형서점', and '동네서점', in the order from the most used place to the lease used place.

Moreover, you should focus on the phrase "5년 전에 비해서 크게 줄었다" which is said in relation to '동네 서점'. The following phrase "문을 닫는 동네 서점이 늘었다" has the same meaning as the former one, so be careful not to focus only on '늘다' and choose the wrong answer ③. The correct answer is ①.

1-3

※ [1~3] 다음을 듣고 알맞은 그림을 고르십시오. 각 2점 track 03

1   ①

②

③

④

2   ①

②

③

④

예매하다 reserve/book (for tickets or other appointments) | **성함** name | **남다** be left/remain | **바로** immediately | **포장하다** wrap

3

①
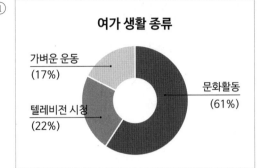

②
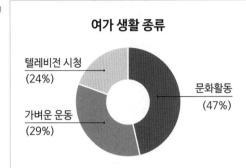

③
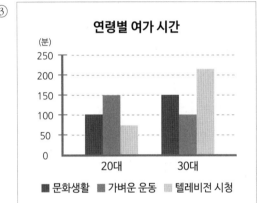

④
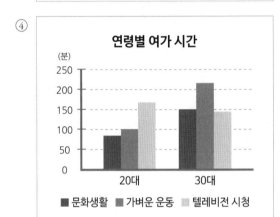

여가 leisure | **문화생활** cultural life | **즐기다** enjoy | **직장인** office workers | **이어서** followed by | **시청** watch (usually indicates both seeing and hearing, such as watching TV) | **어리다** young, little | **종류** type, kind | **연령별** by age

4-8

✏️ 오늘의 어휘

고객	client/customer	통	저희 식당은 고객님의 만족을 위해 언제나 노력하겠습니다.
보호	protection	명	우리는 문화재 보호를 위해 노력해야 한다.
소음	noise	명	이 지역은 소음으로 인한 문제가 너무 많다.
접수	receipt/reception	명	회원 접수는 인터넷 홈페이지에서만 가능하다.
마음껏	as much as one wants	부	음식을 많이 준비했으니 마음껏 드세요.
직접	directly/in person	부	내가 직접 들은 이야기는 아니다.
망설이다	hesitate	통	잠시 무엇을 사야 할지 망설였다.
방문하다	visit	통	이번 전시회를 방문한 사람이 만 명이 넘었다.
알리다	notify/inform	통	도착하면 저에게 알려 주십시오.
알아보다	find	통	요즘 옮길 직장을 알아보고 있어요.
이사하다	move	통	내년 6월에 부모님 집으로 이사할 겁니다.
준비하다	prepare	통	학교 행사를 준비하느라 모두 바쁘게 움직이고 있다.
아쉽다	sorry/regretful	형	자주 가던 도서관이 없어져서 아쉽다.

🌱 오늘의 문법

V-아/어 보니	어떤 것을 경험하거나 시도해 본 후 평가를 하거나 의견을 제시함을 나타낸다. This is used when the speaker evaluates or gives a comment after having a certain experience or attempt. 예 인생을 살아보니 20대 때가 가장 행복했던 것 같아.
V-도록 하다	상대방에게 어떤 행위를 권유하거나 명령함을 나타낸다. '-도록 합시다, -도록 하세요'의 형태로 사용된다. This indicates a suggestion or an order given to another person to do a certain action. This is used in the form of '-도록 합시다', or '-도록 하세요'. 예 다음부터는 숙제를 일찍 내도록 하세요.
A/V-(으)ㄹ수록	앞의 상황이나 정도가 뒤로 가면서 점점 심해짐을 나타낸다. '-(으)면 -(으)ㄹ수록'의 형태로 사용된다. This indicates that the former situation or degree gets severer as mentioned before is gradually becoming worse or strengthening. Can be used as '- (으)면 - (으)ㄹ수록'. 예 산은 올라가면 올라갈수록 기온이 떨어진다.
V-(으)려고	어떤 행위를 하는 의도나 계획을 나타낸다. Indicates an intention or plan to do a certain action. 예 겨울방학이 길어서 고향에 다녀오려고요.

4-8

4~8 이어질 수 있는 말 고르기

대화를 듣고 그 뒤에 이어질 말을 고르는 문제입니다. 선택지는 A1-B1의 대화 후에 이어지는 A2의 말을 골라야 하기 때문에 **B1의 말을 잘 들어야 답을 고를 수 있습니다.** 하지만 질문에 대한 단순한 응답을 고르는 문제보다는 전체 대화의 내용을 이해해야 풀 수 있는 문제가 출제되고 있습니다. 따라서 **내용의 흐름을 파악하면서 B1의 말을 집중해서 들어야 합니다.**

문제는 다양한 장소(집, 학교, 회사, 식당 등)에서 다양한 관계(친구, 동료, 선생님과 학생, 상사와 부하, 손님과 직원 사이 등)의 사람들이 문의, 부탁, 요청, 제안, 지시 등을 하는 대화 상황이 출제됩니다. 그래서 **장소와 대화를 하는 사람 간의 관계를 파악해 두면 답을 쉽게 고를 수 있습니다.**

You will be asked to listen to a dialogue and to choose the sentence which would most likely follow. You need to choose what fits A2 which follows the dialogue of A1-B1 from the answer choices, so you should focus on B1 in order to choose the correct answer. However, the questions can be solved by understanding the content of overall dialogue, instead of choosing a simple answer to the question. Therefore, try to comprehend the overall flow while focusing on B1.

The questions provide dialogues in which several people related to each other in various ways (friends, colleagues, teacher and student, superior and subordinate, customer and store keeper, etc.) are making an inquiry, request, suggestion, proposal, instruction, etc. between each other at various places (home, school, office, restaurant, etc.).

4-8

🔍 문제분석

기출문제

※ [4~8] 다음 대화를 잘 듣고 이어질 수 있는 말을 고르십시오.

[각 2점] 🎧 track 04

4~8

> 여자: 요즘 새로 이사할 집을 알아보고 있어.
> 남자: 왜?☆ 지금 사는 집 아주 마음에 든다고 했잖아.
> 여자: _____

① 살아 보니 소음이 너무 심하더라고.
② 혼자 사는 것보다 둘이 사는 게 좋았어.
③ 지금 집은 학교와 가까워서 편하고 좋아.
④ 부동산에 가서 알아보는 게 좋을 것 같아서.

〈TOPIK 36회 듣기 [5]〉

• 새로 newly
• 마음에 들다 like
• 심하다 severe
• 부동산 real estate

4~8

여자가 이사 갈 집을 찾고 있는 상황입니다. 이 문제에서 핵심 단어는 '새로 이사할 집'입니다. 그리고 남자가 '왜?'라고 한 말만 잘 들어도 이어서 여자가 이사를 가는 이유를 말할 것임을 짐작할 수 있습니다. 따라서 정답은 ①입니다.

In this situation, the woman is searching for a house to move in. The key vocabulary of this question is '새로 이사할 집'. By the man saying '왜?', it can be guessed that the woman will say why she is going to move. Therefore, the correct answer is ①.

※[4~8] 다음 대화를 잘 듣고 이어질 수 있는 말을 고르십시오.

각 2점   track 05

4~8

> 여자: 부장님, 제가 어제 감기에 걸려서 회의 자료를 아직 다 준비하지 못했습니다.
> 남자: 괜찮아요. 그럼, 언제까지 할 수 있겠어요?
> 여자: _____

① 일이 생겨서 못 갔습니다.
② 일을 끝낼 수 있어서 다행입니다.
③ 내일까지는 꼭 끝내도록 하겠습니다.
④ 오늘 못 가게 되면 알려 드리겠습니다.

• 부장 head of department/department manager
• 자료 data
• 다행 fortune

4~8
회사에서 여자가 감기에 걸려서 맡은 일을 끝내지 못한 상황입니다. 그래서 여자가 언제까지 맡은 일을 끝내겠다는 의지를 나타내는 말을 찾아야 합니다. 따라서 정답은 ③입니다.

In this situation, the woman has caught a cold and hasn't finished her work in the office. So, you should choose the one which describes the woman's will to finish the work. Therefore, the correct answer is ③.

4-8

연습문제

※[4~8] 다음 대화를 잘 듣고 이어질 수 있는 말을 고르십시오. 각 2점 track 06

4 ① 제시간에 도착해서 다행입니다.
② 받는 대로 연락드리도록 하겠습니다.
③ 보내신 분의 성함과 연락처를 알려 주십시오.
④ 죄송하지만 오늘은 택배가 많아서 접수가 어렵습니다.

5 ① 돈을 많이 바꿀수록 싸지겠네요.
② 수수료를 안 내도 되니까 잘됐어요.
③ 그럼 인터넷으로 신청을 해야겠네요.
④ 은행에 가지 않아도 돼서 편했는데 아쉬워요.

6 ① 그럼 내가 음식 시켜 놓고 있을게.
② 지금 출발하니까 조금만 기다려 줘.
③ 길이 막히니까 지하철 타라고 했잖아.
④ 언제든지 괜찮으니까 출발할 때 연락해.

7 ① 생각보다 준비할 게 별로 없나 봐요.
② 제 친구한테 도움을 받아 보는 게 어때요?
③ 그러고 싶은데 아직 다 준비를 못 했어요.
④ 망설이지 말고 자연 보호 단체를 찾아보세요.

8 ① 직접 만들어 볼 수 있어서 좋네요.
② 음식은 함께 만들어 먹어야 맛있죠.
③ 집 앞에 반찬 가게가 있어서 편해요.
④ 그래도 뭐 해 먹을까 걱정하지 않아도 되잖아요.

택배 delivery | **제시간** on time | **도착하다** arrive | **연락처** contact number | **환전** exchange | **수수료** fee | **먼저** first | **인터넷 뱅킹** internet banking | **신청** application | **시키다** make someone do | **언제든지** whenever | **캠핑** camping | **유행** trend/vogue | **캠핑장** camping site | **자연** nature | **망설여지다** hesitant | **도움** help | **자연 보호 단체** environmental organizations | **반찬** Banchan (Korean side dish) | **인기** popularity | **간편하다** be easy/convenient | **다양하다** various | **별로** not so/really

9-12

✏️ 오늘의 어휘

고장	breakdown/ out of order	명	텔레비전은 고장이 나서 소리가 안 난다.
배송	delivery	명	온라인 쇼핑몰은 물건 배송이 빠르다.
원인	cause	명	경찰은 이번 사건의 원인을 조사하고 있다.
정확히	exactly/ accurately	부	예전 집 주소가 정확히 기억은 안 나지만 찾아갈 수 있다.
고치다	fix/repair	동	이 휴대 전화를 고치려면 가까운 수리 센터에 가야 합니다.
관련되다	be related to/ be involved in	동	이 일에 관련된 사람들이 모두 모였다.
수리하다	repair/fix	동	세탁기가 고장 나서 수리해야 한다.
수집하다	collect	동	그 사람은 취미로 우표를 수집한다.
작성하다	write/fill out	동	신청서를 작성하여 사무실에 제출하세요.
제출하다	submit/hand in	동	교수님께서 이번 주말까지 과제를 제출하라고 하셨다.
주문하다	order	동	우리는 배가 고파서 식당에 들어가자마자 음식을 주문했다.
짜다	make/organize	동	나는 시험 보기 전에 공부 계획을 짰다.
확인하다	confirm/check	동	시험 결과를 확인하고 싶은 사람은 사무실로 오세요.
비용이 들다	cost		집을 수리하는 데 비용이 얼마나 들었어요?

🥤 오늘의 문법

A/V-(으)ㄹ 테니(까)	말하는 사람의 의지나 추측을 나타낸다. This expresses the speaker's will or guess. 예 회의 자료는 내가 준비할 테니(까) 걱정하지 마세요.
V-(으)려던 참이다	지금 또는 가까운 시간에 어떤 일을 하려고 했음을 나타낸다. This expresses that the speaker was going to do something just before or soon. 예 저도 마침 도서관에 가려던 참이었어요.
A-(으)ㄴ지 V-는지	문장 안에서 의문을 나타낼 때 사용한다. This is used to express a doubt in a sentence. 예 정답이 맞았는지 확인해 보세요.
A/V-아/어야지	듣는 사람이나 다른 사람에게 어떤 행위를 해야 하거나 어떤 상태여야 함을 나타낸다. This expresses that the listener or another person should do a certain action or be in a certain state. 예 빨리 건강해지려면 담배부터 끊어야지.

9-12

9~12 여자가 이어서 할 행동 고르기

대화를 듣고 이어서 할 행동을 고르는 문제입니다. 대화는 주로 A1-B1-A2-B2, A1-B1-A2-B2-A3의 형태로 출제됩니다. 요청, 제안, 지시, 충고 등을 하는 대화가 자주 출제되기 때문에 그에 따른 여자(남자)의 행동을 예측할 수 있어야 합니다. **특히 A2와 B2, B2와 A3의 대화에서 이어서 할 행동에 대한 단서가 많이 나오기 때문에 이 부분을 집중해서 들어야 합니다.** 다음과 같이 **행동을 나타낼 때 사용하는 문법과 표현을 알아 두는 것이 좋습니다.**

1) 문법과 표현: A/V-겠다, V-아/어야겠다, V-(으)ㄹ게요, V-아/어 주다, V-(으)러 가다, V-아/어 두다, V-아/어 보다

2) 어휘: 부탁하다, 알아보다, 예약하다, 전화하다, 점검하다, 접수하다, 조사하다, 취소하다, 확인하다

You will be asked to listen to a dialogue and to choose what the person will likely do next. The dialogue usually takes a form of A1-B1-A2-B2 or A1-B1-A2-B2-A3. It usually involves a request, suggestion, instruction or advice, so you need to anticipate what the woman (man) will do as a result. Especially, the clue about what will be done usually appear in dialogue A2-B2 and B2-A3, so make sure to focus on this part. It is recommended to remember the grammar and expressions used to express a certain action as follows:

9-12

🔍 문제분석

기출문제

※[9~12] 다음 대화를 잘 듣고 여자가 <u>이어서 할 행동</u>으로 알맞은 것을 고르십시오. 각 2점 🔘 track 07

9~12

> 여자: 관리사무소지요? 아파트 관리비 고지서를 아직 못 받아서요.
> 남자: 아, 그렇습니까? 혹시 우편함은 확인하셨나요? 어제 넣어 드렸는데요.
> 여자: 봤는데 없더라고요. ☆<u>지금 관리사무소에 가면 받을 수 있나요?</u>
> 남자: 네, 오시면 바로 재발급해 드리겠습니다.

① 사무실에 전화해서 고지서를 받는다.
② 고지서가 있는지 우편함을 확인한다.
③ 고지서를 받으러 관리사무소에 간다.
④ 우편함에 관리비 고지서를 넣어 둔다.

〈TOPIK 37회 듣기 [10]〉
• 관리사무소 management office
• 관리비 management expenses
• 고지서 bill
• 혹시 perhaps
• 우편함 mailbox
• 재발급하다 reissue

9~12

여자가 관리사무소에 고지서를 못 받았다고 문의하는 전화로 여자는 '관리사무소에 가면'이라고 질문을 했고, 남자가 이어서 '네'라고 대답했으므로 여자는 전화를 끊은 후에 관리사무소에 갈 것으로 보입니다. 따라서 정답은 ③입니다.

It is a telephone call from the woman asking the apartment management office that she hasn't received the bill; the woman asked if she can get it if '관리사무소에 가면' and the man said '네', so the woman will likely go to the apartment management office after hanging up the phone. Therefore, the correct answer is ③.

※[9~12] 다음 대화를 잘 듣고 여자가 이어서 할 행동으로 알맞은 것을 고르십시오. 각 2점 🔊 track 08

9~12

> 여자: 김 부장님, 사무실 에어컨을 새로 사야 할 것 같은데요.
> 남자: 왜요? 수리할 수 있다고 하지 않았어요?
> 여자: 고칠 수는 있는데 비용이 많이 들 것 같다고 합니다. 새로 사는 게 나을 것 같은데 어떻게 할까요?
> 남자: 그럼, 그렇게 합시다. 이 대리가 괜찮은 에어컨 좀 찾아봐 주세요.

① 에어컨의 고장 원인을 찾는다.
② 에어컨을 서비스 센터에 맡긴다.
③ 에어컨의 종류와 가격을 조사한다.
④ 사무실에서 사용할 에어컨을 사러 간다.

- 낫다 better
- 대리 deputy/substitute
- 서비스 센터 service center
- 가격 price

9~12

여자는 사무실 에어컨을 새로 사야 할 것 같다는 말로 대화를 시작합니다. 남자의 두 번째 말에서 남자는 여자에게 에어컨을 찾아볼 것을 지시하였습니다. 그래서 여자는 이 지시에 따라 에어컨을 찾아볼 것입니다. 따라서 정답은 ③입니다.

The woman beings the dialogue by saying that they should buy a new air conditioner for the office. The man instructs her to search for a new air conditioner in his second sentence. Therefore, the woman will follow the man's instruction and search for a new air conditioner. Therefore, the correct answer is ③.

9-12

🔍 연습문제

※[9~12] 다음 대화를 잘 듣고 여자가 이어서 할 행동으로 알맞은 것을 고르십시오. `각 2점` 🔘 track 09

9　① 은행에 가서 참가비를 입금한다.
　　② 홈페이지에서 참가 신청을 한다.
　　③ 서류를 작성해서 우편으로 보낸다.
　　④ 사무실에 전화해서 접수 방법을 물어본다.

10　① 발표 주제를 정한다.
　　② 명절에 대한 자료를 수집한다.
　　③ 수집한 자료들을 정리해서 제출한다.
　　④ 친구에게 연락해서 도와달라고 한다.

11　① 커튼 주문을 취소한다.
　　② 배송 회사에 연락한다.
　　③ 집 창문의 사이즈를 잰다.
　　④ 다른 사이즈로 바꿔서 주문한다.

12　① 여행 일정을 다시 짠다.
　　② 전화로 예약한 표를 취소한다.
　　③ 친구와 다른 여행 장소를 찾아본다.
　　④ 여행을 갈 수 있는 친구를 알아본다.

대회 contest | 안내 guide | 참가비 entry fee | 신청서 application form | 접수하다 receive/accept | 입금하다 remit | 참가 participate/take part in | 서류 document | 우편 mail | 한국사 history of Korea | 발표 presentation | 명절 festive day | 모으다 collect | 정리 arrangement/clean-up | 주제 topic | 정하다 decide/determine | 커튼 curtain | 주문 제작 customized order | 길이 length | 재다 measure | 일정을 짜다 make a schedule | 그렇지 않아도 I was going to (do something) | 미루다 delay/postpone/put off

13-16

✏️ 오늘의 어휘

공공	public	명	공공 기관에서는 예절을 지켜야 합니다.
시설	facility	명	시민들의 편의를 위한 시설에 많은 투자를 하고 있다.
예정	schedule	명	이번 출장은 예정보다 길어질 것 같다.
위기	crisis	명	사라질 위기에 놓인 동물들을 보호해야 한다.
점검	checkup	명	엘리베이터 점검이 끝날 때까지 계단을 이용해 주세요.
지역	region/area	명	이 지역은 관광지로 유명한 곳이다.
감소하다	decrease	동	수출이 감소하고 수입이 늘어서 경제가 어려워지고 있다.
비우다	empty/vacate	동	새로운 사람이 오기 전에 방을 비워 주세요.
실시하다	implement/carry out	동	올해부터 분리수거를 실시하기로 했다.
양해하다	understand	동	열차가 지연되고 있으니 양해해 주시기 바랍니다.
연장하다	extend	동	이번 행사는 고객들의 호응이 좋은 편이어서 일주일 더 연장하기로 했다.
작동되다	work/operate	동	기계가 제대로 작동되는지 확인해 봅시다.
정리하다	clean/arrange	동	사용한 물건은 정리하고 나가야 한다.
확대하다	expand/enlarge	동	정부는 복지 시설을 확대하기 위해 시민들의 의견을 조사했다.

🍵 오늘의 문법

A/V-던데	과거 어떤 경험이나 상황을 전달하거나 듣는 사람의 반응을 기다림을 나타낸다. This is used to describe a certain experience or situation in the past or to indicate that the speaker is waiting for the listener's response. 예 그 지역은 겨울에 정말 춥던데. 다른 곳으로 가는 게 어때요?
V-(으)ㄴ 지	어떤 일이나 행위를 한 후 시간이 어느 정도 지났음을 나타낸다. '-(으)ㄴ 지 (시간이) 지나다/흐르다/되다/경과하다'의 형태로 사용된다. This expresses that some time has passed after a certain event or action. Can be used as '- (으)ㄴ 지 (시간이) 지나다/흐르다/되다/경과하다'. 예 내가 한국에서 공부한 지 벌써 3년이 흘렀다.
V-기 바라다	무엇을 원하거나 희망함을 나타낸다. '-기를 바라다'의 형태로도 사용된다. This expresses that the speaker desires or hopes something. This is also used as '-기를 바라다'. 예 다음에는 밝은 얼굴로 다시 만날 수 있기 바랍니다.
V-아/어 내다	어떤 일을 마침내 이루거나 어떤 과정을 통해서 얻은 결과임을 나타낸다. This expresses that something has finally been accomplished, or a result has been obtained through a certain process. 예 아버지가 일찍 돌아가셨지만 어머니는 7남매를 훌륭하게 키워 냈다.

13-16

듣고 일치하는 것을 고르는 문제입니다. 일상생활에서 경험하게 될 사소한 주제부터 전문 분야에 이르기까지 대화 주제가 매우 광범위합니다. 전문 분야의 경우 주제 자체는 어렵지만 내용은 간단하게 다루고 있습니다.

You will be asked to listen to a dialogue and to choose the corresponding sentence. The topic of the dialogue will vary broadly from trivial ones in daily life to professional fields. As for a professional field, the topic itself is difficult but its contents are simple.

13 내용과 일치하는 것 고르기

A1-B1-A2-B2 형식의 대화로, A1이 대화의 중심 주제를 제시하면, B1이 그 주제에 대해 자세하게 이야기합니다. 또한 A가 대화 주제에 대해 부정적인 반응을 보일 때 B는 그것의 긍정적인 요소를 말하거나 A를 설득시키기도 합니다. **A와 B의 의견이 대립되는 경우도 있기 때문에 두 사람의 견해가 엇갈릴 때는 왜, 무엇이 다른지에 대해 주의하면서 듣습니다.**

The dialogue takes a form of A1-B1-A2-B2; A1 shows the main topic of the dialogue, and B1 describes the topic in detail. Moreover, when A shows a negative reaction to the topic of the dialogue, B talks about its positive side or persuades A. The opinion of A and B may oppose to each other, so in such a case, focus on what is different and why.

14 내용과 일치하는 것 고르기

안내방송을 듣고 내용과 일치하는 것을 고르는 문제입니다. 방송의 내용은 일상생활에서 쉽게 일어날 수 있는 상황들이 출제됩니다. **주로 공공장소에의 변경 사항이나 주의 사항에 대해 알려주는 내용이기 때문에 무엇, 어디, 언제 등에 나타난 표현에 주의하면서 듣습니다.**

You will be asked to listen to a broadcasting announcement and to choose what corresponds with it. The announcement is about a situation that can happen in daily life. It mainly informs any changes or gives a warning in regard to public places, so focus on the expressions which include what, where, and when, etc.

15 내용과 일치하는 것 고르기

정보를 전달하는 내용의 듣기입니다. 문화 예술이나 정부 정책과 관련된 분야이거나 홍보와 안내 목적의 내용이 담긴 문제가 출제될 가능성이 높습니다. **첫 문장에서 내용의 중심 주제를 알려 줍니다. 뒤이어 내용의 취지, 목적과 대상을 나열하는 경우가 많으며, 마지막에는 청취자에게 참여를 권유하는 말을 합니다.**

You will be asked to listen to an informative speech. The question is likely to be related to culture, art, or government policy, or may include promotion or guide. The first sentence informs the main topic. The purpose, goal and subject of the content usually follows it, and in the end, the speaker suggests the listener to participate in.

16 내용과 일치하는 것 고르기

전문가 또는 그 분야의 관련인과 인터뷰하는 내용입니다. A-B 형식의 대화로, **먼저 A가 장소의 이름과 인터뷰 대상자에 대해서 간단히 소개를 합니다. 이후 B는 관련 장소의 배경 설명과 함께 인터뷰의 목적이나 취지, 그로 인한 결과와 현재 모습 등을 순차적으로 이야기합니다.** 선택지는 B의 말과 대조해 가면서 답을 고르도록 합니다.

You will be asked to listen to an interview with an expert or a related person of a certain field. The dialogue takes a form of A-B; A will first introduce the background of the related place first and goes on to describe the goal or purpose of the interview, and the result of a certain event and its current state. Comparing the answer choices with B, choose the correct answer.

듣기 영역 | 33

13-16

※[13~16] 다음을 듣고 내용과 <u>일치하는 것</u>을 고르십시오. 각 2점

🎵 track 10

13 대화

> 여자: 민수야, 미안한데 도서관에서 책 좀 빌려 줄래? 어제 학생증을 잃어버렸어.
> 남자: 도서관에 가면 도서관 출입증을 만들어 주던데.
> 여자: 도서관 출입증? 사진이 없는데…… . 사진이 없어도 만들어 줘?
> 남자: 도서관에서 사진을 찍어 줄 거야. 그 사진으로 만들면 돼.

① 여자는 사진을 <u>한 장 가지고 있다</u>. X
② 남자는 여자에게 <u>학생증을 빌려 줬다</u>. X
③ 도서관에 가면 <u>학생증을 바로 만들어 준다</u>. X
④ 도서관 출입증을 만들려면 사진이 필요하다.

※ 들은 내용과 관계없는 것은 'X'

14 안내방송

> 여자: 총무과에서 안내 말씀 드리겠습니다. 오늘 오후 두 시부터 소방 시설 점검을 실시할 예정입니다. 점검 중에 비상경보 벨이 작동될 수 있습니다. 그리고 엘리베이터를 사용할 수 없으니 계단을 이용해 주시기 바랍니다. 조금 불편하시더라도 양해해 주시면 감사하겠습니다.

① 점검을 할 때 비상벨이 울릴 수 있다.
② 불편한 점은 총무과에 <u>전화하면 된다</u>. X
③ 점검하는 동안 <u>계단으로 가면 안 된다</u>. X
④ 소방 점검은 <u>두 시간 동안 진행</u>될 것이다. X

〈TOPIK 37회 듣기 [13]〉

• 빌리다 borrow
• 학생증 student ID
• 잃어버리다 lose (something)
• 출입증 pass (card)

13

여자가 학생증을 잃어버렸다고 하자 남자가 도서관 출입증을 만드는 방법을 여자에게 알려 주는 내용의 대화입니다. 도서관 출입증은 도서관에 가서 만들되 사진이 있어야 합니다. 따라서 정답은 ④입니다.

The dialogue shows a woman who has lost her student ID and the man telling her how to make a library pass. The library pass can be issued at the library, but it requires a photo. Therefore, the correct answer is ④.

〈TOPIK 37회 듣기 [14]〉

• 총무과 General Affairs Department
• 소방 시설 fire fighting facility
• 비상경보 emergency alarm
• 계단 stair
• 비상벨이 울리다
  emergency alarm rings
• 불편하다 inconvenient
• 진행되다 in progress

14

소방 시설 점검과 관련된 안내 방송입니다. 방송에는 비상경보 벨이 작동될 수 있다는 점, 엘리베이터를 사용 할 수 없다는 점을 말하고 있습니다. 위의 두 가지 상황에 대한 선택지가 알맞은 답이 될 것입니다. 따라서 정답은 ①입니다.

It is a broadcasting announcement for inspection of fire fighting facilities. It says that the emergency alarm might ring and it's not possible to use the elevator. The answer choice which describes one of the two situations will be the correct answer. Therefore, the correct answer is ①.

34 | TOPIK Ⅱ 한 권이면 OK

15 정보전달

> 남자: 인주시에서는 지난 4월부터 맞춤형 순찰제를 도입했습니다. 이것은 각 구역마다 담당 경찰관을 지정하는 제도입니다. 구역 게시판에 담당 경찰관의 사진과 연락처를 붙여 두고 주민들이 24시간 연락할 수 있도록 한 것입니다. 도입한 지 6개월 만에 <u>범죄 발생률이 절반 가까이 줄어</u> 이 제도를 <u>다른 지역으로</u> 확대하는 방안이 검토되고 있습니다.

① 맞춤형 순찰제도는 작년부터 실시되었다.
② 이 제도를 도입한 후 범죄율이 감소하였다.
③ 맞춤형 순찰제도는 전국에서 시행되고 있다.
④ 주민들이 경찰관과 함께 담당 구역을 순찰한다.

※ 첫 문장에 내용의 중심 주제가 있음

16 인터뷰

> A 여자: 시장님, 시청연수원을 시민을 위한 문화 공간으로 바꾸는 공사가 진행 중인 것으로 아는데요. 소개 좀 부탁드립니다.
>
> B 남자: 네, 시청연수원은 시설이 낡아서 몇 년간 비워 두었던 곳입니다. 그래서 재건축을 계획하면서 시민들의 생각을 알아봤더니 문화 공간으로 사용하자는 의견이 많았습니다. 앞으로 이곳은 공연장이나 행사장으로 활용할 계획입니다. 다음 달이면 우리 시에도 <u>새로운 문화 공간이 탄생하는 것이죠.</u>

① 이곳은 오래된 문화 공간이다.
② 이곳은 시민들이 직접 사용하고 있다.
③ 이곳은 다음 달에 새로 문을 열 계획이다.
④ 이곳은 시장을 위한 공간으로 바뀔 것이다.

※ B의 내용과 선택지를 비교하면서 듣기

<TOPIK 36회 듣기 [15]>
• 맞춤형 순찰제 customized patrol system
• 도입하다 introduce
• 구역 area/zone
• 담당 in charge of~
• 지정하다 assign/designate
• 제도 system
• 붙이다 attach
• 범죄 발생률 crime rate
• 절반 half
• 검토되다 reviewed
• 시행되다 enforced
• 순찰하다 patrol

15

맞춤형 순찰제에 대한 설명과 도입 후 나타난 변화에 대해 말하고 있습니다. 이 제도는 같은 해 4월에 인주시에 도입하였으며 주민들이 연락할 수 있도록 한 제도입니다. 그리고 도입 6개월 후 범죄 발생률이 줄어 다른 지역으로 확대하려고 하였습니다. 따라서 정답은 ②입니다.

It is explaining about the customized patrol system and what has changed after its implementation. This system which allows the residents to call the police any time was introduced in Inju-si in April of the same year. In six months after its implementation, the crime rate of the region has decreased, so it was intended to expand the system to other regions. Therefore, the correct answer is ②.

<TOPIK 37회 듣기 [16]>
• 연수원 training center
• 공사 construction work
• 낡다 old
• 재건축 reconstruction
• 계획하다 plan
• 의견 opinion/comment
• 공연장 concert hall/performance hall
• 행사장 venue for event
• 활용하다 utilize
• 탄생하다 born

16

시청연수원의 관계자와 공사 진행에 대해 이야기하고 있습니다. 다음 달에 새로운 문화 공간이 탄생한다(새로 생긴다)고 했습니다. 따라서 정답은 ③입니다.

It is discussing about the construction process of the city hall with the official. It is said a new culture center will be born (will open) next month. Therefore, the correct answer is ③.

※[13~16] 다음을 듣고 내용과 일치하는 것을 고르십시오. 각 2점

🔊 track 11

13

> 여자: 요즘 인터넷 공동구매로 물건을 많이 산다던데?
> 남자: 응. 물건 배송이 좀 오래 걸리기는 해도 훨씬 싸던데.
> 여자: 그래? 나도 구매를 하고 싶은데 하는 방법을 잘 몰라.
> 남자: 그럼 내가 가르쳐 줄게 한번 해 봐. 별로 어렵지 않아.

① 인터넷 공동구매는 개인이 직접 살 수 없다.
② 남자는 인터넷 공동구매를 이용해 본 적이 없다.
③ 여자는 인터넷 공동구매를 하는 방법을 잘 안다.
④ 인터넷 공동구매는 물건을 받을 때까지 오래 걸린다.

14

> 여자: 안내 말씀 드리겠습니다. 다음 주부터 도서관 사물함의 올바른 사용을 위해 개인 사물함을 없애고, 공공 사물함으로 모두 교체할 예정입니다. 사물함에 넣어 두신 개인 짐은 다음 주말까지 모두 가져가 주시기 바랍니다. 앞으로 공공 사물함은 방문 당일에만 이용 가능하니 협조해 주시기 바랍니다.

① 공공 사물함이 부족하여 더 늘릴 계획이다.
② 개인 사물함은 다음 달까지 사용할 수 있다.
③ 공공 사물함을 이용하려면 회원 가입을 해야 한다.
④ 사물함 안의 개인 물건은 다음 주말까지 정리해야 한다.

- 공동구매 group buying
- 훨씬 much more
- 개인 individual

13

두 사람이 인터넷 공동구매에 대해 이야기하고 있습니다. 남자는 공동구매의 단점으로 배송이 오래 걸린다고 하였습니다. 따라서 정답은 ④입니다.

Two people are talking about internet group buying. The man says that the disadvantage of group buying is that it takes a long time to deliver. Therefore, the correct answer is ④.

- 사물함 locker
- 올바르다 correct
- 교체하다 replace
- 짐 luggage/baggage
- 당일 the same day
- 가능하다 possible
- 협조하다 cooperate
- 부족하다 lack of
- 회원 가입 sign up for membership

14

도서관 사물함 사용 변경과 관련된 안내 방송입니다. 그동안 사용해 오던 개인 사물함을 모두 없애고 다음 주부터 공공 사물함으로 바꾸겠다고 합니다. 그래서 그 전까지 사물함의 짐을 모두 정리해야 한다고 말하고 있습니다. 따라서 정답은 ④입니다.

It is a broadcasting announcement on the changes of using the library locker. All individual lockers which have been used will be removed and replaced by public lockers. For this reason, it says that all of the lockers must be cleaned out beforehand. Therefore, the correct answer is ④.

15

남자: 다음은 지역 문화행사 소식입니다. 이 행사는 전남문화예술단과 전남 경찰서 동호회가 지역 주민들을 위해 준비한 공연인데요. 이웃과 함께하는 솜사탕 음악회라는 주제로 음악 해설과 노래 따라 부르기 등을 진행할 예정입니다. 공연을 준비 중인 예술단장은 이번 공연으로 지역 주민들에게 솜사탕처럼 달콤한 음악을 선물할 계획이라고 말했습니다.

① 이 공연에는 음악 해설이 포함되어 있다.
② 이 행사는 참가자에게 솜사탕을 선물한다.
③ 지역 주민들이 이웃을 위해 공연을 준비했다.
④ 이 행사는 솜사탕에 대한 노래를 함께 부른다.

16

여자: 지금 저는 벽화로 유명한 마을에 와 있습니다. 이 마을 이장님을 만나 이야기를 들어 보겠습니다.
남자: 5년 전에 우리 마을은 재개발 지역이 되면서 없어질 위기에 놓여 있었습니다. 이를 안타깝게 여긴 근처 미술대학 학생들이 작년부터 무료로 벽에 그림을 그려주기 시작하면서 지금과 같은 벽화 마을이 된 것입니다. 벽화 덕분에 마을에 사건 사고도 줄고, 주민들이 카페나 식당을 열어 생활하고 있습니다. 주말이면 관광객들의 발길도 끊이지 않고 있습니다.

① 5년 후에 카페와 식당을 열 계획이다.
② 관광객들이 늘면서 사건과 사고가 많아졌다.
③ 관광객들의 인기를 얻자 벽화를 그리기 시작했다.
④ 미술대학 학생들이 돈을 받지 않고 벽화를 그렸다.

- 문화행사 cultural event
- 전남문화예술단
  Jeollanam-do Culture & Art Group
- 동호회 club
- 주민들 residents
- 이웃 neighbor
- 솜사탕 음악회 cotton candy concert
- 해설 commentary/explanation
- 예술단장 art director
- 달콤하다 sweet
- 선물하다 present
- 연주되다 (an instrument) played
- 참가자 participant

15

지역예술단과 동호회가 함께 문화행사를 열 것이라는 내용을 안내하고 있습니다. 행사에서는 음악을 해설해 주고, 주민들이 노래를 따라 부릅니다. 따라서 정답은 ①입니다.

It is announcing that the local art group and clubs will hold a cultural event together. In the event, someone will give explanation about the music, and the residents will sing along. Therefore, the correct answer is ①.

- 벽화 mural
- 유명하다 famous
- 마을 village
- 이장님 village leader
- 재개발 redevelopment
- 위기에 놓이다 in trouble/endangered
- 안타깝다 regretful
- 근처 near
- 무료 free of charge
- 덕분 thanks to/owing to
- 사건 사고 accidents and incidents
- 발길이 끊이지 않다 many people visit
- 인기를 얻다 get popularity

16

벽화마을은 5년 전 재개발 지역으로 선정되었고, 학생들이 무료로 그림을 그려 주어 지금의 벽화마을이 탄생되었다고 했습니다. 따라서 정답은 ④입니다.

The mural village was designated as a redevelopment area, and some students volunteered to make painting free of charge, which lead to the birth of the current mural village. Therefore, the correct answer is ④.

13-16

※[13~16] 다음을 듣고 내용과 일치하는 것을 고르십시오. 각 2점 🔴 track 12

13 ① 남자는 부산 여행을 가 본 적이 없다.
② 각 지역마다 다른 교통카드를 사용한다.
③ 여자는 서울 교통카드를 가지고 있지 않다.
④ 서울에서 쓰던 교통카드는 부산에서 사용할 수 있다.

14 ① 주말부터 지하철 노선이 확장된다.
② 지하철 공사로 주말에 운행이 중단된다.
③ 이번 주말에만 지하철 노선이 바뀔 것이다.
④ 1, 2호선은 축제 때문에 평소보다 늦게까지 운행한다.

15 ① 공사 현장에서는 안전모를 반드시 써야 한다.
② 사고를 당한 사람들은 안전모를 쓰고 있었다.
③ 올해 들어 공사 현장의 사건 사고가 줄고 있다.
④ 대부분의 사람들이 공사 현장에서 안전모를 쓰지 않는다.

16 ① 이곳은 1989년부터 기차마을이었다.
② 열차 이용객은 주민들이 대부분이다.
③ 예전에 이용하던 기차를 그대로 운행하고 있다.
④ 이 기차를 타고 섬진강 근처 풍경을 즐길 수 있다.

교통카드 traffic card | 전국 nationwide | 잠시 a moment | 안내 방송 broadcasting announcement | 등 축제 lantern festival |
관계 relation | 운행 (bus or trains) run | 노선 line/route | 승객 passenger | 확장되다 expanded/extended | 중단되다 discontinue |
평소 usual | 공사 현장 construction site | 끊이다 stop/quit | 안전모 safety helmet | 떨어지다 drop | 벽돌 brick | 맞다 get hit |
주의하다 be careful | 수칙 rule | 기차마을 train village | 관계자 official/concerned person | 증기기관차 steam locomotive | 그대로
as it was | 복원하다 restore | 흐르다 flow | 예전 former/previous | 철로 railway | 달리다 run | 승마 horse riding | 하이킹 hiking |
체험 experience | 이어지다 lead to/continued | 도로 road | 풍경 scenery

17-20

✏️ 오늘의 어휘

기술	technology/technique	명	과학 기술은 나날이 발전하고 있다.
나중	future	명	나중을 위해서 돈을 아껴 두는 것도 좋다.
업무	work/business	명	회사 업무가 많아 야근을 자주 한다.
칭찬	praise/compliment	명	오늘 수업 시간에 한국어 발음이 좋다고 칭찬을 받았다.
충분히	enough	부	학생들에게 생각할 시간을 충분히 주어야 한다.
강조하다	emphasize/stress	동	아이들에게 저축의 필요성을 강조했다.
거절하다	reject/refuse	동	민수는 나의 부탁을 거절했다.
구하다	look for/seek for	동	경기가 어려워서 그런지 일자리를 구하기가 쉽지 않네요.
따라가다	follow/catch up	동	식당 음식이 아무리 맛있어도 어머니 손맛은 따라갈 수 없다.
무리하다	overdo	동	너무 무리하지 말고 좀 쉬세요.
반복하다	repeat	동	너는 왜 같은 말을 반복하니?
빠지다	fall out/fall into	동	수업에 빠지지 말고 학교에 오세요.
참석하다	participate/attend	동	이번 회의는 회장님도 참석하시는 중요한 회의입니다.

🍵 오늘의 문법

A-다면서 V-ㄴ/는다면서	다른 사람으로부터 들은 내용을 다시 한 번 물어보며 확인할 때 사용한다. This is used when a speaker asks to confirm what he or she heard from other people. 예 이번에 입사한 신입 사원들이 그렇게 예쁘다면서?
A/V-(으)ㄹ 텐데	말하는 사람이 어떤 사실이나 상황에 대해서 짐작하거나 추측함을 나타낸다. This expresses that a speaker guesses or presume about a certain fact or situation. 예 내일은 주말이라서 영화관에 사람이 많을 텐데.
A/V-잖아요	상대방이 기억하지 못하거나, 이미 알고 있는 것을 확인시켜 줄 때 사용한다. This is used to reconfirm what the other person does not remember, or what they already know. 예 미진이가 어렸을 때부터 머리가 좀 좋았잖아요.
A-대 V-ㄴ/는대	상대방이 알고 있는 사실이나 새롭게 들은 정보를 전달할 때 사용된다. '-는다고 해'를 짧게 표현한 형태이다. This is used to convey a certain fact or information that the other person already knows or the speaker heard recently. It is a short form of '-는다고 해'. 예 철수가 요즘 철이 들었는지 공부를 그렇게 열심히 한대.

17-20

남자의 중심 생각을 고르는 문제입니다. **남자와 여자의 의견이 달라서 대립되는 상황이나 남자가 자신의 주장을 여자에게 설득하려는 내용이 나옵니다.**

You will be asked to choose the man's main idea. The dialogue shows a man and woman having different opinions or a man trying to convince a woman with his assertion.

17~19 남자의 중심 생각 고르기

남자의 대화로 시작하여 여자가 그것에 대한 의문점이나 다른 의견을 묻습니다. 이에 **남자는 자신의 의견과 주장을 이야기하기 때문에 남자의 두 번째 말에 집중해서 들으면 됩니다.**

A man will open the dialogue and a woman will ask questions or give different opinion regarding it. The man will then express his opinion and assertion, so you need to focus on what the man's second sentence.

20 남자의 중심 생각 고르기

여자의 인터뷰 질문에 대한 남자의 대답을 집중해서 들어야 합니다. 남자의 말을 주의 깊게 들으면서 선택지의 내용과 맞추면 답을 고를 수 있습니다.

You need to focus on the man's response to the woman's interview questions. To choose the correct answer, you need to listen to the man's words carefully and compare them with the answer choices.

17-20

기출문제

※ [17~20] 다음을 듣고 남자의 중심 생각을 고르십시오. 각 2점

🎵 track 13

17~19

> 남자: 수미야, 좀 전에 동아리 후배한테 무슨 칭찬을 그렇게 많이 해?
>
> 여자: 왜? 그 후배는 동아리 일도 다 맡아서 하고 다른 사람이 도움이 필요하다고 할 때 한 번도 거절한 적이 없어. 칭찬할 만하지.
>
> 남자: 그래? 근데 후배가 그런 칭찬을 들으면 나중에 거절하고 싶어도 못 하겠어. 그 칭찬에 신경을 써서 그 말대로 꼭 해야 한다고 생각하게 되거든.

① 칭찬을 받으면 일할 의욕이 높아진다.
② 칭찬을 받으려면 거절하지 말아야 한다.
③ 칭찬을 받으면 그 말을 의식해서 행동하게 된다.
④ 칭찬을 받으면 다른 사람도 칭찬해 줘야 한다.

※ 듣기 전에 반복되는 내용 통해 듣기 내용 미리 추측

20

> 여자: 최 교수님, 이번에 '화해의 기술'이라는 책을 내셨는데요. 그 책에서 가장 강조하시는 부분은 무엇입니까?
>
> 남자: 화해를 원한다면 나에 대한 이야기를 하라는 겁니다. 많은 경우에 사람들은 화해하려고 할 때 상대방의 말과 행동만을 반복해서 말합니다. 이건 관계 회복에 전혀 도움이 되지 않아요. 오히려 악영향을 줍니다. 내 말과 행동에 대해 먼저 살피고 말해 보세요. 상대방의 환한 미소를 볼 수 있을 겁니다.

① 웃음으로 서로의 관계를 회복해야 한다.
② 화해하고 싶으면 먼저 나를 되돌아봐야 한다.
③ 상대방의 웃음을 보면 화해를 먼저 해야 한다.
④ 화해하려면 상대방의 행동을 미리 살펴야 한다.

※ 비슷한 어휘와 표현
  내 말과 행동에 대해 먼저 살피다
  ⟹ 먼저 나를 되돌아본다

<TOPIK 36회 듣기 [18]>
• 동아리 club
• 후배 junior (someone who is younger or has less experience)
• 칭찬 praise/compliment
• 신경을 쓰다 take care/pay attention
• 의욕 will/ambition
• 의식하다 be aware

17~19

남자는 여자의 의견과 반대로 지나치게 칭찬을 많이 들을 경우 거절을 못 하게 되거나, 그 말에 신경 쓰게 돼 버린다는 점을 염려하고 있습니다. 따라서 정답은 ③입니다.

The man, in contrary to the woman's opinion, concerns that if someone receives too much compliment, he/her cannot reject any request or paying too much attention to the compliment. Therefore, the correct answer is ③.

<TOPIK 36회 듣기 [20]>
• 화해(하다) compromise
• 책을 내다 write a book
• 회복 recover
• 악영향 bad influence
• 살피다 look carefully
• 환하다 bright
• 미소 smile
• 웃음 laughter/smile
• 되돌아보다 look back

20

인터뷰에서는 자신의 주장을 바로 이야기하거나 마지막에 이야기하는 경우도 있습니다. 여기서는 첫 부분인 '나에 대한 이야기를 하라'는 말과 마지막 부분인 '내 말과 행동에 대해 먼저 살피고 말하라'는 말을 통해 답을 유추할 수 있습니다. 따라서 정답은 ②입니다.

In the interview, the man may express his assertion right away or at the end. In this case, the correct answer can be assumed by the first part '나에 대한 이야기를 하라' and the last part '내 말과 행동에 대해 먼저 살피고 말하라'. Therefore, the correct answer is ②.

※[17~20] 다음을 듣고 남자의 중심 생각을 고르십시오. 각 2점

🔊 track 14

17~19

> 남자: 수미 씨, 회사를 그만두고 해외 봉사활동을 간다면서요?
>
> 여자: 네, 맞아요. 지금이 아니면 기회가 없을 것 같아서요. 해외에 갔다와서 다시 직장을 구하는 게 힘들긴 하지만 일찍 해외에 나갔다 오는 게 좋을 것 같아서요.
>
> 남자: 그런데 회사를 그만두고 해외에 나가서까지 봉사활동을 한다는 게 좀 이해가 안 되네요. 봉사활동이라면 국내에서도 충분히 할 수 있을 텐데요.

① 어릴 때 해외 봉사활동을 가야 한다.
② 봉사활동을 반드시 해외에서 할 필요는 없다.
③ 해외 봉사활동을 다녀오면 국내에 들어오기 힘들다.
④ 해외 봉사활동을 가기 전에 계획과 준비가 필요하다.

20

> 여자: 이복현 선생님은 전통 그대로의 방식으로 전통 악기를 만드시는 걸로 유명한데요. 혹시 특별한 이유라도 있으십니까?
>
> 남자: 저는 전통 악기의 대중화보다는 우리 고유의 전통성을 지키는 것이 더 중요하다고 생각합니다. 공장에서 만들어 낸 악기들은 전통 악기를 대중화하는 데 기여했습니다. 하지만 기계로 만들어 낸 악기가 전통 그대로의 방식으로 만들어낸 악기의 소리를 따라가지 못합니다. 고유의 소리를 담아 내지 못한다면 진정한 전통이라고 할 수 없죠.

① 전통 악기의 대중화는 중요하지 않다.
② 전통 방식으로 만든 악기는 대중화하기 어렵다.
③ 전통 악기의 대중화를 위해 공장에서 대량 생산해야 한다.
④ 공장에서 만든 악기는 전통 악기만큼의 소리를 내지 못한다.

- 그만두다 quit
- 해외 overseas/abroad
- 봉사활동 volunteer activity
- 기회 opportunity/chance
- 국내 domestic
- 반드시 surely

17~19

남자는 회사를 그만두고 해외 봉사활동을 가기로 한 여자의 결정에 대해 이해가 가지 않는다고 말합니다. 남자는 국내에서도 충분히 봉사활동을 할 수 있다고 말합니다. 따라서 정답은 ②입니다.

The man says that he doesn't understand the woman's decision to quit her job and go abroad to do volunteer activity. The man says that she can do enough volunteer activities in domestic areas. Therefore, the correct answer is ②.

- 방식 method
- 악기 musical instrument
- 대중화 popularize
- 고유 characteristic
- 전통성 traditionality
- 기여하다 contribute
- 기계 machine
- 담아내다 put in/include
- 진정하다 calm down
- 대량 mass/a large amount
- 생산하다 produce

20

전통 악기 만드는 장인을 만나 인터뷰하는 내용입니다. 장인은 공장에서 만들어 낸 악기가 전통 방식으로 만들어 낸 악기보다 소리가 좋지 않음을 지적하고 있습니다. 따라서 정답은 ④입니다.

It is an interview of a master craftsman who makes traditional musical instruments. The master craftsman points out that factory-made musical instruments do not make sounds as good as those made in a traditional way. Therefore, the correct answer is ④.

17-20

🖱 연습문제

※[17~20] 다음을 듣고 남자의 중심 생각을 고르십시오. <u>각 2점</u> 🔘 track 15

17 ① 취미 생활로 자격증을 따는 것은 좋지 않다.
② 자격증을 따기 위해서는 많은 준비가 필요하다.
③ 자격증을 따 두는 것은 미래를 위한 대비가 된다.
④ 자격증을 따다 보면 업무에 집중하지 못할 때가 있다.

18 ① 매일 요리 수업을 들어야 한다.
② 무리해서라도 요리 수업에 가야 한다.
③ 시간이 날 때만 수업에 참석하면 된다.
④ 수업에 빠지면 다음날 수업 내용을 이해할 수 없다.

19 ① 간접 광고는 많은 부작용이 있다.
② 간접 광고는 소비자의 부담을 덜어 준다.
③ 간접 광고는 소비자의 선택권을 빼앗는다.
④ 간접 광고는 프로그램에 방해가 되지 않는다.

20 ① 폐품으로 미술 도구를 만들 수 있다.
② 재활용품은 작품의 훌륭한 재료가 된다.
③ 작품에 사용한 미술 도구를 재활용해야 한다.
④ 재활용품을 활용한 작품에 이야기를 담아야 한다.

자격증을 따다 obtain a license | **푹 빠지다** be immersed in | **대비** prepare | **집중하다** concentrate | **전혀** never | **예능** entertainment show | **간접광고** indirect advertisement | **방해** bother/disturb | **상품** product/commodity | **튀다** stand out/spatter | **자연스럽다** natural | **등장하다** appear | **억지로** be forced to/forcibly | **가리다** cover/veil | **답답하다** frustrated | **부작용** side-effect | **선택권** option | **부담을 덜다** lessen one's burden | **빼앗다** take away | **우유팩** milk crate | **폐품** waste/junk | **작품** (an artist's) work | **재활용품** recyclable goods | **재료** ingredients/raw materials | **특성** characteristic | **불과하다** be nothing but | **도구** tool | **흥미롭다** interesting

21-22

🖊 오늘의 어휘

여유	composure	명	시간 여유가 있으면 나 좀 도와 줘.
자기 개발	self-development	명	평소에 자기 개발을 게을리하면 안 된다.
쓸데없이	unnecessarily/uselessly	부	쓸데없이 돈을 낭비하지 마세요.
가입하다	join	동	물건을 사려면 홈페이지에 가입해야 한다.
구비되다	be equipped with	동	백화점에 다양한 전자 제품이 구비되어 있다.
권하다	recommend	동	억지로 술을 권하는 것은 좋지 않다.
막다	block/stop	동	에너지 손실을 막기 위한 시설을 만들었다.
숨기다	hide/conceal	동	민수는 나에게 그 사실을 숨겼다.
유출되다	leak	동	시험 정보가 유출되지 않게 관리를 잘 해야 한다.
후회하다	regret	동	수미는 이번 시험에 열심히 공부하지 않은 것을 후회했다.
부담스럽다	feel uncomfortable	형	민수는 부담스러울 정도로 나에게 잘해 준다.
철저하다	thorough	형	이 병원은 고객 관리를 철저하게 하기로 유명하다.

🍹 오늘의 문법

A/V-(으)ㄹ걸	말하는 사람의 지난 일에 대한 후회나 아쉬움을 나타낸다. This expresses the speaker's regret or wistful thought about something in the past. 예 부모님이 살아계실 때 자주 찾아뵐걸.
A/V-아/어도	가정, 양보의 표현으로 부정적이거나 극단적인 상황, 어려운 상황 등에서도 뒤 문장에 영향을 주지 않음을 나타낸다. This expresses assuming or concession, which indicates that even a negative, extreme, or difficult situation does not affect what is mentioned in the following sentence. 예 비록 이번 시험에 실패해도 절대 포기하지 않을 거예요.
A/V-더라고요	말하는 사람이 과거에 직접 경험으로 알게 된 사실을 상대방에게 전달할 때 사용한다. 반말로 '-더라'로도 사용된다. This is used to convey the other person what the speaker has learned from direct experience in the past. Its non-honorific form is '-더라'. 예 그 이탈리아 식당 음식이 맛있더라고요.

21-22

📖 유형분석

두 사람이 사회적 이슈와 연관된 주제로 가볍게 대화를 합니다. 일상생활 속에서 접할 수 있는 사회적 문제와 관련된 내용이 출제될 확률이 높으므로 이와 관련된 표현을 알아 두는 것이 좋겠습니다.

Two people will have a small talk on a topic of social issues. It is likely that the content is about social issues in everyday life, so it is recommended to learn the related expressions.

21 남자의 중심 생각으로 맞는 것 고르기

이 문제는 A1-B1-A2-B2형식의 대화로 남자의 중심 생각을 고르는 문제입니다. 따라서 **처음 A1이 대화의 주제와 함께 자신의 의견을 제시하면 뒤이어 나오는 B1은 A1의 의견에 호응하면서 정보를 제공합니다.** 이것을 예상하고 중심 생각이 무엇인지 잘 들어야 합니다. **보통 B2에 중심 생각이 있습니다.**

You will be asked to listen to a dialogue which takes a form of A1-B1-A2-B2 and to choose the man's main idea. Therefore, when A1 presents own opinion with the topic of dialogue, the following B1 provides information in response to the opinion of A1. You need to anticipate this and focus on what the main idea is. The main idea is usually in B2.

22 들은 내용으로 알맞은 것 고르기

전체적인 내용을 잘 듣고 분석해야 합니다. 들은 내용의 상황과 맥락에 어울리지 않거나 언급하지 않은 선택지는 지워 가며 답을 찾는 것이 좋습니다. 그리고 선택지에 사용되는 표현들은 들은 내용에 나온 표현을 그대로 사용하지 않기 때문에 비슷한 어휘와 표현을 알고 있어야 답을 찾아낼 수 있습니다.

You need to listen carefully and to analyze the overall content. It is recommended to exclude the answer choice which do not fit in the situation or content of the listening passage or which was not mentioned to find the correct answer. The answer choices may not use the exact same expressions of listening passage, so you need to know the similar vocabulary or expressions to find the correct answer.

21-22

🔍 문제분석

기출문제

※[21~22] 다음을 듣고 물음에 답하십시오. 각 2점 🔊 track 16

A₁ 여자: 예전에 가입해 놓은 쇼핑몰에서 개인 정보가 유출 됐다고 연락이 왔는데 뭘 어떻게 해야 되는 거야?

B₁ 남자: 개인 정보 유출? 홈페이지에 들어가서 비밀번호부 터 바꿔야지.

A₂ 여자: 자주 이용하지도 않는데 가입하지 말 걸 그랬어. 그런데 쇼핑몰에서 개인 정보를 더 철저하게 관리 해야 하는 거 아냐? 요즘 사고가 얼마나 많은데….

B₂ 남자: 개인 정보 관리를 쇼핑몰에 다 맡길 수는 없지. 네 가 비밀번호라도 자주 바꿨으면 이런 일이 없었을 거야.

21 남자의 중심 생각으로 맞는 것을 고르십시오.
① 쇼핑몰은 개인 정보를 잘 관리해야 한다.
② 쇼핑몰에 가입하면 쉽게 개인 정보가 유출된다.
③ 개인 정보 유출을 막으려면 본인이 신경 써야 한다.
④ 잘 이용하지 않는 쇼핑몰에는 가입하지 말아야 한다.

※ B2를 집중해서 듣기

22 들은 내용으로 알맞은 것을 고르십시오.
① 여자는 쇼핑몰 가입을 후회하고 있다.
② 여자는 쇼핑몰의 비밀번호를 자주 바꿨다. X
③ 이 쇼핑몰은 개인 정보 유출 사실을 숨겼다. X
④ 이 쇼핑몰은 개인 정보 없이 가입할 수 있다. X

※ 들은 내용과 관계없는 것은 'X'
② 비밀번호 자주 바꾸지 않음
③ 쇼핑몰에서 연락이 옴
④ 관련 정보 없음

⟨TOPIK 37회 듣기 [21~22]⟩
• 쇼핑몰 shopping mall
• 개인 정보 personal information
• 홈페이지 web site/homepage
• 비밀번호 password
• 본인 oneself

21
남자는 개인 정보가 유출된 여자에게 비밀 번호를 자주 바꾸지 않은 것은 여자 본인의 잘못이라고 말하고 있습니다. 따라서 정답 은 ③입니다.
The man is telling the woman whose personal information has been leaked that it is her fault for not changing her password often. Therefore, the correct answer is ③.

22
여자는 쇼핑몰에서 개인 정보가 유출되었 고, 자주 이용하지 않는 곳이라 가입하지 말았어야 한다고 후회하고 있습니다. 따라 서 정답은 ①입니다.
The woman regrets signing up the shopping mall web site she often doesn't visit, as her personal information was leaked from there. Therefore, the correct answer is ①.

※[21~22] 다음을 듣고 물음에 답하십시오. 각 2점 🎧 track 17

> 여자: 김 대리, 요즘 점심시간에 밥은 안 먹고 어디 가는 거야?
>
> 남자: 회사 앞 헬스장에 가서 운동을 하고 있어. 운동을 하고 싶어도 시간을 내기가 어렵더라고.
>
> 여자: 점심시간이 이렇게 짧은데 운동까지 하는 게 부담스럽지 않아? 식사 후 공원을 산책하는 게 더 좋을 것 같은데.
>
> 남자: 요즘 바쁜 직장인들이 점심시간을 활용한 자기 개발이 유행이래. 저녁에는 약속도 있고 업무가 많아서 시간이 없잖아. 그래서 점심시간에 개인 시간도 갖고 운동도 할 수 있어서 좋은 것 같아.

- 헬스장 fitness center
- 충분하다 enough
- 휴식 rest
- 영향을 미치다 affect/influence
- 스트레스 stress
- 찬성하다 agree

21 남자의 중심 생각으로 맞는 것을 고르십시오.

① 바쁜 현대인들은 충분한 휴식이 필요하다.
② 직장인들에게 자기 개발의 시간이 필요하다.
③ 식사 후 산책은 건강에 좋은 영향을 미친다.
④ 회사원들은 업무가 많아서 여유 시간이 없다.

21

남자는 점심시간을 활용해 운동을 하고 싶어 합니다. 점심시간 한 시간을 활용하는 것도 자기 개발이라고 생각합니다. 따라서 정답은 ②입니다.

The man wants to exercise during a lunch break. He thinks that one hour of lunch break can also be considered as time for self-development. Therefore, the correct answer is ②.

22 들은 내용으로 알맞은 것을 고르십시오.

① 회사에서 운동을 하라고 권한다.
② 여자는 운동하는 것에 스트레스를 받고 있다.
③ 여자는 점심시간에 자기 개발을 하는 것에 찬성한다.
④ 남자는 점심시간을 활용할 수 있어서 좋다고 생각한다.

22

남자는 점심시간을 활용한 자기 개발이 유행이라고 말합니다. 점심시간에 개인 시간도 갖고 운동을 할 수 있어서 좋다는 의견을 제시하고 있습니다. 따라서 정답은 ④입니다.

The man says that it is a trend to use a lunch break for self-development. He is giving his opinion that it is good to spend private time and exercise during a lunch break. Therefore, the correct answer is ④.

21-22

※[21~22] 다음을 듣고 물음에 답하십시오. 각 2점 🔊 track 18

21 남자의 중심 생각으로 맞는 것을 고르십시오

① 풀옵션 임대는 쓸데없이 비싸다.
② 풀옵션 임대는 가격이 싸다는 장점이 있다.
③ 풀옵션 임대는 가전제품을 새로 사는 것이 좋다.
④ 풀옵션 임대는 생활에 필요한 물건들이 모두 있어 편리하다.

22 들은 내용으로 알맞은 것을 고르십시오.

① 회사 근처에 사는 사람들이 줄고 있다.
② 풀옵션 임대는 임대료가 비싸서 인기가 없다.
③ 여자는 지금 회사 근처로 이사를 가고 싶어 한다.
④ 풀옵션 임대는 모든 물품을 구입하지는 않아도 된다.

이사 movement | **오피스텔** officetel (a type of building as residence or office) | **임대 (하다)** lease | **꽤** quite | **풀옵션** fully-furnished | **임대료** rent | **가전제품** home appliance | **물론** as well as/of course | **장점** advantage | **물품** goods | **구입하다** purchase

23-24

✏️ 오늘의 어휘

긍정적	positive	명	항상 긍정적인 생각을 하며 산다.
노년층	the elderly	명	한국의 노년층 인구가 계속 증가하고 있다.
반응	reaction	명	이번에 음반을 출시했는데 반응이 아주 좋다.
적성	aptitude	명	적성에 맞는 전공을 찾아서 공부해야 한다.
허락	permission	명	청소년들은 부모님의 허락을 받고 여행을 가야 한다.
괜히	without reason	부	괜히 쓸데없는 곳에 돈 쓰지 말고 나중을 위해 저축해.
권장하다	recommend	동	학교에서는 학생들에게 독서를 권장한다.
신청하다	apply	동	방문 서비스를 신청하실 분들은 내일까지 연락을 주십시오.
옮기다	move/transmit	동	이 책상을 옆 교실로 옮겨 주세요.
제안하다	suggest	동	이번 모임에서 동창들에게 해외여행을 가자고 제안했다.
처리하다	handle	동	저에게 그 일을 맡겨 주시면 신속하게 처리하겠습니다.
홍보하다	promote	동	회사를 홍보하기 위해 열심히 노력하고 있다.
간단하다	simple	형	이 컴퓨터 프로그램의 이용 방법은 아주 간단해요.

🪴 오늘의 문법

A-(으)ㄴ 편이다	말하는 사람의 기준으로 무엇이 어떤 쪽에 가까움을 나타낸다. This expresses that the subject is close to something else in the speaker's opinion. 예 수미는 성격이 급한 편이다.
N 덕분에	어떤 사물이나 사람에게 은혜나 도움을 받아 긍정적인 결과를 얻었을 때 사용한다. This is used when the speaker has received a favor or help from another object or person and achieved a positive result. 예 교수님 덕분에 대학 생활을 잘 할 수 있었습니다.

23-24

📖 유형분석

사회적 활동에서 경험할 수 있는 공공시설(공원, 은행, 도서관, 구청), 편의시설(편의점, 식당, 커피숍), 온라인 서비스(구인구직 카페, 온라인 쇼핑) 등과 같은 상황 속에서 생기는 문제를 해결해 가는 과정의 대화입니다.

The dialogue shows the process of solving problems which happen in a situation that can be experienced during social activities such as in public facilities (park, bank, library, and civil service office), convenience facilities (convenience store, restaurant, coffee shop) or online service (job site, online shopping mall).

23 남자가 하고 있는 일 고르기

A1-B1-A2-B2형식의 대화로 남자가 하고 있는 것이 무엇인지를 묻는 문제입니다. 여기에서는 **남자의 첫 번째 말을 중점적으로 들어야 합니다.** 일반적으로 A가 어떤 고민이나 문의, 제안을 하면 B는 이에 대해 조언이나 소개 또는 해결 방법을 말해 줍니다. 이때 **남자가 고민을 말하는 사람인지 조언을 해 주는 사람인지를 구별하는 것이 중요합니다.** 아래와 같은 **선택지에서 자주 사용되는 표현을 알아 두면 좋습니다.**

※ 사용 표현: 제안하다, 설명하다, 소개하다, 문의하다,
　　　　　　 강조하다, 보고하다, 요구하다

You will be asked to listen to a dialogue which takes a form of A1-B1-A2-B2 and to choose what the man is doing. In this question, you need to focus on the man's first words. Generally, if A has any concerns, inquiries or suggestions, B would advise, introduce or suggest a solution. In this case, it is important to distinguish whether the man is the one confessing his problems or the one giving advice. It is recommended to understand the expressions frequently used in the answer choices.

24 들은 내용과 같은 것 고르기

전체적인 내용을 잘 듣고 분석해야 합니다. 들은 내용의 상황과 맥락에 **어울리지 않거나 언급하지 않은 선택지는 지워 가며 답을 찾는 것이 좋습니다.** 그리고 선택지에 사용되는 표현들은 들은 내용에 나온 표현을 그대로 사용하지 않기 때문에 **비슷한 어휘와 표현을 알고 있어야 답을 찾아낼 수 있습니다.**

You need to listen carefully and to analyze the overall content. It is recommended to exclude the answer choice which does not fit the situation or content of the listening passage or which was not mentioned, in order to find the correct answer. The answer choices may not use the exactly same expressions as the listening passage, so you need to know the similar vocabulary or expressions to find the correct answer.

23-24

🔍 문제분석

기출문제

※[23~24] 다음을 듣고 물음에 답하십시오. 각 2점 🔊 track 19

> 여자: 영우 씨는 회사 생활 어때? 나는 일이 적성에 안 맞아서 좀 힘들어.
>
> 남자: 그래? 그럼 부서를 좀 바꿔 보면 어때? '잡 마켓' 있잖아. 부서 이동을 원하는 직원들이 직접 희망 부서에 자기를 홍보하는 것 말이야.
>
> 여자: 나도 그런 게 있다는 이야기는 들었는데 이용하기가 좀 부담스럽네. 괜히 부장님 눈치도 보이고.
>
> 남자: 그렇게 생각하지 마. 회사에서도 이용을 권장하는 편이고, 이용해 본 사원들도 만족스러워 하던데.

23 남자는 무엇을 하고 있는지 고르십시오.

① 잡 마켓 이용을 제안하고 있다.
② 직장 내의 각 부서를 설명하고 있다.
③ 잡 마켓 이용 경험을 소개하고 있다.
④ 상사의 문제점에 대해 이야기하고 있다.

※ 여자의 고민(일이 적성에 안 맞음)에
   남자가 조언(잡 마켓 이용 제안)을 하고 있음

24 들은 내용으로 맞는 것을 고르십시오.

① 여자는 일하고 있는 부서에 만족해 한다. X
② 잡 마켓은 회사를 홍보하기 위해 만들었다. X
③ 잡 마켓은 상사의 허락이 있어야 이용한다. X
④ 직원들은 적성에 맞는 부서로 옮길 기회가 있다.

〈TOPIK 36회 듣기 [23~24]〉
- 부서 department
- 잡 마켓(job market) job market
- 이동 transfer/movement
- 희망 desire/hope
- 부담스럽다 feel uncomfortable
- 만족스럽다 satisfactory/be satisfied
- 경험 experience
- 문제점 problem
- 상사 boss/superior

23

여자가 일이 적성에 안 맞아서 좀 힘들다는 말에 남자는 부서를 좀 바꿔 보라고 하면서 잡 마켓 이용을 제안하고 있습니다. 여기에서 '-는 게 어때?'라는 표현은 제안을 할 때 많이 사용하는 표현입니다. 따라서 정답은 ①입니다.

The man is suggesting the woman who is saying that she is having a little bit hard time as her job doesn't suit her aptitude to switch her department by using the job market. In here, the expression '-는 어때?' is often used to make a suggestion. Therefore, the correct answer is ①.

24

남자는 부서 이동을 원하는 직원들이 희망 부서에 자기를 홍보하는 잡 마켓의 특징에 대해 설명을 하고 있습니다. 여기에서 '이동'이라는 단어는 '옮기다'로 대체할 수 있고, '희망 부서'는 자신이 원하는 부서이기 때문에 적성에 맞는 부서라고 볼 수 있습니다. 따라서 정답은 ④입니다.

The man is explaining about the job market where employees who wish to transfer to another department promote themselves to the department they desire to work at. In here, the word '이동' can be replaced with '옮기다', and '희망 부서' indicates the department the employee desires to work at, so it can be considered as the department which suits one's aptitude. Therefore, the correct answer is ④.

※[23~24] 다음을 듣고 물음에 답하십시오. 각 2점 🔘 track 20

> 여자: 김 대리, 노년층을 대상으로 한 '그림 안내장' 서비스의 반응이 어떤가요?
>
> 남자: 지금까지는 아주 좋은 것 같습니다. 그림으로 정리된 안내장을 보며 인터넷 뱅킹을 이용할 수 있도록 한 것이 반응이 아주 좋습니다.
>
> 여자: 또 다른 반응은요? 그리고 부정적인 의견은 없었나요?
>
> 남자: 네. '그림 안내장' 덕분에 간단한 계좌 조회나 이체를 할 수 있는 노년층 고객이 크게 늘었고 다들 만족스러워하던데요.

- 안내장 guide/information
- 서비스 service
- 인터넷 뱅킹 internet banking
- 부정적 negative
- 계좌 조회 account inquiry
- 이체 transfer
- 개선 improvement
- 요구하다 demand/request
- 불필요성 unnecessity

23 남자는 무엇을 하고 있는지 고르십시오.
① '그림 안내장' 서비스를 제안하고 있다.
② '그림 안내장' 서비스의 개선을 요구하고 있다.
③ '그림 안내장' 서비스의 불필요성을 강조하고 있다.
④ '그림 안내장' 서비스에 대한 반응을 보고하고 있다.

23

회사에서 상사(여자)와 부하 직원(남자)의 대화입니다. 여자가 노년층을 대상으로 한 '그림 안내장' 서비스의 반응을 남자에게 묻자 아주 좋다고 말하고 있습니다. 회사에서 업무를 보고하는 대화입니다. 따라서 정답은 ④입니다.

It is a dialogue between a boss(woman) and a subordinate(man). The woman is asking the man how the response of 'picture guide' service for the elderly is, and the man is saying that it is very good. Therefore, the correct answer is ④.

24 들은 내용으로 맞는 것을 고르십시오.
① 은행에서 처리하는 업무가 더 늘었다.
② 이 서비스는 은행을 홍보하기 위해 만들었다.
③ 이 서비스에 대한 고객들의 반응이 긍정적이다.
④ 노년층의 인터넷 뱅킹 이용이 점점 줄어들고 있다.

24

남자가 '그림 안내장' 덕분에 간단한 계좌 조회나 이체를 할 수 있는 노년층 고객이 크게 늘었고 만족스러워한다고 했기 때문에 이 서비스에 대한 고객들의 반응이 긍정적이라고 볼 수 있습니다. 따라서 정답은 ③입니다.

The man is saying that the number of elderly customers who could view own bank accounts or make transfer thanks to the 'picture guide' has greatly increased; and they were satisfied with it, so it can be guessed that the customer's response to this service was positive. Therefore, the correct answer is ③.

23-24

연습문제

※[23~24] 다음을 듣고 물음에 답하십시오. 각 2점 track 21

23 남자는 무엇을 하고 있는지 고르십시오.

① 세미나 접수를 하고 있다.
② 세미나에 대해 설명하고 있다.
③ 세미나 신청 절차에 대해 문의하고 있다.
④ 세미나를 열기 위해 장소를 알아보고 있다.

24 들은 내용으로 알맞은 것을 고르십시오.

① 콘서트는 세미나 마지막에 즐길 수 있다.
② 은행 방문으로도 이 세미나를 신청할 수 있다.
③ 세금 문제에 힘들어 하는 고객들을 위한 세미나이다.
④ 인터넷으로 신청하고 문자를 받은 고객만 참여할 수 있다.

우수 excellence | **초청** invitation | **세미나** seminar | **당첨** win (a prize) | **당일** the very day/that day | **세금** tax | **강의** lecture | **절차** procedure | **문의하다** make an inquiry

25-26

✏️ 오늘의 어휘

기부	donation	명	어려운 사람들을 위한 기부가 나날이 증가하고 있다.
나눔	share	명	나눔의 실천은 행복의 지름길입니다.
만족	satisfaction	명	그 사람은 몸이 불편한데도 삶에 만족을 한다.
재능	talent	명	요즘 재능을 기부하는 사람들이 많아졌다.
함부로	recklessly	부	남의 물건을 함부로 쓰면 안 된다.
도전하다	challenge	동	그녀는 늘 새로운 일에 도전하고 연구하는 것을 좋아한다.
안심하다	relax/be relieved	동	요즘은 안심하고 먹을 수 있는 음식이 별로 없다.
차별화(되다)	be differentiated	동	독특하고 차별화된 제품은 젊은이들 사이에서 인기가 많다.
참여하다	join/participate	동	홍보 부족으로 사람들이 많이 참여하지 못했다.
평가하다	evaluate	동	너무 쉽게 그 사람을 평가하지 마세요.
포기하다	give up	동	나이가 어리기 때문에 공부를 포기하면 안 된다.
효과를 거두다	make fruit/ make an effect		음악을 활용한 치료 방법이 스트레스를 줄이는 데 많은 효과를 거두었다.

🌱 오늘의 문법

A-(으)ㄴ데요 V-는데요	말을 한 후 상대방의 반응을 기다리거나, 감탄의 의미를 나타낸다. This expresses that the speaker is waiting for the other's reaction, or exclamation. 예 오늘 회의에 늦은 이유가 있을 것 같은데요.
A-게나마	최선의 선택은 아니지만 그래도 다행임을 나타낸다. This expresses that it is not the best option but it is good. 예 늦게나마 행사에 참여할 수 있어서 다행입니다.

25-26

사회적으로 이슈가 되고 있는 사람들을 초대하여 인터뷰를 합니다. 사회자는 초대된 사람에게 이 일을 하게 된 '동기, 배경, 상황' 등을 물으면서 인터뷰를 시작합니다. 그러므로 **사회자의 질문에서 초대된 사람의 '직업 또는 한 일' 등의 정보를 얻을 수 있습니다. 또한 초대된 사람은 자신이 한 일의 '배경, 의도, 과정, 결과' 등을 말합니다.**

In the dialogue, people who being a hot issue socially are invited and interviewed. The interviewer starts the interview by asking the invited guests the 'motivation, background, situation', etc. on how the invited guest began his work. Therefore, you will get to know the invited guest's 'job or work experience', etc. from the interviewer's question. Also, the invited guest will say the 'background, intention and result', etc. of his work experience.

25 남자의 중심 생각 고르기

남자는 주로 **대답을 시작하면서부터 일을 하게 된 동기를 밝힙니다. 일을 하게 된 동기가 주로 중심 생각입니다.** 마지막 부분에서도 내용을 정리하면서 중심 생각이 나오기도 합니다.

The man usually starts his answer by revealing the motivation of his work. The motivation that he became to do his work is usually the main idea. The main idea may also appear at the last part with summarized content.

26 들은 내용과 같은 것 고르기

전체적인 내용을 잘 듣고 분석해야 합니다. 들은 내용의 상황과 맥락에 **어울리지 않거나 언급하지 않은 선택지는 지워 가며 답을 찾는 것이 좋습니다.** 그리고 선택지에 사용되는 표현들은 들은 내용에 나온 표현을 그대로 사용하지 않기 때문에 **비슷한 어휘와 표현을 알고 있어야 답을 찾아낼 수 있습니다.**

You need to listen carefully and to analyze the overall content. It is recommended to exclude the answer choice which does not fit the situation or content of the listening passage or which was not mentioned to find the correct answer. The answer choices may not use the exact same expressions as the listening passage, so you need to know similar vocabulary or expressions in order to find the correct answer.

25-26

🔍 문제분석

※ [25~26] 다음을 듣고 물음에 답하십시오. 각 2점 🔴 track 22

> 여자: 선생님, 이 학교에는 자기 계발을 스스로 할 수 있는 프로그램이 있다고 들었는데요. 간단히 소개해 주시겠습니까?
>
> 남자: 네, ☆자기 계발 프로그램은 자기주도적으로 이루어지는 게 중요한데 우리 학교의 프로그램이 그렇습니다. 학생들은 학기 초에 하고 싶은 일을 정하고 그 중 하나를 골라 계획서를 제출합니다. 학교에선 중간에 진도만 확인해 주는데요. 학생들은 보고서를 쓰거나 관련 분야의 전문가를 만나 인터뷰를 하기도 합니다. 평가도 학기가 끝날 때쯤 스스로 하는데 결과에 만족 못했을 땐 다음 학기에 다시 도전할 수 있습니다.

25 남자의 중심 생각으로 맞는 것을 고르십시오.
① 자기 계발은 계획서 작성이 필요하다.
② 진정한 자기 계발은 스스로 하는 것이다.
③ 자기 평가가 안 좋으면 다시 도전할 수 있다.
④ 자기 계발의 결과에 대한 만족도가 중요하다.

※ 주로 앞부분이나 마지막 부분에 중심 생각 제시

26 들은 내용으로 맞는 것을 고르십시오.
① 학생들은 스스로 계획서를 작성한다.
② 보고서를 쓰려면 전문가를 만나야 한다. X
③ 학교가 학생들의 자기 계발 결과를 평가한다. X
④ 학생들은 학기 말에 자기 계발 계획서를 낸다. X

※ 들은 내용과 관계없는 것은 'X'
② 보고서를 쓰거나 관련 분야의 전문가를 만남
③ 학생 스스로 평가
④ 학기 초에 계획서 제출

〈TOPIK 37회 듣기 [25~26]〉
- 자기 계발 self-development
- 스스로 oneself
- 자기주도적 self-directed
- 이루어지다 be accomplished
- 학기 semester
- 계획서 plan(document)
- 제출하다 submit
- 진도 progress
- 관련 relation
- 분야 field/area
- 만족도 satisfaction

25
남자는 자기 계발 프로그램은 자기주도적(자기 스스로 하는 것)으로 이루어지는 게 중요하다고 했습니다. 따라서 정답은 ②입니다.

The man says that it is important for self-development programs to be self-directed (self-oriented). Therefore, the correct answer is ②.

26
남자는 학생들이 학기 초에 하고 싶은 일을 정하고 그 중 하나를 골라 계획서를 제출한다고 했습니다. 따라서 정답은 ①입니다.

The man says that the students will decide what they want to do at the beginning of the semester and choose one of them to submit their plan. Therefore, the correct answer is ①.

※[25~26] 다음을 듣고 물음에 답하십시오. 각 2점 🔴 track 23

> 여자: 얼마 전에 아름다운가게 홍보대사로 위촉되셨다고 들었습니다. 이런 활동을 하시는 데에는 이유가 있을 것 같은데요.
>
> 남자: 저는 평소 나눔과 재능 기부에 대한 생각을 많이 해왔고, 작게나마 실천해 왔습니다. 이번 기회에 더욱 더 진심을 다해 적극적으로 참여해 보려고 합니다. 사실 많은 분들이 나눔과 재능 기부에 대해 생각해 보셨겠지만 실천하기는 힘드셨을 것 같습니다. 이런 분들에게 받는 기쁨보다 나눠 주는 행복이 더 크다는 것을 알려 드리고 싶습니다.

- 아름다운가게 Beautiful Store (thrift shop brand in Korea)
- 홍보대사 honorary ambassador
- 위촉되다 be appointed
- 활동 activities
- 실천하다 practice
- 진심을 다하다 fulfill sincerity
- 적극적 active/aggressive
- 사실 fact/truth
- 기쁨 joy
- 행복 happiness
- 낭비하다 waste
- 유도하다 induce

25 남자의 중심 생각으로 맞는 것을 고르십시오.

① 나눔과 재능 기부는 실천하기 어렵다.
② 재능을 함부로 낭비하는 것은 좋지 않다.
③ 많은 사람들이 나눔의 즐거움을 알았으면 좋겠다.
④ 평소에도 재능 기부에 대한 생각을 많이 해야 한다.

25

남자는 많은 사람들이 나눔과 재능 기부에 참여하여 나눠 주는 행복이 더 크다는 것을 알리고 싶어 합니다. 따라서 정답은 ③입니다.

The man wants to let people know that happiness from giving is bigger than that from sharing with others and donating own talents. Therefore, the correct answer is ③.

26 들은 내용으로 맞는 것을 고르십시오.

① 남자는 지금까지 나눔에 관심이 없었다.
② 남자는 다른 사람의 참여를 유도하고 있다.
③ 남자는 적극적으로 재능 기부에 참여해 왔다.
④ 남자는 활동이 어려워서 포기하고 싶어 한다.

26

남자는 나눔과 재능 기부를 실천하기 힘들었던 사람들이 받는 기쁨보다 나눠 주는 행복이 더 크다는 것을 알기를 바라고 있습니다. 즉 남자는 다른 사람의 참여를 유도하고 있습니다. 따라서 정답은 ②입니다.

The man wants people who have had difficulty from sharing with others and donating own talents know that happiness from giving is bigger than that from receiving. Thus, the man is encouraging others to participate. Therefore, the correct answer is ②.

25-26

연습문제

※ [25~26] 다음을 듣고 물음에 답하십시오. 각 2점 🎵 track 24

25 남자의 중심 생각으로 맞는 것을 고르십시오.

① 심야시간에 여성들이 다니는 것은 바람직하지 않다.

② 안심 귀가 서비스는 경찰의 적극적인 협력이 필요하다.

③ 온주시도 적극적으로 안심 귀가 서비스를 시행해야 한다.

④ 온주시에서 시행 중인 안심 귀가 서비스가 확대되어야 한다.

26 들은 내용으로 맞는 것을 고르십시오.

① 안심 귀가 서비스는 온주시에서만 시행 중이다.

② 안심 귀가 서비스를 이용하려는 여성들이 많지 않다.

③ 온주시의 경찰과 민간단체는 적극적으로 협력하고 있다.

④ 온주시는 다른 지역과 안심 귀가 서비스를 공유하고 있다.

밤길 night walk | 안심 귀가 safe return to home | 심야시간 midnight | 귀가하다 return home | 안전 safety | 시행 implement | 인력 manpower | 실질적 actual | 민간단체 private organization | 의기투합하다 make mutual understanding | 조직적 organized | 호응을 얻다 gain a positive response | 확대하다 expand | 바람직하다 desirable | 협력(하다) cooperate | 공유하다 share

27-28

✏️ 오늘의 어휘

규정	regulation	명	대회의 규정에 따라 선수들은 금지된 약을 복용하면 안 된다.
반칙	foul	명	우리 편 선수가 반칙을 할 때마다 감독은 괴로운 표정을 지었다.
온통	all/entirely	명	눈이 많이 와서 세상이 온통 하얗다.
처벌	punishment/penalty	명	잘못을 했으면 당연히 처벌을 받아야 한다.
검토하다	review	동	시험이 끝나기 전에 시험지를 다시 한 번 검토해야 한다.
대신하다	replace/substitute	동	나는 아침마다 빵으로 아침을 대신한다.
비판하다	criticize	동	경제가 안 좋을수록 사회의 모순을 비판하는 책이 많이 나온다.
지적하다	point out	동	선생님은 내 태도에 문제가 있다고 지적하셨다.
유도하다	induce	동	금연을 유도하기 위해 금연 광고를 하고 있다.
마땅하다	suitable	형	나쁜 일을 해서 죄를 지은 사람은 감옥에 가는 것이 마땅하다.
안타깝다	regretful	형	이번 대회에서 일등을 하지 못한 것이 안타깝다.
반감을 사다	antagonize (a person)		그 남자는 교수님 앞에서 예의 없는 모습을 보이는 바람에 친구들의 반감을 샀다.
일리가 있다	make sense		신경을 많이 쓰면 머리카락이 하얘진다는 말은 일리가 있다.

🥤 오늘의 문법

A/V-기는	상대방이 한 말에 가볍게 부정할 때 사용한다. 말할 때는 '-긴'으로 많이 사용된다. This is used to gently deny what the other said. This is often used as '-긴' in spoken language. 예 가: 저 사람 멋있지 않니? 　　나: 멋있기는 뭐가 멋있어?
V-(으)ㄹ 뻔하다	어떤 일이 일어나지는 않았지만 거의 그런 상황까지 되었을 때 사용한다. This is used when something almost happened but didn't actually happened. 예 길이 막혀서 약속 시간에 늦을 뻔했어요.
A/V-더라	과거에 직접 보거나 경험으로 알게 된 사실을 다른 사람에게 전달할 때 사용한다. This is used to convey what the speaker has seen or experienced before. 예 이번 오디션에서 철수가 노래를 잘 부르더라.
A/V-도록	뒤의 행위에 대한 목적, 정도, 기준 등을 나타낸다. '-게'와 바꿔 쓸 수 있다. This expresses the purpose, level, or standard of the following behavior. This can be replaced with '-게'. 예 사람들이 지나가도록 좀 비켜 주시겠어요?

27-28

📖 유형분석

개인의 일상생활 또는 사회적 이슈에 대한 대화입니다. A가 사회적 이슈나 개인적인 고민, 걱정을 말하면 B는 그 문제에 대한 적절한 대답이나 조언을 합니다. 또한 A1에서 대화 주제를 제시하면 B1에서는 동의를 해 주지만 B2에서는 부정적인 반응을 보입니다. 이때 A는 B를 배려하여 '-(으)ㄴ/는 것 같다, -(으)면 좋겠다'와 같은 부드러운 표현을 사용하는 경우가 많습니다.

The dialogue is about personal daily life or social issue. If A talks about a social issue or about any personal concern or worry, B would give a proper answer or advice about such problems. Also, if A1 presents the topic of dialogue, B1 would agree it, but B2 would disagree it. In this case, A often uses soft expressions such as '- (으)ㄴ/는 것 같다, - (으)면 좋겠다' with considering of B.

27 여자가 남자에게 말하는 의도 고르기

A1-B1-A2-B2-A3 형식의 대화로 A의 의도를 고르는 문제입니다. **A의 의도는 A1과 A3에 주로 나옵니다. 보통 A1에서는 고민, 걱정을 말하고 A3에서는 해결 방법이나 자신의 의견을 정확하게 밝힙니다.** 그리고 의견의 종류에 따라 아래의 표현을 사용합니다.

1) 문제 제기: V-아/어 봤지?, A-다면서?, V-ㄴ/는다면서?, A-다던데, V-ㄴ/는다던데

2) 상대방의 동조 유도: A/V-아/어야 하는 거 아냐?, A/V-(으)ㄹ 수 있지, A/V-더라, A/V-았/었잖아, A/V-(으)ㄴ/는 건 아닌데

3) 부드러운 의견 제시: A/V-(으)ㄴ/는 것 같다, A/V-(으)ㄹ 것 같은데?, A/V-(으)면 좋겠어, A/V-(으)ㄹ 걸

You will be asked to listen to a dialogue which takes a form of A1-B1-A2-B2-A3 and to choose A's intention. A's intention usually appears in A1 and A3. Generally, A1 expresses his/her concern or worry, and A3 specifies the solution or his/her opinion. Moreover, the following expressions are used according to each type of opinion.

28 들은 내용으로 맞는 것 고르기

전체적인 내용을 잘 듣고 분석해야 합니다. 들은 내용의 상황과 맥락에 **어울리지 않거나 언급하지 않은 선택지는 지워 가며 답을 찾는 것이 좋습니다.** 그리고 선택지에 사용되는 표현들은 들은 내용에 나온 표현을 그대로 사용하지 않기 때문에 **비슷한 어휘와 표현을 알고 있어야 답을 찾아낼 수 있습니다.**

You need to listen carefully and to analyze the overall content. It is recommended to exclude the answer choice which does not fit the situation or content of the listening passage or which was not mentioned, in order to find the correct answer. The answer choices may not use the exactly same expressions as the listening passage, so you need to know similar vocabulary or expressions to find the correct answer.

27-28

🔍 문제분석

기출문제

※[27~28] 다음을 듣고 물음에 답하십시오. 각 2점 🎵 track 25

> A1 여자: 또 선거 운동이야? 선거 운동을 하는 건 좋은데 꼭 저렇게 시끄럽게 해야 돼? 요즘에는 조용한 선거 유세가 늘고 있다던데.
>
> B1 남자: 그러게. 조용히 악수를 청하는 후보자도 있고 손을 흔들며 인사하는 후보자도 있다는데 말이야.
>
> A2 여자: 소리가 크다고 홍보가 잘되는 건 아닌데.
>
> B2 남자: 그건 모르지. 후보들이 각자 자기를 잘 알릴 수 있는 방법을 선택하는 거니까. 뭐가 좋고 뭐가 나쁘다고는 말할 수는 없는 것 같아.
>
> A3☆ 여자: 네 말이 맞긴 한데, 저런 식의 선거 유세는 오히려 사람들한테 반감만 살 걸.

27 여자가 남자에게 말하는 의도를 고르십시오.
① 후보자 지지를 부탁하기 위해
② 선거 유세 방법을 비판하기 위해
③ 선거 유세 효과를 강조하기 위해
④ 다양한 홍보 방법을 확인하기 위해

※ A3에 자신의 의견이 자주 나타남
'시끄러운 선거 유세는 오히려 사람들한테 반감만 살 걸'
⟹ 비판

28 들은 내용으로 맞는 것을 고르십시오.
① 선거를 할 때 유세 방법을 살펴야 한다. X
② 큰 소리로 선거 운동하는 것은 효과가 좋다. X
③ 사람들에게 악수를 건네는 선거 운동은 불쾌감을 준다. X
④ 후보자는 자신이 원하는 선거 유세 방법을 선택한다.

<TOPIK 37회 듣기 [27~28]>
• 선거 운동 election campaign
• 유세 campaign
• 악수를 청하다 ask for a handshake
• 후보자 candidate
• 흔들다 shake
• 각자 each
• 지지 support
• 홍보 promotion
• 살피다 look into
• 건네다 hand over
• 불쾌감 displeasure

27
여자는 남자에게 선거 운동 방법에 대해 부정적으로 말하고 있습니다. 이는 선거 운동의 방법을 비판하고 있다고 볼 수 있습니다. 따라서 정답은 ②입니다.

The woman is telling the man negatively about the methods of election campaign. It can be guessed that she is criticizing the methods of election campaign. Therefore, the correct answer is ②.

28
남자는 '조용히 악수를 청하는, 손을 흔들며 인사하는' 등의 표현을 통해 선거 운동 후보자들이 각자 자기를 알릴 수 있는 방법으로 자신들을 표현한다고 말하고 있습니다. 따라서 정답은 ④입니다.

The man says that the candidates of election campaign express themselves through the methods of '조용히 악수를 청하는', '손을 흔들며 인사하는' in order to promote themselves. Therefore, the correct answer is ④.

※[27~28] 다음을 듣고 물음에 답하십시오. 각 2점 track 26

> 여자: 어제 그 축구 경기 봤어? 어떻게 상대편 선수의 팔을 물 수가 있어?
>
> 남자: 어, 나도 봤는데 정말 어이가 없더라. 심판이 그 광경을 봐서 다행이야. 안 그랬으면 어쩔 뻔했어. 인터넷에 온통 그 선수 얘기뿐이야.
>
> 여자: 그런 선수들은 중징계를 줘야 마땅해. 상대 선수는 얼마나 황당하고 아팠을까?
>
> 남자: 근데 경기를 하다 보면 가벼운 몸싸움은 할 수 있는 거 아냐? 가벼운 징계를 줘도 괜찮을 거 같은데.
>
> 여자: 네 말이 일리가 있긴 한데. 매번 경기에서 반칙을 하면 가볍게 처벌을 주니깐 이런 일이 계속해서 발생하는 것 같아. 이번 기회에 반칙을 하면 어떻게 되는지 확실하게 보여 줬으면 좋겠어.

27 여자가 남자에게 말하는 의도를 고르십시오.
① 경기의 규정을 알기 위해
② 경기 결과를 보고하기 위해
③ 징계에 대한 책임을 묻기 위해
④ 처벌의 필요성을 강조하기 위해

28 들은 내용으로 맞는 것을 고르십시오.
① 선수는 심판에게 중징계를 받았다.
② 반칙을 한 축구 선수가 화제가 되고 있다.
③ 어제 축구 경기에서 선수가 심판을 물었다.
④ 어제 경기에서 선수들이 반칙을 많이 했다.

- 상대편 opponent/the other
- 물다 bite
- 어이가 없다 dumfounded
- 심판 referee
- 광경 scene
- 중징계
  heavy penalty/disciplinary action
- 황당하다 ridiculous
- 몸싸움 brawl
- 징계 disciplinary action
- 확실하다 sure
- 책임을 묻다
  hold somebody responsible
- 화제 hot issue/topic

27
여자는 반칙을 한 선수에게 중징계를 줘야 하고, 이번 기회에 반칙을 하면 어떻게 되는지 확실하게 보여 줬으면 좋겠다는 처벌의 필요성을 강조하고 있습니다. 따라서 정답은 ④입니다.
The woman is saying that a heavy penalty should be given to the player who fouled, and emphasizing the necessity of punishing such a player by saying that they should take this chance to show exactly what happens when a foul is committed. Therefore, the correct answer is ④.

28
인터넷에서 반칙을 한 선수에 대한 이야기뿐이라고 했으므로 현재 축구 선수에 대한 이야기가 화제가 되고 있음을 알 수 있습니다. 따라서 정답은 ②입니다.
It is mentioned the whole internet is talking only about that player who fouled, so it can be guessed that the current hot issue is about a soccer player. Therefore, the correct answer is ②.

27-28

📑 연습문제

※[27~28] 다음을 듣고 물음에 답하십시오. 각 2점 🔘 track 27

27 여자가 남자에게 말하는 의도를 고르십시오.
   ① 봉사활동의 취지를 전달하기 위해
   ② 봉사활동의 참여를 유도하기 위해
   ③ 봉사활동을 헌혈로 대신하도록 하기 위해
   ④ 봉사활동의 제도적 문제점을 지적하기 위해

28 들은 내용으로 맞는 것을 고르십시오.
   ① 봉사활동 제도는 원래의 취지와 달라졌다.
   ② 봉사활동은 대학 입시 점수와 상관이 없다.
   ③ 고등학생들이 적극적으로 봉사활동을 하고 있다.
   ④ 고등학생들은 헌혈을 통해 봉사정신을 깨닫고 있다.

헌혈 blood donation | 취지 purport | 점수 score | 대학 입시 university entrance examination | 편법 expedient | 자체 itself | 전달하다 convey | 제도적 institutional

29-30

🖊 오늘의 어휘

가치관	value	명	교육은 올바른 가치관을 형성하는 데 도움을 준다.
교육적	educational	명	이 영화는 폭력적인 장면이 많아서 교육적으로 좋지 않다.
금지	prohibition	명	출입 금지 구역에는 들어가면 안 된다.
사고방식	point of view	명	사고방식의 차이로 오해가 생기기도 한다.
성장	growth/development	명	어렸을 때의 가정환경은 아이들의 성장에 영향을 준다.
정서적	emotional	명	게임은 정서적인 면에서 아이들에게 좋지 않다.
초점	focus	명	글을 쓸 때는 주제에 초점을 맞춰야 한다.
개방시키다	open	동	문화를 개방시키면 다양한 문화에 대한 이해도가 높아진다.
관리하다	manage	동	어릴 때부터 돈을 관리하는 방법을 배워야 한다.
교체하다	exchange/replace	동	오래된 컴퓨터를 새 컴퓨터로 교체했다.
손상되다	get damaged	동	파마를 많이 해서 머리가 많이 손상되었다.
수용하다	accept	동	다른 사람의 의견을 수용하지 못하고 자신의 주장만 내세운다.
훼손하다	damaged	동	등산을 하는 것은 좋지만 자연은 훼손하지 말아야 한다.
귀중하다	valuable	형	부모님께 받은 귀중한 반지를 잃어버려서 속상했다.

🥤 오늘의 문법

A/V-아/어서는 안 되다	어떤 행위나 상태를 허락하지 않거나 금지함을 나타낸다. '-으면 안 되다'와 바꿔 쓸 수 있다. This expresses that a certain behavior or state is not allowed or prohibited. This can be replaced with '-으면 안 되다'. 예 시험 볼 때 다른 사람의 답안지를 봐서는 안 됩니다.
A/V-게 마련이다	어떤 일이 일어나는 것이 당연함을 나타낸다. '-기 마련이다'로 바꿔 쓸 수 있다. This expresses that it is natural for a certain event to happen. This can be replaced with '-기 마련이다'. 예 사람들은 누구나 늙게 마련이다.
N(이)라면	강조하거나 제시하고자 하는 대상임을 나타낸다. This expresses that the subject is what the speaker intends to emphasize or present. 예 한국 사람이라면 누구나 김치를 좋아하지요.
A/V-(으)며	두 가지 이상의 상태나 행위를 나열할 때 사용한다. This is used to list two or more states or behaviors. 예 김치박물관에서는 김치의 역사를 배울 수 있으며 직접 만들어 볼 수도 있다.

29-30

전문가와의 인터뷰를 듣고 푸는 문제입니다. **진행자 A가 질문을 하면 B는 전문 지식이나 개인적인 견해를 들어 이야기하는 형태**입니다. 일반적으로 전문가의 견해는 B의 시작 부분이나 끝부분에 나타나는 경향이 있습니다. 문화나 예술, 전통과 역사, 교육, 의학 등과 같은 영역에서 문제가 출제될 확률이 높으므로 이 영역에 관련된 표현을 알아 두는 것이 좋습니다.

You will be asked to listen to an interview with an expert and to solve the questions. It takes a form of host A asking a question and B tells some expertise or his personal opinion. Generally, an expert's opinion tends to appear at the beginning or end of B. The question is likely to be about culture, art, tradition, history, history, education, medicine, etc, so it is recommended to know the grammar and expressions which are related to these areas.

29 남자가 누구인지 고르기

남자의 직업이나 종사하고 있는 분야를 묻는 문제입니다. **인터뷰 앞부분에 나오는 A의 질문을 잘 들으면 B가 어떤 분야에 종사하는 사람인지 알 수 있습니다.** 그리고 B의 대답에서 구체적으로 무슨 일을 하는 사람인지 찾으면 됩니다.

You will be asked to choose what the man does or which field he works in. If you listen to A's questions at the beginning of interview, you will guess which field B works in. After that, you can find out what B does specifically through his answer.

30 들은 내용으로 맞는 것 고르기

전체적인 내용을 잘 듣고 분석해야 합니다. 들은 내용의 상황과 맥락에 **어울리지 않거나 언급하지 않은 선택지는 지워 가며 답을 찾는 것이 좋습니다.** 그리고 선택지에 사용되는 표현들은 들은 내용에 나온 표현을 그대로 사용하지 않기 때문에 **비슷한 어휘와 표현을 알고 있어야 답을 찾아낼 수 있습니다.**

You need to listen carefully and to analyze the overall content. It is recommended to exclude the answer choice which does not fit the situation or content of the listening passage or which was not mentioned, in order to find the correct answer. The answer choices may not use the exactly same expressions as the listening passage, so you need to know similar vocabulary or expressions to find the correct answer.

29-30

🔍 문제분석

※[29~30] 다음을 듣고 물음에 답하십시오. 각 2점 🔴 track 28

> 여자: 문화재도 손상되면 수리가 필요할 텐데요. ☆어떤 부분에 초점을 두고 수리해야 할까요?
>
> 남자: 문화재를 수리한다고 하면 보통 뭔가 새로운 것으로 교체해야 한다고 생각합니다. 그런데 문화재 수리는 손상된 부분을 단순히 교체하는 것이 아니라 원형을 훼손시키지 않는 범위에서 재창조하는 것을 의미합니다. 이때 중요한 것은 문화재에 담긴 고유한 표현 의도를 벗어나서는 안 된다는 것이죠. 그래서 저는 그러한 의도가 제대로 드러날 때까지 반복 작업을 수없이 되풀이하곤 합니다. 그런데 무엇보다 중요한 건 귀중한 문화재가 손상되지 않게 잘 관리하고 보존하는 것입니다.

29 남자는 누구인지 고르십시오.
① 문화재를 복원하는 사람
② 문화재를 관리하는 사람
③ 문화재를 해설하는 사람
④ 문화재를 발굴하는 사람

※듣기 전에 반복되는 표현(문화재)을 통해
　듣기 내용 미리 추측
※비슷한 어휘와 표현
　수리, 교체, 재창조 ⟹ 복원

30 들은 내용으로 맞는 것을 고르십시오.
① 문화재 수리는 작가에게 책임이 있다.
② 문화재 수리는 반복되는 교체 작업이다.
③ 문화재 수리는 원형을 훼손하지 않아야 한다.
④ 문화재 수리는 손상되지 않게 관리하는 것이다.

〈TOPIK 37회 듣기 [29~30]〉
• 문화재 cultural assets
• 원형 original form
• 범위 scope
• 재창조하다 recreate
• 담기다 be filled
• 고유하다 unique
• 의도 intention
• 벗어나다 get out
• 드러나다 expose
• 수없이 numerous
• 되풀이하다 repeat
• 보존하다 preserve
• 복원하다 restore
• 발굴하다 excavate

29
여자의 질문을 통해 남자의 직업이 문화재와 관련된 직종임을 알 수 있습니다. 또한 남자의 대답에서 나온 '수리, 교체, 재창조, 반복 작업'과 같은 말을 통해 남자의 직업은 문화재를 복원하는 사람임을 알 수 있습니다. 따라서 정답은 ①입니다.

Through the woman's question, it can be guessed that the man's job is related to cultural assets. Also, through the words '수리, 교체, 재창조, 반복 작업' from the man's answer, it can be guessed that the man's job is to restore cultural assets. Therefore, the correct answer is ①.

30
문화재 수리는 교체하는 것이 아니라 원형을 훼손시키지 않는 범위에서 재창조하는 것이라고 했으므로 정답은 ③입니다.

It is said repairing cultural assets are not to be replaced, but recreated to the extent which doesn't damage their original form, so the correct answer is ③.

샘플문제

※[29~30] 다음을 듣고 물음에 답하십시오. 각 2점 track 29

> 여자: 요즘 중, 고등학교에서 시행되고 있는 체벌 금지 제도에 대한 찬반 논란이 뜨거운데요. 이에 대해 어떻게 생각하십니까?
>
> 남자: 체벌은 아이들의 교육과 성장에 영향을 주게 마련입니다. 체벌이 아이에게 정서적, 교육적으로 부정적인 영향을 준다는 의견에 저도 동의합니다. 하지만 현실적으로 가치관이 형성되지 않아 판단 능력이 부족한 아이들에게 책임감을 가르치는 데에 다른 대안이 없는 것도 사실입니다. 체벌이 아이들에게 교육면에서 긍정적인 효과가 있다는 조사 결과도 있습니다. 따라서 저는 부모나 교사가 믿음과 애정을 가지고 최소한의 체벌을 하는 것은 교육적으로도 필요하다고 생각합니다.

29 남자는 누구인지 고르십시오.

① 진로 상담가 ② 교육 전문가

③ 정부 관계자 ④ 학부모 대표

30 들은 내용으로 맞는 것을 고르십시오.

① 부모와 교사는 체벌 금지 제도를 찬성한다.

② 애정이 바탕이 된 체벌도 허용해서는 안 된다.

③ 효과적인 교육을 위해 때로는 체벌도 필요하다.

④ 체벌은 아이들의 가치관 형성에 도움이 되지 않는다.

- 체벌 금지 제도 prohibition of corporal punishment
- 찬반 agreement and disagreement
- 논란이 뜨겁다 heated argument
- 동의하다 agree
- 현실적 realistic
- 형성되다 be formed
- 판단 judgement
- 책임감 responsibility
- 대안 alternative
- 믿음 faith/belief
- 애정 affection/love
- 최소한 at least
- 진로 career path
- 상담가 counsellor/consultant
- 바탕 basis
- 허용하다 allow/permit

29

체벌이 교육적, 정서적으로 어떤 효과를 미치는지 조사 결과를 예로 들면서 전문적으로 이야기하고 있습니다. 따라서 정답은 ②입니다.

It is a professional dialogue about what effect corporal punishment has on education and emotion by taking research results as reference. Therefore, the correct answer is ②.

30

남자는 부모나 교사가 믿음과 애정이 바탕이 된다면 체벌도 교육적으로 긍정적인 효과를 기대할 수 있다고 보고 있습니다. 따라서 정답은 ③입니다.

The man says that as long as parents or teachers uses corporal punishment on the basis of faith and affection, its educational positive effects can be expected as well. Therefore, the correct answer is ③.

29-30

※[29~30] 다음을 듣고 물음에 답하십시오. 각 2점 🔊 track 30

29 남자는 누구인지 고르십시오.
① 대중문화 창작가   ② 문화 정책 연구가
③ 청소년 상담 전문가   ④ 문화체육관광부 장관

30 들은 내용으로 맞는 것을 고르십시오.
① 사회 혼란을 일으키는 문화 개방을 중지해야 한다.
② 우리에게 어울리는 문화를 스스로 개발하도록 해야 한다.
③ 문화의 개방은 청소년들에게 긍정적인 영향을 주기도 한다.
④ 전통적 사고방식은 청소년들의 성장에 도움이 되지 않는다.

무분별하다 thoughtless/reckless | **문화 개방** opening to foreign culture | **유지하다** maintain | **혼란** confusion | **야기하다** provoke | **당장** immediately | **중지하다** stop | **무조건** unconditional | **견해** point of view | **폭넓다** wide/broad/extensive | **시각** sight | **글로벌 시대** era of globalization | **정체되다** stagnant | **정서** emotion | **선별하다** select | **창작가** creator | **정책** policy | **장관** minister

31-32

✏️ 오늘의 어휘

고충	difficultly/trouble	몡	고충 센터는 사람들의 고민을 들어 주는 곳이다.
근본적	fundamental	몡	근본적인 문제를 해결하지 않으면 문제는 또 발생할 것이다.
기존	existing	몡	이사하면서 기존에 사용하던 전자제품을 모두 버렸다.
대안	alternative	몡	이 문제를 해결할 다른 대안이 없다.
편의 시설	convenience facilities	몡	집 주변에는 도서관, 은행, 병원 등의 편의 시설이 많다.
혜택	benefit	몡	아이를 많이 낳을수록 정부에서 주는 혜택도 커진다.
효율	efficiency	몡	사무실의 환경을 변화시켜 일의 효율을 높이기 위해 노력하고 있다.
동의하다	agree	동	저도 사장님의 의견과 같으므로 동의합니다.
분석하다	analyze	동	교통사고의 원인을 분석한 자료가 있다.
설득시키다	persuade	동	유학을 반대하는 부모님을 어렵게 설득시켜서 유학을 오게 되었다.
유지하다	maintain	동	몸무게를 일정하게 유지하기 위해서 항상 운동을 한다.
존중하다	respect	동	다른 사람의 의견을 존중해야 좋은 리더가 될 수 있다.
지지하다	support	동	정부의 정책에 반대하는 사람이 있는 반면 지지하는 사람도 많다.

🌱 오늘의 문법

A/V-(으)ㄹ 게 뻔하다	어떤 상황이 당연히 발생할 것임을 추측할 때 사용한다. This is used to speculate that a certain situation would surely happen. 예 공부를 안 했으니 대학에 떨어질 게 뻔하다.
N마저	현재의 상태에 무엇이 더해지거나 포함되는 것을 나타낸다. '까지'와 바꿔 쓸 수 있다. This expresses that something is added or included to the current state. It can be replaced with '까지'. 예 겨울이라서 날씨도 추운데 바람마저 불어 더 춥다.
N(으)로 인해	어떤 상황의 이유나 원인을 나타낸다. This expresses a reason or cause of a certain situation. 예 지진으로 인해 많은 인명 피해가 발생했다.

31-32

사회적으로 문제가 되고 있는 이슈나 일상생활에서 나타날 수 있는 사소한 문제에 대한 대담이나 찬반 토론을 듣고 푸는 문제입니다. 한 사람의 의견을 듣기도 하고, 서로 상반된 의견을 가진 두 사람이 의견을 나누기도 합니다.

You will be asked to listen to a conversation or pro-con debate on a social issue which is becoming a social issue or a trivial problem which happens in daily life and solve the questions. You may hear an opinion of one person, or a dialogue of two people having contrary opinions.

31 남자의 생각으로 맞는 것 고르기

A1-B1-A2-B2의 대화 형식으로 B(남자)의 중심 생각을 묻는 문제입니다. A1은 토론의 주제나 자신의 의견을 제시합니다. 이어 B1은 A1과 반대되는 의견이나 자신의 생각을 이야기합니다. **일반적으로 B2에 남자의 의견이 강하게 나타나므로 B2를 주의 깊게 들어야 합니다.**

You will be asked to choose B's(the man's) main idea in the dialogue which takes a form of A1-B1-A2-B2. A1 presents the topic of the debate or own opinion. After that, B1 shows the opinion against A1 or own thought. Generally, the man's opinion is emphasized in B2, so you should listen to B2 carefully.

32 남자의 태도로 맞는 것 고르기

B(남자)가 말하는 태도를 묻는 문제입니다. B(남자)의 말투가 태도를 나타내고 있습니다. **의견을 제시할 때 사용하는 '음…, -(으)ㄴ/는데요, -다고 봅니다, -지 않을까요?'와 같은 표현이나 말투를 주의 깊게 들어야 합니다.** 선택지에 아래와 같은 표현이 자주 사용됩니다.

1) 어떻게: 객관적인 자료를 통해, 구체적인 사례를 들어, 근거를 들어, 비교를 통해, 상대방의 의견을 존중하며

2) 무엇을 하다: 동조를 구하다, 의견을 수용하다, 의견을 지지하다, 주장을 반박하다, 주제를 설명하다, 일어날 일을 전망하다, 차이점을 드러내다, 책임을 묻다, 타협점을 찾다, 해결책을 제시하다

You will be asked to choose how B's(the man's) communication attitude. B's(the man's) way of speaking is showing his attitude. You should listen carefully to the expressions or ways of speaking such as '음…, -(으)ㄴ/는데요, -다고 봅니다, -지 않을까요?' which are used to present an opinion. In the answer choices, the following expressions are often used.

31-32

🔍 문제분석

※[31~32] 다음을 듣고 물음에 답하십시오. 각 2점 🎵 track 31

> A₁ 여자: 실업 문제에 대한 여러 가지 대안들을 말씀해 주셨는데요. 시간제 일자리를 늘리는 게 지금으로서는 최선이라고 생각합니다.
>
> B₁ 남자: (부드러운 반박 톤으로)☆ 네, 물론 시간제 일자리를 늘리는 게 당장은 효과가 있겠지만 근본적인 문제를 해결하기는 어렵다고 봅니다. 오히려 더 큰 문제를 가져올 수도 있고요.
>
> A₂ 여자: 어떤 문제가 생길 수 있는지 구체적으로 말씀해 주시겠습니까?
>
> B₂ 남자: 시간제 일자리를 늘리면 그만큼 신규 채용의 폭은 줄어들 수밖에 없습니다. 그렇게 되면 정규직을 원하는 사람들에겐 오히려 취업문이 좁아져 실업 문제가 더 심각해질 수도 있습니다.

31 남자의 생각으로 맞는 것을 고르십시오.

① 정규직을 늘리면 실업 문제를 해결하기 어렵다.
② 신규 채용의 폭을 줄여 실업 문제를 해결할 수 있다.
③ 시간제 일자리는 실업 문제를 해결하는 최선의 방안이다.
④ 시간제 일자리 확대는 정규직 취업 기회를 감소시킬 수 있다.

※B2에 자신의 의견이 자주 나타남

32 남자의 태도로 맞는 것을 고르십시오.

① 구체적인 사례를 들어 주제를 설명하고 있다.
② 객관적인 자료를 통해 자신의 의견을 주장하고 있다.
③ 근거를 들어 상대방의 주장을 부드럽게 반박하고 있다.
④ 상황을 객관적으로 분석하며 상대방 의견을 지지하고 있다.

〈TOPIK 37회 듣기 [31~32]〉

• 실업 unemployment
• 시간제 일자리 part-time job
• 최선 the best
• 신규 채용 hire new employees
• 폭 width
• 정규직 full-time job
• 취업문이 좁아지다
  getting a job becomes harder
• 방안 way/measure
• 확대 expansion
• 사례 example
• 주장하다 assert/insist
• 반박하다 refute
• 심각해지다 get serious

31

남자는 시간제 일자리 증가는 신규 채용의 폭이 줄어들고 정규직을 원하는 사람들이 취업을 할 수 있는 기회가 줄어들게 되어 실업 문제가 더 심각해질 수 있다는 의견입니다. 따라서 정답은 ④입니다.

The man's opinion is that increasing more part-time jobs may result in fewer employment of new employees and fewer opportunities for those who wish to get a full-time position, which may cause the unemployment issue more serous. Therefore, the correct answer is ④.

32

남자는 '-다고 봅니다'라는 표현과 말투를 통해 부드러운 태도를 취하고 있습니다. 하지만 시간제 일자리가 오히려 취업문을 좁게 만든다는 근거를 들어 여자의 말을 반박하고 있습니다. 따라서 정답은 ③입니다.

The man is showing a soft attitude by the expression '-다고 봅니다' and way of speaking. However, he is refuting the woman's opinion by taking the reason that part-time positions would make getting a job rather harder. Therefore, the correct answer is ③.

※[31~32] 다음을 듣고 물음에 답하십시오. 각 2점 track 32

> 여자: 회사 안에 흡연자들을 위한 공간을 따로 만들자는 의
> 견에 찬성할 수 없습니다. 더구나 기존의 휴게실을 없
> 애고 거기에 흡연실을 만들자는 의견은 정말 이해가
> 안 됩니다.
> 남자: (부드러운 반박 톤으로) 저는 회사 안에 흡연실을 만
> 들자는 의견에는 찬성합니다만, 휴게실을 없애자는 의
> 견에는 동의하기가 어렵습니다. 그렇다면 휴게실을 나
> 누어 흡연실을 만드는 건 어떨까요?
> 여자: 휴식을 위한 공간을 나눠서 흡연실을 만들자고요? 그
> 렇게 된다면 담배 연기 때문에 비흡연자들은 마음 놓
> 고 쉬지 못할 게 뻔합니다.
> 남자: 휴게실이나 흡연실 모두 사원들을 위한 공간이고 이
> 를 통해 업무 효율을 높이는 것이 목표입니다. 흡연실
> 에 환기 시설을 잘 만든다면 그런 상황은 생기지 않을
> 겁니다. 흡연자들의 고충을 생각해서 다시 한 번 생각
> 해 주실 수는 없으신지요?

- 흡연자 smoker
- 공간 space
- 따로 separately
- 더구나 besides/moreover
- 흡연실 smoking room
- 나누다 share/divide
- 연기 smoke
- 비흡연자 non-smoker
- 마음(을) 놓다 be at ease/be relieved
- 목표 goal/objective
- 환기 시설 ventilation facility
- 권리 right
- 늘리다 increase/extend/expand
- 전망하다 forecast
- 타협안 compromise
- 제시하다 propose/present

31 남자의 생각으로 맞는 것을 고르십시오.
① 흡연자들의 권리를 위한 흡연 공간도 필요하다.
② 비흡연자들을 위한 공간을 따로 만들어야 한다.
③ 업무 효율을 높이기 위해 휴게실을 늘려야 한다.
④ 흡연자들을 위해 기존의 휴게실을 그대로 유지해야 한다.

31
남자는 흡연자들도 똑같은 사원이므로 그들의 권리를 위해 흡연실이 필요하다고 생각합니다. 따라서 정답은 ①입니다.

The man thinks that smokers are employees as well, so a smoking room is needed for their rights. Therefore, the correct answer is ①.

32 남자의 태도로 맞는 것을 고르십시오.
① 구체적인 사례를 들어 필요성을 강조하고 있다.
② 근거를 통해 자기의 의견을 강하게 주장하고 있다.
③ 객관적인 자료를 통해 앞으로의 일을 전망하고 있다.
④ 상대방의 의견에 존중하면서 타협안을 제시하고 있다.

32
남자는 흡연실을 만들자는 의견이지만, 휴게실을 유지하자는 여자의 의견에는 동의하면서 환기 시설을 갖춘 흡연실을 만들자는 타협안을 제안하고 있습니다. 따라서 정답은 ④입니다.

The man suggests to make a smoking room, but also agrees with the woman suggesting to maintain the staff lounge, so he suggests a compromise to make a smoking room with a ventilation system. Therefore, the correct answer is ④.

31-32

🖱 연습문제

※[31~32] 다음을 듣고 물음에 답하십시오. 각 2점 🔘 track 33

31 남자의 생각으로 맞는 것을 고르십시오.
　① 쓰레기장 설치가 집값에 영향을 미칠 것이다.
　② 쓰레기장 설치를 위해 이 지역이 희생해야 한다.
　③ 쓰레기장 설치는 지역 주민들에게 혜택이 될 것이다.
　④ 쓰레기장 설치로 인해 각종 공해와 오염이 발생될 것이다.

32 남자의 태도로 맞는 것을 고르십시오.
　① 객관적인 자료를 근거로 제시하면서 반박하고 있다.
　② 문제점을 분석하면서 상대방의 의견에 책임을 묻고 있다.
　③ 상대방의 의견을 반박하면서 자신의 주장을 강조하고 있다.
　④ 조심스럽게 문제의 대안을 제시하면서 상대방을 설득시키고 있다.

쓰레기장 garbage dump | **설치하다** install | **주거 지역** residential area | **개선시키다** improve | **각종** different kinds/various |
세워지다 be built | **악취** bad smell/odor | **공해** pollution | **해결책** solution | **완벽히** perfectly | **마련하다** prepare | **확충** expansion |
세금 감면 tax favors/tax cuts | **예산** budget | **확보하다** secure | **희생하다** sacrifice | **조심스럽다** cautious/careful

33-34

✏️ 오늘의 어휘

가능성	possibility	명	이번 일은 실현 가능성이 적다.
성공	success	명	성공만을 추구하다가는 작은 행복을 놓칠 수 있다.
시기	time	명	지금은 그런 말을 할 시기가 아니다.
실패	failure	명	누구나 한 번쯤은 실패를 한다.
인맥	human network	명	인맥 없이 능력만으로 사장이 되었다.
한계	limit	명	그는 자기 능력의 한계를 넘어 한 단계 더 성장했다.
공유하다	share	동	우리 팀원들은 서로 정보를 공유하고 있다.
교류하다	interchange	동	동양과 서양은 서로 교류하면서 발전했다.
발휘하다	show/prove	동	자기가 가지고 있는 실력을 최대한 발휘해야 한다.
보살피다	look after	동	그 아이는 어린 나이에도 불구하고 동생들을 잘 보살핀다.
소외되다	be neglected/be isolated	동	국가에서는 소외된 계층에 생활비를 지원해 주고 있다.
형성하다	form	동	청소년기는 인격을 형성하는 데 중요한 시기이다.
사소하다	trivial	형	친구하고 사소한 일로 다투고 나니 기분이 안 좋다.

🥤 오늘의 문법

A-(으)ㄴ가 하면 V-는가 하면	앞과 뒤의 내용이 주로 상반되는 상황임을 나타낸다. This expresses that the contents mentioned before and after are contrary to each other. 예 어떤 학생은 열심히 공부하는가 하면 어떤 학생은 매일 잠만 잔다.
A/V-(으)면 몰라도	앞의 상황을 가정하여 그것이 충족되면 가능하지만 그렇지 않은 경우에는 뒤와 같은 결과가 나옴을 나타낸다. This expresses that something is possible under the conditions mentioned before; otherwise, the result in the following part would come. 예 부모님이 도와주시면 몰라도 저 혼자 일해서 집 사기는 어려울 거예요.
N만 못하다	'앞에 내용보다 못하다'라는 뜻을 나타낸다. '만'은 비교의 기준이 되는 '보다'로 바꾸어 쓸 수 있다. This means 'N is not good as what is mentioned before'. '만' can be replaced with '보다' which indicates the reference of comparison. 예 지금 생활이 예전만 못하다.
A-(은)ㄴ 반면에 V-는 반면에	앞의 내용이 뒤의 내용과 반대됨을 나타낸다. This expresses that the contents mentioned in the former clause are contrary to those mentioned in the latter clause. 예 그는 운동은 잘하는 반면에 공부에는 흥미가 없다.

33-34

📖 유형분석

일반적인 상식이나 현상을 다른 관점으로 설명하거나 비유를 통해 교훈을 전달하고 있습니다. 인문 사회, 과학, 사상과 심리 등과 관련된 표현을 알아 두는 것이 좋겠습니다.

The listening passage describes common sense or general phenomenon in a different point of view or conveys a lesson by using metaphor. You should be familiar with the expressions related to humanities and social sciences, science, ideology and psychology, etc.

33 무엇에 대한 내용인지 맞는 것 고르기

보통 화자는 앞부분에서 주제와 관련된 배경을 소개합니다. 이후 **중간 부분에 주제와 관련된 직접적인 질문을 합니다. 이 질문을 통해 핵심 내용을 파악할 수 있습니다.** 마지막 부분에서는 자신이 말하고자 하는 중심 내용을 다시 정리합니다. **선택지에 자주 나타나는 '과정, 대책, 방안, 시기, 영향, 예방법, 원인, 유형, 중요성, 해결책, 한계, 해소'** 등과 같은 단어를 알아 두면 좋습니다.

The speaker usually introduces the background of the topic in the former part. After that, there will be a direct question related to the topic in the middle part. You can comprehend the main content through this question. At the final part, the main content which the speaker wanted to say will be summarized again. It is recommended to know words such as '과정, 대책, 방안, 시기, 영향, 예방법, 원인, 유형, 중요성, 해결책, 한계, 해소', etc. which often appear in the answer choices.

34 들은 내용으로 맞는 것 고르기

전체적인 내용을 잘 듣고 분석해야 합니다. 들은 내용의 상황과 맥락에 **어울리지 않거나 언급하지 않은 선택지는 지워 나가며 답을 찾는 것이 좋습니다.** 그리고 선택지에 사용되는 표현들은 듣기 내용에 나온 표현을 그대로 사용하지 않기 때문에 **비슷한 어휘와 표현을 알고 있어야 답을 찾아낼 수 있습니다.**

You need to listen carefully and to analyze the overall content. It is recommended to exclude the answer choice which does not fit the situation or content of the listening passage or which was not mentioned, in order to find the correct answer. The answer choices may not use the exactly same expressions as the listening passage, so you need to know similar vocabulary or expressions to find the correct answer.

33-34

기출문제

※[33~34] 다음을 듣고 물음에 답하십시오. 각 2점 🎵 track 34

> 여자: 여러분, 물이 끓는 과정을 한번 생각해 볼까요? 물은 끓기 전까지는 변화가 없죠. 99도까지는 에너지를 품고 있다가 99도에서 100도가 되는 순간에 에너지를 내며 끓기 시작합니다. 바로 그 순간이 없다면 변화는 기대하기 힘들게 되는 거죠. 우리의 인생도 마찬가지 아닐까요? 저와 여러분의 인생은 ☆성공과 실패의 가능성을 모두 가지고 있습니다. 하지만 변화가 일어날 수 있는 마지막 그 순간에 결정적인 힘을 발휘하는 사람은 성공을, 그렇지 못한 사람은 실패를 맛보게 되는 거죠. 여러분, 1%의 힘을 발휘하는 연습을 해 보십시오. 성공은 여러분의 것입니다.

〈TOPIK 37회 듣기 [33~34]〉
- 끓다 boil
- 변화 change
- 에너지 energy
- 품다 harbor/incubate
- 순간 moment
- 기대하다 anticipate
- 마찬가지 like/same~as
- 결정적 decisive
- 맛보다 taste
- 성장하다 grow
- 단계 step/stage

33 무엇에 대한 내용인지 맞는 것을 고르십시오.
① 성공과 실패가 결정되는 시기
② 인생을 배우며 성장하는 과정
③ 결과보다 과정이 중요한 이유
④ 실패가 가져오는 긍정적 변화

※ 앞부분에서는 주제와 관련된 배경 제시 (물이 끓는 과정)
중간 부분에서 중심 주제 제시 (인생의 성공과 실패)

34 들은 내용으로 맞는 것을 고르십시오.
① 물은 끓는 순간에도 에너지를 품고 있다.
② 성공과 실패는 변화의 정도에 달려 있다.
③ 시작 단계에서부터 성공을 준비해야 한다.
④ 결정적인 순간에 힘을 발휘하면 성공한다.

33
여자는 물이 끓는 과정을 인생의 성공과 실패와 비교하고 있습니다. 99도에서 100도가 되는 순간처럼 마지막 순간에 힘을 발휘해야 성공할 수 있다고 말하고 있습니다. 즉 성공과 실패의 시기에 대해 이야기 하고 있는 것입니다. 따라서 정답은 ①입니다.

The woman is comparing the process of boiling water to the success and failure in life. She is saying that you need to exert your strength at the last moment to succeed, like the moment the water becomes 100 degrees from 99 degrees. Therefore, the correct answer is ①.

34
성공과 실패는 1%의 결정적 마지막 순간에 결정되고 힘을 발휘하는 연습을 하면 성공한다고 말하고 있습니다. 따라서 정답은 ④입니다.

She is saying that success and failure is determined at the last critical moment of 1%, and practice on how to exert one's strength, it is possible to make success. Therefore, the correct answer is ④.

※[33~34] 다음을 듣고 물음에 답하십시오. 각 2점

> 여자: 요즘은 옛날과 달리 전화나 이메일 대신에 SNS에서 서로의 안부를 묻기도 하고 정보를 공유하기도 합니다. 그렇다면 SNS로 인해 사람들의 관계가 더 좋아졌을까요? 물론, 사람들은 편리해진 인터넷 환경 덕분에 시간과 공간에 제약받지 않고 SNS로 많은 사람들과 다양한 인맥을 형성할 수 있습니다. 이처럼 SNS는 인간관계 유지에 많은 도움을 주고 있는 건 사실입니다. 그러나 SNS가 사람들의 관계에 긍정적인 영향을 주는가 하면 오히려 사회로부터 소외시키기도 합니다. 또한, 사소한 오해로 인해 미움을 받거나 무시를 당할 수도 있습니다. 따라서 SNS를 효과적으로 이용하면 몰라도 그렇지 않다면 차라리 하지 않는 것만 못하다는 생각이 듭니다.

33 무엇에 대한 내용인지 맞는 것을 고르십시오.
① SNS의 대중화로 인한 문제점
② SNS가 인간관계에 미치는 영향
③ SNS가 가지고 있는 기술력의 한계
④ SNS가 사회로부터 소외받지 않는 방법

34 들은 내용으로 맞는 것을 고르십시오.
① 많은 사람들이 SNS를 효과적으로 이용하고 있다.
② SNS는 사람들에게 부정적인 영향을 끼치지 않는다.
③ 사람들은 SNS를 통해서 다양한 인맥을 유지할 수 있다.
④ SNS는 일정한 시간과 장소에서 사람들과 교류하는 것이다.

- SNS social networking service
- 안부를 묻다 ask one's regard
- 제약받다
  be constrained/be controlled
- 인간관계 human relationship
- 오해 misunderstanding
- 미움 hatred/hate
- 무시를 당하다
  be neglected/be disregarded
- 효과적 effective
- 차라리 rather
- 대중화 popularization
- 기술력 technical power
- 일정하다 regular

33
여자는 'SNS로 인해 사람들의 관계가 더 좋아졌을까요?'라는 질문을 한 이후 SNS가 인간관계에 미치는 긍정적인 영향과 부정적인 영향을 설명하고 있습니다. 따라서 정답은 ②입니다.

The woman is asking herself 'SNS로 인해 사람들의 관계가 더 좋아졌을까요?', and then describing the positive and negative effects of SNS on human relationships. Therefore, the correct answer is ②.

34
SNS는 긍정적인 면과 부정적인 면을 모두 가지고 있는데 긍정적인 면이 바로 인간관계를 유지하도록 도와준다는 것입니다. 따라서 정답은 ③입니다.

It is mentioned SNS has both positive and negative aspects, and its positive aspect is that it helps to maintain people's relationships. Therefore, the correct answer is ③.

33-34

※[33~34] 다음을 듣고 물음에 답하십시오. 각 2점 ⊙ track 36

33 무엇에 대한 내용인지 맞는 것을 고르십시오.
① 아내와 남편의 역할 변화로 인한 결과
② 현대 사회의 남녀 지위와 역할의 한계
③ 현대 사회의 남녀 차별의 현실과 문제점
④ 남성과 여성의 지위와 역할에 대한 인식의 변화

34 들은 내용으로 맞는 것을 고르십시오.
① 예나 지금이나 아버지는 가장으로 권위가 없다.
② 사회가 변해도 사람들의 인식은 쉽게 바뀌지 않는다.
③ 과거의 아버지들은 경제적, 정신적으로 가정을 보살폈다.
④ 문화가 개방됨에 따라 지위에 상관없이 이에 대한 책임도 커졌다.

무능력하다 incompetent | **인식** awareness/cognition | **전통적** traditional | **남편상** image of an ideal husband | **가장** head of family | **경제적** economical | **정신적** mental/psychological | **이끌다** lead | **가부장적** paternalistic | **권위의식** consciousness of authority | **사라지다** disappear | **동등하다** equal | **경쟁하다** compete | **흔히** commonly | **남녀노소** people of all ages and both genders | **지위** status | **역할** role | **차별** discrimination

35-36

✏️ 오늘의 어휘

개발	development	명	우리 회사는 새로운 제품을 개발 중이다.
신념	belief	명	신념이 강한 사람은 어떤 유혹에도 흔들리지 않는다.
제작	production	명	휴대 전화를 이용한 영화 제작이 유행이다.
거듭나다	be reborn/ be born again	동	부산은 국제 영화제를 통해 국제적인 도시로 거듭나고 있다.
나아가다	advance/go forward	동	앞으로 더 나아가기 위해서는 우선 이 문제를 해결해야 한다.
되돌아보다	look back	동	지난 과거를 되돌아보니 많은 아쉬움이 남는다.
시달리다	suffer	동	밤새도록 불면증에 시달렸더니 오늘 하루가 너무 힘들다.
전시하다	display/exhibit	동	이곳에서는 유명한 화가의 작품을 전시하고 있다.
중시하다	emphasize/ put importance on	동	자신의 건강을 중시하는 현대인들은 건강식품에 관심이 많다.
판단하다	determine/judge	동	위기 상황에서는 정확하게 판단할 수 있어야 한다.
향하다	face toward/head	동	우리 모두 미래를 향해서 앞으로 나아갑시다.
후원하다	sponsor/aid	동	이 사진 전시회는 각 방송사에서 후원한다.
눈부시다	dazzling	형	한국은 50년 만에 눈부신 경제 성장을 이루었다.
최선을 다하다	do one's best		우리는 이번 경기에서 최선을 다해 반드시 이기겠습니다.

🌱 오늘의 문법

V-다시피	듣는 사람이 느끼는 것(보다, 듣다, 알다, 느끼다)과 같을 때 사용한다. This is used when the listener senses (sees, listens, knows, feels) same as the speaker does. 예 모두 아시다시피 내일은 휴일이라서 수업이 없습니다.
A/V-(으)나	앞의 상황과 상반되는 상황이 될 때 사용한다. '-지만'과 바꿔 쓸 수 있다. This is used when the situation is contrary to that mentioned before. It can be replaced with '-지만'. 예 운동은 건강에 좋으나 많은 시간을 필요로 한다.
V-고자	어떤 행동을 하려는 의도나 목적을 나타낸다. This expresses the intention or purpose of a certain behavior. 예 사건의 진실을 밝히고자 이 자리에 섰습니다.

35-36

📖 유형분석

관계자가 도서관이나 박물관, 올림픽이나 축제 등에서 시작하기 전에 하는 **인사말, 축사, 개회사, 기념사 등**을 통해 행사의 취지나 프로그램의 목적, 의의 등을 밝히고 설명합니다.

The staff explains the purpose of the event, the goal or meaning of the program through greeting, congratulatory speech, opening speech or commemoration, etc. before opening a library or museum, or starting the Olympics or a festival, etc.

35 남자가 무엇을 하고 있는지 고르기

지금 말하고 있는 것이 무엇에 대한 것인지를 묻는 문제입니다. 예를 들어, '졸업식 축사'라면 화자는 지금 '누구를 축하하고 있는 것'이며, '개관식 축사'라면 '그곳의 설립 취지를 소개하고 있는 것'일 것입니다. 따라서 아래와 같은 표현을 알아 두면 좋습니다.

※ 사용 표현: 결과를 보고하다, 목표를 밝히다, 사업 내용을 분석하다, 의견을 조사하다, 의의를 밝히다, 중요성을 알리다, 축하하다, 취지를 설명하다, 필요성을 강조하다, 현황을 파악하다

You will be ed to choose what is being talked about. For instance, if it is a 'congratulatory speech of a graduation ceremony', the speaker is currently 'congratulating someone', and if it is a 'congratulatory speech of an opening ceremony', it is 'introducing the purpose of establishing that place'. Therefore, it is recommended to know the following expressions.

36 들은 내용으로 맞는 것 고르기

전체적인 내용을 잘 듣고 분석해야 합니다. 들은 내용의 상황과 맥락에 어울리지 않거나 언급하지 않은 선택지는 지워 가며 답을 찾는 것이 좋습니다. 그리고 선택지에 사용되는 표현들은 들은 내용에 나온 표현을 그대로 사용하지 않기 때문에 비슷한 어휘와 표현을 알고 있어야 답을 찾아낼 수 있습니다.

You need to listen carefully and analyze the overall content. It is recommended to exclude the answer choice which does not fit the situation or content of the listening passage or which was not mentioned, in order to find the correct answer. The answer choices may not use the exactly same expressions as the listening passage, so you need to know similar vocabulary or expressions to find the correct answer.

35-36

🔍 문제분석

※[35~36] 다음을 듣고 물음에 답하십시오. 각 2점 🎵 track 37

> 남자: 우리 기업과 이 방송 프로그램이 인연을 맺은 지 벌써 40년이 되었군요. 40년 전, 이 방송 프로그램의 제작 비용을 전액 후원하게 된 것은 인재 양성이라는 기업의 신념을 실천하기 위해서였습니다. 광고를 통한 기업의 홍보 효과보다 인재를 후원하는 것이 더 필요하다고 판단했기 때문입니다. 특히 이 후원 활동은 우리 기업의 첫 사회 공헌 활동이었다는 점에서도 의미가 깊다고 생각합니다. 앞으로도 지원을 아끼지 않겠습니다.

〈TOPIK 37회 듣기 [35~36]〉
- 인연을 맺다 make a relationship
- 전액 full amount
- 인재 talent
- 양성 training/fostering
- 신념 belief
- 홍보 효과 effect of publicity
- 공헌 contribution
- 의미가 깊다 meaningful
- 지원 support
- 파악하다 comprehend
- 다루다 handle
- 부담하다 cover/bear

35 남자는 무엇을 하고 있는지 고르십시오.
① 방송 후원에 담긴 신념을 설명하고 있다.
② 방송 후원에 대한 의견을 조사하고 있다.
③ 방송 후원에 관련된 자료를 분석하고 있다.
④ 방송 후원에 필요한 비용을 파악하고 있다.

※ 듣기 전에 반복되는 표현(방송 후원)을 통해 내용 미리 추측

35

남자는 40년 동안 이 프로그램을 후원하게 된 이유로 인재 양성이라는 기업의 신념을 실천하기 위해서라고 설명하고 있습니다. 그러므로 정답은 ①입니다.

The man is explaining the reason why the company has sponsored this program for 40 years is to practice the company's belief. Therefore, the correct answer is ①.

36 들은 내용으로 맞는 것을 고르십시오.
① 이 기업은 방송을 통한 홍보를 중시한다.
② 이 방송은 사회 공헌에 관한 내용을 다룬다.
③ 이 기업은 프로그램 제작 비용을 부담한다.
④ 이 방송은 후원 기업을 위한 광고를 만들었다.

※ 비슷한 어휘와 표현
  제작 비용을 전액 후원, 지원 ⟹ 제작 비용을 부담

36

남자는 이 기업이 40년 동안 방송 프로그램의 제작 비용을 전액 후원하였다고 했습니다. 마지막 부분에 앞으로도 지원을 아끼지 않겠다고 했으므로 지속적으로 프로그램 제작 비용을 부담할 것임을 알 수 있습니다. 따라서 정답은 ③입니다.

The man says that this company has sponsored the full amount of the production costs for the broadcasting program for 4 years. It is mentioned at the last part that they will fully support continuously, so it can guessed that they will constantly cover the production cost for the broadcasting program. Therefore, the correct answer is ③.

※[35~36] 다음을 듣고 물음에 답하십시오. 각 2점 track 38

> 남자: 이렇게 뜻깊은 자리에 많은 분들을 모시고 '서울의 어제와 오늘' 전시실 개관을 알리게 되어 영광입니다. 여러분도 아시다시피 서울은 눈부신 성장을 해 왔습니다. 이렇게 빠른 성장을 이루게 된 원동력은 무엇인지 과거의 모습을 되돌아보면서 찾아보는 것도 큰 재미가 될 것 같습니다. 현재 서울은 인구 천만이 넘는 국제적인 도시로 거듭나고 있습니다. 한국의 정치, 경제, 문화의 중심지인 서울의 발전된 모습을 한눈에 볼 수 있습니다. 또한, 시대별로 변화된 모습을 사진이나 동영상과 함께 전시해 놓았습니다. 앞으로 시민들과 청소년들의 많은 이용 바랍니다.

35 남자는 무엇을 하고 있는지 고르십시오.
① 서울의 역사에 대한 전시의 의의를 밝히고 있다.
② 발전된 서울의 역사를 구체적으로 설명하고 있다.
③ 서울 곳곳에 전시실이 개관되는 것을 알리고 있다.
④ 변화된 서울의 모습에 대해서 문제점을 제시하고 있다.

36 들은 내용으로 맞는 것을 고르십시오.
① 어린이나 청소년들은 전시실에 무료로 입장할 수 있다.
② 이 전시실에서 서울의 과거와 현재의 모습을 볼 수 있다.
③ 이 전시실에서 서울의 미래 모습을 동영상으로 볼 수 있다.
④ 한국이 빠른 성장을 할 수 있었던 것은 모두 청소년 때문이다.

- 뜻깊다 meaningful
- 개관(되다) open/be opened
- 영광 honor
- 원동력 motive
- 중심지 center/hub
- 한눈에 보다 see at a glance
- 시대별 each era
- 의의 meaning
- 밝히다 reveal/disclose
- 구체적 specific
- 곳곳 everywhere/here and there
- 입장하다 enter

35
박물관에 '서울의 어제와 오늘'이라는 주제로 전시실을 열었고, 남자는 전시실 개관식의 축사를 하고 있습니다. 여기서 남자는 서울의 어제와 오늘에 대해 전시하는 의의를 이야기하고 있습니다. 따라서 정답은 ① 입니다.

The museum opened its exhibition room with the theme 'Seoul: Past and Present', so the man is giving a congratulatory address for its opening ceremony. Here, the man is talking about the meaning of exhibition regarding the past and present figure of Seoul. Therefore, the correct answer is ①.

36
이 전시실에서는 서울이 과거부터 현재까지 어떻게 발전되어 왔는지를 시대별로 전시해 놓았다고 했기 때문에 서울의 과거와 현재 모습을 볼 수 있습니다. 따라서 정답은 ②입니다.

It was mentioned that the exhibition room displays how Seoul has been developed from past to present by eras, so it is possible to see the past and present of Seoul. Therefore, the correct answer is ②.

35-36

연습문제

※[35~36] 다음을 듣고 물음에 답하십시오. 각 2점 🔴 track 39

35 남자는 무엇을 하고 있는지 고르십시오.
① 요즘 청소년들의 문제점을 지적하고 있다.
② 세미나에 참석한 청소년들을 격려하고 있다.
③ 불우한 청소년들을 위한 후원자를 모집하고 있다.
④ 청소년들을 위한 복지 프로그램 개발을 부탁하고 있다.

36 들은 내용으로 맞는 것을 고르십시오.
① 지금은 청소년을 위한 기념식을 하고 있다.
② 이곳에는 청소년 관련 전문가들이 모여 있다.
③ 문제가 있는 청소년들에게만 혜택을 줄 것이다.
④ 청소년들의 학교 폭력은 갈수록 심해지고 있다.

세미나 seminar | **복지** welfare | **여전히** still | **폭력** violence | **불우하다** unfortunate/unpreviledged | **가정환경** home environment |
주어지다 be given | **체계적** systematic | **꿈을 키우다** nurture a dream | **격려하다** encourage | **기념식** commemorative ceremony

37-38

✏️ 오늘의 어휘

가치	value	명	인생은 한 번뿐이니 가치 있는 삶을 살아야 한다.
승부	game/victory	명	두 팀의 실력이 비슷해서 승부가 쉽게 나지 않을 것 같다.
요령	knack/know-how	명	자전거는 타는 요령만 알면 어렵지 않다.
질병	disease/illness	명	나는 커서 질병을 치료하는 의사가 되고 싶다.
체내	interior of body/in vitro	명	짠 음식은 체내에 나쁜 영향을 준다.
체중	body weight	명	운동은 체중을 조절하고 건강을 유지하는 데 좋은 방법이다.
화제	topic	명	전통술인 막걸리가 해외에서도 화제가 되고 있다.
감량하다	reduce weight	동	단기간에 체중을 감량하기란 매우 어려운 일이다.
갖추다	prepare	동	그 응모전에 모든 서류를 갖춰서 지원했다.
거치다	pass/go through	동	공정한 심사를 거쳐 이번 대회의 합격자를 뽑았다.
대처하다	cope with/deal with	동	동물마다 추위에 대처하는 방법이 다르다.
저장하다	save/store	동	옛날에 장독대는 음식을 저장하는 공간이었다.
회피하다	avoid/dodge	동	어려운 일은 회피하기보다는 해결하려고 노력해야 한다.
흔들리다	shake	동	대지진으로 건물이 흔들렸다.

🌱 오늘의 문법

A-다면 V-ㄴ/는다면	어떤 상황이나 상태를 조건으로 가정할 때 사용한다. This is used to make a hypothesis under a certain situation or state. 예 교수님이 가신다면 저도 함께 가겠습니다.
V-느니 (차라리)	앞과 뒤의 상황이 둘 다 만족스럽지 않지만 그래도 뒤의 상황이 좀 더 나음을 나타낸다. '-을 바에야'과 바꿔 쓸 수 있다. This expresses that the situation mentioned in the former part and latter part are unsatisfactory, but the latter situation is better. It can be replaced with '-을 바에야'. 예 시간을 허비하느니 차라리 학교 근처로 이사하는 게 낫다.
A/V-(으)니	뒤 내용에 대해 어떤 근거나 이유를 나타낸다. '-(으)니까'의 형태로도 사용된다. This expresses a certain ground or reason of the contents mentioned in the latter part. This can be used in the form of '-(으)니까'. 예 식당에 전화해서 7시로 예약했으니 늦지 않도록 하여라.

37-38

📖 유형분석

진행자가 전문가와 인터뷰를 하면서 주제에 어울리는 전문 지식을 설명하는 교양 프로그램입니다. 경영과 경제, 문학, 건강, 과학 등과 같은 영역의 관련 표현을 알아 두면 좋습니다.

The listening passage is an educational program which the host interviews with an expert and explains expertise that fits the topic. It would be helpful to know expressions used in the fields of business, economy, literature, healthcare, science, etc.

37 여자(남자)의 중심 생각으로 맞는 것 고르기

대화에서 전문가의 중심 생각을 고르는 문제입니다. 대화는 A1-B1의 형식으로 보통 A1이 B1에게 질문을 하고 B1이 대답하는 형식입니다. B1의 대답에는 자신의 중심 생각이 담겨있기 때문에 A1의 말보다는 B1의 말에 집중하여 들어야 합니다. 보통 **시작 부분이나 끝부분에 전문가의 의도나 중심 생각이 잘 나타납니다. '따라서, 그러므로, 결국, 결과적으로' 등과 같은 결말을 알려 주는 접속 표현을 알아 두면 중심 생각을 파악하는 데 도움이 됩니다.**

You will be asked to choose the expert's main idea. The dialogue takes a form of A1-B1, and usually A1 asks B1 a question and B1 answers it. B1's main idea appears in B1's answer, so you need to focus on B1's words rather than A1's. Usually, the expert's intention or main idea appears at the beginning part or the ending part. Knowing conjunctive expressions which informs the conclusion such as '따라서, 그러므로, 결국, 결과적으로', etc. would help you comprehend the main idea.

38 들은 내용과 일치하는 것 고르기

전체적인 내용을 잘 듣고 분석해야 합니다. 들은 내용의 상황과 맥락에 **어울리지 않거나 언급하지 않은 선택지는 지워 가며 답을 찾는 것이 좋습니다.** 그리고 선택지에 사용되는 표현들은 들은 내용에 나온 표현을 그대로 사용하지 않기 때문에 **비슷한 어휘와 표현을 알고 있어야 답을 찾아낼 수 있습니다.**

You need to listen carefully and to analyze the overall content. It is recommended to exclude the answer choice which does not fit the situation or content of the listening passage or which was not mentioned, in order to find the correct answer. The answer choices may not use the exactly same expressions as the listening passage, so you need to know similar vocabulary or expressions to find the correct answer.

37-38

🔍 문제분석

기출문제

※[37~38] 다음은 교양 프로그램입니다. 잘 듣고 물음에 답하십시오.

[각 2점] 🔊 track 40

> A| 남자: 오늘은 한영수 박사님을 모시고 '빗물연구소'에서 어떤 일을 하는지 이야기를 들어 보겠습니다. 박사님, 시작해 주시죠.
>
> B| 여자: 저희 '빗물연구소'가 뭘 하는 곳인지 모르는 분들이 많은데요. '빗물연구소'에서는 아주 간단하면서도 <u>친환경적인 일을 합니다.</u> 바로 빗물을 깨끗한 물로 만드는 일이죠. 빗물은 저장할 공간과 정화시설만 갖추면 소중한 자원이 됩니다. 정화된 빗물은 식수나 생활용수로 다양하게 사용되고 있습니다. 의미 없이 버려졌던 ☆빗물이 우리 생활에서 없어서는 안 될 중요한 존재가 된 거죠.

37 여자의 중심 생각으로 맞는 것을 고르십시오.

① '빗물연구소'는 빗물을 가치 있게 만든다.
② '빗물연구소'에 대해 모르는 사람들이 많다.
③ 빗물을 자원으로 만드는 과정은 간단하다.
④ 빗물을 자원으로 만들려면 시설이 필요하다.

※ B|의 끝 부분에 중심 생각 제시
(빗물은 중요한 존재 ⟹ 가치가 있다)

38 들은 내용과 일치하는 것을 고르십시오.

① 빗물이 깨끗하다면 정화 과정을 생략해도 된다. ✗
② '빗물연구소'의 활동은 환경 보전과도 관련이 있다.
③ 빗물은 정화 과정을 거쳐도 식수로 사용할 수 없다. ✗
④ 아직 정화된 빗물의 사용은 다양하지 않은 수준이다. ✗

※ 들은 내용과 관계 없는 것은 'X'
① 관련 정보 없음 ③ 식수로 사용 ④ 다양하게 사용

〈TOPIK 37회 듣기 [37~38]〉

- 빗물 rainwater
- 친환경적 eco-friendly
- 정화시설 purification facility
- 소중하다 valuable/precious
- 자원 resource
- 정화되다 purify
- 식수 edible water
- 생활용수 water for living
- 존재 existence/being
- 생략하다 omit/skip
- 보전 preservation
- 수준 level

37

여자는 의미 없이 버려졌던 빗물이 우리 생활에서 없어서는 안 될 중요한 존재가 되었다고 말하고 있습니다. 여기에서 '중요한 존재가 되었다'라는 표현은 '가치가 있게 되었다'로 풀이할 수 있습니다. 따라서 정답은 ① 입니다.

The woman is saying that rainwater which casually disposed once has become indispensable in our life. In here, the expression '중요한 존재가 되었다' can be interpreted as '가치가 있게 되었다'. Therefore, the correct answer is ①.

38

여자는 '빗물연구소'에서 빗물을 깨끗한 물로 만드는 아주 간단하면서도 친환경적인 일을 한다고 했습니다. 빗물연구소에서 하는 활동은 환경을 보전하는 일이라고 할 수 있습니다. 따라서 정답은 ②입니다.

The woman says that she is doing something very simple but eco-friendly, which is turning rainwater into clean water in the 'Rainwater Research Institute'. Therefore, the correct answer is ②.

※[37~38] 다음은 교양 프로그램입니다. 잘 듣고 물음에 답하십시오.

[각 2점] 🔴 track 41

여자: 박사님께서 저술하신 「한 번은 독해져라」가 화제를 모으고 있는데요. 어떤 책인지 소개 좀 해 주시겠습니까?

남자: 「한 번은 독해져라」는 일과 인생 사이에서 흔들리는 사람들을 위한 자기단련서라고 할 수 있는데요. 도망가고 싶을 때, 스트레스가 너무 심할 때, 슬럼프에 빠졌을 때처럼 괴로운 상황들을 슬기롭게 대처할 수 있는 요령을 담은 책입니다. 사실 살아가면서 불안과 스트레스에 자유로운 사람은 없는데요. 그것은 수시로 타인과 비교당하면서 그 속에서 때때로 흔들리기 때문입니다. 그러나 인생은 결국 작은 괴로움들의 연속이므로 도망치거나 회피하느니 차라리 정면 승부를 하는 것이 낫습니다.

---

37 남자의 중심 생각으로 맞는 것을 고르십시오.
① 삶이 흔들릴 때는 회피하는 것이 좋다.
② 삶은 작은 괴로움들과의 무한한 싸움이다.
③ 자기단련서는 흔들리는 사람들을 위한 책이다.
④ 삶이 흔들릴 때 회피하기 보다는 정면 승부가 필요하다

37 들은 내용과 일치하는 것을 고르십시오.
① 자기단련서는 삶의 대처 요령을 담고 있다.
② 스트레스는 누구나 있으니 참고 감수해야 한다.
③ 다른 사람과 비교하면서 살아야 강해질 수 있다.
④ 스트레스가 쌓일 때는 자기단련서를 반드시 읽어야 한다.

- 저술하다 write (a book)
- 독하다 self-disciplinary
- 자기단련서 book for self-training
- 슬럼프 slump
- 빠지다 fall into
- 슬기롭다 wise
- 불안 anxiety
- 자유롭다 free
- 수시로 frequently
- 타인 another person
- 비교당하다 be compared
- 연속 consecutively
- 도망치다 run away/escape
- 정면 front
- 삶 life
- 무한하다 infinite
- 감수하다 bear/endure

37
남자는 이 책이 인생에서 일어날 수 있는 안 좋은 상황을 슬기롭게 대처할 수 있는 요령을 담은 책이라고 소개하고 있습니다. 또한, 마지막 부분에 아무리 힘들고 괴로워도 회피하지 말고 정면으로 부딪혀 이겨내는 게 낫다고 말하고 있습니다. 따라서 정답은 ④입니다.

The man is introducing the book saying that it shows how to deal with bad situations which may happen in life in a wise way. Also, he is saying at the ending part that it is better to cope with such situation and to overcome it than to escape from it, no matter how tired or distressed you are. Therefore, the correct answer is ④.

38
남자는 이 책을 인생의 괴로운 상황들을 슬기롭게 대처할 수 있는 요령을 담은 책이라고 소개했습니다. 따라서 정답은 ①입니다.

The man introduced the book saying that it shows how to deal with painful situations wisely. Therefore, the correct answer is ①.

37-38

🖱 연습문제

※[37~38] 다음은 교양 프로그램입니다. 잘 듣고 물음에 답하십시오. 각 2점 track 42

37 남자의 중심 생각으로 맞는 것을 고르십시오.

① 간헐적 단식의 습관화는 인체에 해롭다.

② 질병이 있는 사람들은 간헐적 단식을 피해야 된다.

③ 공복 상태가 지속되면 에너지원이 체내의 지방이 된다.

④ 간헐적 단식은 음식 섭취 면에서 다른 다이어트와 차별성이 있다.

38 들은 내용과 일치하는 것을 고르십시오.

① 간헐적 단식은 일주일씩 금식하는 방법이다.

② 간헐적 단식에 성공하려면 이틀 이상 굶어야 한다.

③ 간헐적 단식이 습관화되면 안 먹어도 포만감을 느끼게 된다.

④ 간헐적 단식은 일정 시간 공복 상태를 유지해 주는 방법이다.

간헐적 단식 intermittent fasting | **이야기를 나누다** have talks | **공복 상태** hungry state | **포도당** glucose | **소진되다** be exhausted | **지방** fat | **에너지원** energy source | **차이점** difference | **게다가** besides | **습관화되다** habituated | **포만감** satiety | **소식하다** eat less | **임산부** pregnant woman | **인체** human body | **해롭다** harmful | **차별성** differentiation | **금식하다** fast | **굶다** starve/skip a meal

39-40

✏️ 오늘의 어휘

공급	supply	명	전기료를 안 냈더니 전기 공급을 해 주지 않는다.
균형	balance	명	토론할 때 사회자는 균형을 잘 잡아야 한다.
양육	nurture	명	자녀 양육을 위해 직장을 그만두어야 하는 여성들이 많다.
요인	factor	명	지구가 따뜻해지는 요인은 무엇인가?
우울증	depression	명	우울증에는 가족과 친구들의 사랑이 약이 된다.
측면	aspect	명	교육적 측면에서 체벌은 좋은 지도 방법이 아니다.
희생	sacrifice	명	부모는 자식을 위해서라면 어떤 희생도 감수한다.
극복하다	overcome	동	암을 극복하고 새 삶을 살고 있다.
분포되다	be distributed	동	이 지역은 다양한 연령대가 분포되어 있다.
분해하다	dissolve	동	고장이 난 휴대 전화를 하나씩 분해했다.
섭취하다	ingest	동	인간은 음식을 섭취해야 살아갈 수 있다.
소비되다	be consumed	동	이 일을 진행하려면 많은 돈과 시간이 소비된다.
지원하다	support/assist	동	지진으로 피해를 입은 지역에 의료 장비를 지원했다.
투자하다	invest	동	최근 직장인들 사이에 자기 개발을 위해 시간과 돈을 투자하는 사람이 늘고 있다.

☕ 오늘의 문법

A/V-다니	앞 내용이 놀랍거나 믿을 수 없는 상황임을 나타낸다. This expresses that the contents mentioned in the former part is surprising or unbelievable. 예 영수 씨가 그렇게 많은 담배를 피우다니 정말 몰랐네요.
A-(으)ㄴ가요? V-나요? N(이)ㄴ가요?	윗사람에게 부드럽게 물어볼 때 사용한다. This is used to gently ask something to an elderly person or a superior. 예 저희 백화점에서 언제 물건을 구입하셨나요?

39-40

📖 유형분석

대담을 듣고 푸는 문제입니다. 대담은 사회자와 전문가가 마주한 상태에서 서로 이야기를 주고받는 형식입니다. 여기서 제시되는 대담은 처음과 끝부분이 아닌 중간 부분입니다. 그리고 **사회자의 말을 잘 들으면 지금까지 어떤 이야기를 주고받았는지 예측할 수 있습니다.** 또한 사회자는 전문가의 정보를 듣고 놀람과 같은 감정을 표현한 후 좀 더 깊이 있는 질문을 합니다.

주로 화제 또는 문제에 대한 '원인, 기능, 동기, 이유'와 같은 것을 묻습니다. 이후 전문가는 질문에 대해 자세한 이유나 원인을 밝힙니다. 대담의 형태로는 '인터뷰, 면접, 회견' 등이 있으니 알아 두시면 좋습니다.

You will be asked to listen to the conversation and to solve the questions. In the conversation, the host and the expert sit face to face and talk to each other. The conversation presented here is not the beginning part or the ending part, but the middle part of conversation. Moreover, it can be guessed what they were talking about until now by listening carefully to the host's words. Also, the host expresses his/her surprise after listening the expert's information and goes on to ask a more profound question.Usually, the question asks the 'cause, function, motive, or reason' of an issue or problem. After then, the expert specifies the specific reason or cause to answer such question. It would be helpful to know that the conversation may be in the form of 'interview', 'job interview', 'press conference', etc.

39 담화 앞의 내용으로 알맞은 것 고르기

사회자가 시작하는 말에 답이 있습니다. 그리고 '그렇게, -다니' 등을 사용해 앞 내용이 놀랍거나 믿을 수 없다는 표현을 사용하기도 합니다. 그러므로 사회자의 말만 잘 들어도 정답을 찾을 수 있습니다.

The answer can be found in the host's beginning words. Moreover, the host might use expressions such as '그렇게', '-다니', etc. to express that the former part is surprising or unbelievable. Therefore, you should find the correct answer by listening carefully to the host's words.

40 들은 내용과 일치하는 것 고르기

전체적인 내용을 분석해야 합니다. 선택지는 사회자와 전문가가 말한 내용에서 제시되기 때문에 두 사람 모두의 내용을 주의 깊게 들어야 합니다. **글의 중심 생각을 파악한 후 들은 내용과 다른 것을 먼저 찾아내는 것이 필요합니다. 내용에 언급하지 않은 것과 내용과 반대되는 것들을 오답으로 많이 제시합니다.** 듣기 내용의 순서에 따라 선택지가 나오는 것이 아니기 때문에 선택지의 내용을 미리 파악하는 것이 필요합니다.

You need to listen carefully and to analyze the overall content. It is recommended to exclude the answer choice which does not fit the situation or content of the listening passage or which was not mentioned, in order to find the correct answer. The answer choices may not use the exactly same expressions as the listening passage, so you need to know similar vocabulary or expressions to find the correct answer.

39-40

🔍 문제분석

기출문제

※[39~40] 다음은 대담입니다. 잘 듣고 물음에 답하십시오. 각 2점

🔊 track 43

> 남자: ☆농촌이 환경 보호의 기능을 하고 있다니 생각하지
> 못했던 점이에요. 우린 농촌 하면 흔히 식량 공급의 기
> 능만 떠올리잖아요? 그럼 박사님, 농촌이 가지고 있는
> 또 다른 기능에는 뭐가 있을까요?
>
> 여자: 말씀드린 환경 보호 기능 외에 공익적 측면의 기능도
> 있습니다. 전통 문화를 보존시키고 국토를 균형 있게
> 발전시킨다는 거죠. 농촌의 이런 기능을 중요하게 생
> 각해서 다른 나라의 경우엔, 농가에 정부 보조금을 지
> 원하는 등 막대한 예산을 들이고 있는데요. 이건 농업
> 에 투자하는 비용보다 사회에 돌아오는 혜택이 더 많
> 기 때문입니다. 그야말로 농업이 경제 지표 이상의 가
> 치를 지니고 있다고 할 수 있는 거지요.

39 이 담화 앞의 내용으로 알맞은 것을 고르십시오.
① 농촌의 논밭과 산은 대기를 정화시킨다.
② 농촌과 도시의 비율이 균형을 이루었다.
③ 농가에 대한 정부의 지원이 확대되고 있다.
④ 농촌의 발달은 국가에 이익을 가져다 준다.

※ 환경 보호의 기능 ⟹ 대기를 정화시킨다

40 들은 내용과 일치하는 것을 고르십시오.
① 농촌의 기능은 공익적 측면에 집중되어 있다.
② 농업이 경제 지표로서 가치를 가지기는 힘들다.
③ 농업에 투자하면 사회에 더 큰 혜택으로 돌아온다.
④ 농가의 정부 보조금은 국가 예산에 부담을 준다.

〈TOPIK 36회 듣기 [39~40]〉
• 기능 function
• 식량 food
• 떠올리다 recall
• 공익적 public interest
• 보존시키다 preserve
• 국토 territory
• 발전시키다 develop
• 농가 farming family
• 정부 보조금 government subsidies
• 막대하다 enormous
• 예산을 들이다 spend a budget
• 농업 agriculture
• 지표 index
• 가치를 지니다 hold value
• 논밭 farmland/fields and paddies
• 대기 air
• 정화시키다 purify

39
①에서 '농촌의 논밭과 산은 대기를 정화시
킨다'의 뜻은 농촌이 환경 보호의 기능을 하
고 있다는 뜻이므로 정답은 ①입니다.

'농촌의 논밭과 산은 대기를 정화시킨다' in
the answer choice ① means that the
farming area protects the environment,
so the correct answer is ①.

40
'농업에 투자하는 비용보다 사회에 돌아오
는 혜택이 더 많다'라고 했으므로 농업에 투
자하면 사회에 더 큰 혜택으로 돌아온다는
뜻입니다. 따라서 정답은 ③입니다.

It is mentioned '농업에 투자하는 비용
보다 사회에 돌아오는 혜택이 더 많다'.
Therefore, the correct answer is ③.

※[39~40] 다음은 대담입니다. 잘 듣고 물음에 답하십시오. 각 2점

 track 44

> 여자: 소의 사료로 사용되는 옥수수의 양이 그렇게 많다니 정말 놀라울 따름입니다. 그럼 풀을 먹고 자란 소와 옥수수 사료를 먹고 자란 소는 어떤 점이 다른가요?
>
> 남자: 고기의 성분 중에서 오메가 성분이란 게 있는데요. 그 중 '오메가-3'는 지방을 분해하는 기능을 하고, '오메가-6'는 지방을 축적하는 기능을 합니다. 그런데 풀이나 볏짚을 먹고 자란 소는 두 성분이 알맞게 분포되어 있는 반면 옥수수 사료를 먹고 자란 소는 '오메가-6'가 월등히 많습니다. 물론 사료로 양육된 소들은 성장 속도가 빨라서 경제적 가치가 높을 뿐만 아니라, 지방 함량이 높아 육질을 결정하는 마블링도 좋습니다. 그러나 '오메가-6'가 많이 들어 있는 고기를 인간이 섭취하게 되면 체내 지방 세포를 증식시키고 염증 반응을 일으켜 다양한 질환의 원인이 된다는 것이죠.

39 이 담화 앞의 내용으로 알맞은 것을 고르십시오.

① 옥수수 사료는 토양을 정화시킨다.

② 옥수수 생산량이 지역마다 큰 차이가 있다.

③ 적지 않은 옥수수가 소의 먹이로 소비된다.

④ 옥수수 사료를 소의 먹이로 사용하면 문제가 된다.

40 들은 내용과 일치하는 것을 고르십시오.

① 소의 육질은 양육 방식과는 아무런 상관이 없다.

② 옥수수 사료로 양육된 소는 '오메가-6'가 부족하다.

③ 옥수수 사료로 양육된 소는 건강에 좋은 영양소가 많다.

④ 옥수수 사료로 양육되는 소는 빨리 자라고 지방도 많다.

- 사료 feed/forage
- 옥수수 corn
- 놀랍다 surprising
- 풀 grass
- 성분 component/ingredient
- 오메가 omega
- 지방 fat
- 축적하다 accumulate
- 볏짚 rice straw
- 월등히 extraordinarily/outstandingly
- 양육(되다) nurture(nurtured)
- 함량 content
- 육질 meat quality
- 마블링 marbling
- 세포 cell
- 증식시키다 multiply
- 염증 반응 inflammatory reaction
- 질환 illness/disease
- 토양 soil
- 먹이 feed

39

여자가 '소의 사료로 사용되는 옥수수의 양이 그렇게 많다니'라며 놀라고 있으므로 적지 않은 옥수수가 소의 먹이로 소비된다는 것을 알 수 있습니다. 따라서 정답은 ③입니다.

The woman is surprised, saying '소의 사료로 사용되는 옥수수의 양이 그렇게 많다니', so it can be guessed that a considerable amount of corn is consumed as cattle's feed. Therefore, the correct answer is ③.

40

남자는 '사료로 양육된 소들은 성장 속도가 빠르고, 지방 함량이 높아 육질을 결정하는 마블링도 좋습니다'라고 했으므로 '옥수수 사료로 양육되는 소는 빨리 자라고 지방도 많다'는 의미입니다. 따라서 정답은 ④입니다.

The man says that '사료로 양육된 소들을 성장 속도가 빠르고, 지방 함량이 높아 육질을 결정하는 마블링도 좋습니다', which means '옥수수 사료로 양육되는 소는 빨리 자라고 지방도 많다'. Therefore, the correct answer is ④.

39-40

※[39~40] 다음은 대담입니다. 잘 듣고 물음에 답하십시오. 각 2점 track 45

39 이 담화 앞의 내용으로 알맞은 것을 고르십시오.
　① 결혼으로 인한 주부 우울증은 감수해야 할 부분이다.
　② 휴직이나 퇴직은 주부 우울증을 극복하는 데 효과가 있다.
　③ 다양한 요인으로 우울증을 겪고 있는 주부들이 상당히 많다.
　④ 임신과 출산은 주부 우울증에서 벗어날 수 있는 기회가 된다.

40 들은 내용과 일치하는 것을 고르십시오.
　① 주부 우울증을 겪고 있는 여성들은 불면증에 시달린다.
　② 잠을 자지 않고 울어 대는 아이들은 부모의 관심이 필요하다.
　③ 주부 우울증은 출산을 앞둔 여성들이 참고 감수해야 할 부분이다.
　④ 양육 기관 또는 지인의 도움이 양육 스트레스 해소에 도움이 된다.

출산 childbirth | **앞두다** have something ahead | **휴직** leave | **퇴직** retirement | **임신** pregnant | **환경적** environmental | **순하다** gentle | **울어 대다** cry loudly | **아기 돌봄 서비스** baby care service | **일방적** unilateral/one-sided | **해소하다** solve/clear up | **위기** crisis | **상당히** very/considerably | **불면증** insomnia | **지인** acquaintance

41-42

✏️ 오늘의 어휘

괴로움	pain/distress	명	실연으로 인한 괴로움을 잊기 위해 술을 마셨다.
두려움	fear	명	어두운 방안에 혼자 남자 두려움이 생겼다.
사망자	the dead	명	매년 암으로 인한 사망자가 늘고 있다.
생태계	eco-system	명	바닷물의 온도가 따뜻해지면서 바다 생태계도 바뀌고 있다.
수명	lifespan	명	의학 기술의 발달로 현대인들의 수명이 길어지고 있다.
조화	harmony	명	직장 생활을 잘하기 위해서는 동료와의 조화가 중요하다.
차이	difference	명	우리는 문화적 차이를 극복하고 결혼을 했다.
파괴	destruction	명	산림 파괴로 지구의 사막화가 빠르게 진행되고 있다.
평균	average	명	직장인의 평균 근무 시간은 8시간이다.
공존하다	coexist	동	이 건축물은 고전과 현대가 절묘하게 공존한다.
시급하다	urgent	동	보육 시설 부족에 대한 정부의 대책 마련이 시급하다.
치료하다	cure/heal	동	비만을 치료하기 위해서 하루에 세 시간씩 걸었다.
무분별하다	thoughtless	형	무분별한 개발로 동물들의 살 곳이 사라지고 있다.
완벽하다	perfect	형	평소에 완벽하고 철저한 그녀가 실수를 했다.

🥤 오늘의 문법

N에도 불구하고	앞의 사실이나 상황에서 기대할 수 있는 것과는 다르거나 반대의 결과가 뒤에 이어질 때 사용한다. This is used when something different from or contrary to what is expected from the preceding fact or situation follows. 예 명품 핸드백이 고가임에도 불구하고 구매하는 사람들이 늘고 있다.
V-(으)ㄹ 따름이다	현재 상황 이외에는 다른 선택의 여지나 가능성이 없음을 나타낸다. This expresses that there are no other options or possibilities than the current situation. 예 대학에 가기 위해 열심히 공부할 따름이다.

41-42

강연을 듣고 푸는 문제입니다. 강연자가 청중 앞에서 주제를 제시한 후 주제에 대해 간단하게 설명합니다. 이후 개인적인 의견을 과학적인 증거와 객관적인 자료를 통해 더 자세하게 설명합니다. 마지막으로 주제에 대한 정리를 하면서 강연을 마무리합니다. 강연이 출제될 만한 분야로는 과학, 문화, 예술, 경제 등이 있으니 관련 어휘들을 알아 두시기 바랍니다.

You will be asked to listen to a lecture and to solve the questions. The lecturer presents the topic which comes before the audience and explain it briefly. After that, the lecturer explains his personal opinion in detail through scientific evidence and objective data. In the end, the lecturer finishes the lecture by summarizing the contents about the topic. The lectures might be about science, culture, art or economy, etc. you should know the vocabulary related to each field.

41 들은 내용과 일치하는 것 고르기

전체적인 내용을 분석해야 합니다. 강연자의 말을 주의 깊게 듣고 글의 **중심 생각을 파악한 후** 들은 내용과 다른 것을 찾아내는 것이 필요합니다. **내용에 언급하지 않은 것과 내용과 반대되는 것들을 오답으로 많이 제시합니다.** 또한 듣기 내용의 순서에 따라 선택지가 나오는 것이 아니기 때문에 선택지의 내용을 미리 파악하는 것이 좋습니다.

You need to listen carefully and to analyze the overall content. It is recommended to exclude the answer choice which does not fit the situation or content of the listening passage or which was not mentioned, in order to find the correct answer. The answer choices may not use the exactly same expressions as the listening passage, so you need to know similar vocabulary or expressions to find the correct answer.

42 남자의 중심 생각으로 맞는 것 고르기

강연자의 중심 생각을 고르는 문제입니다. 보통 앞부분이나 마지막 부분에 전문가의 의도나 중심 생각이 나타납니다. 그리고 앞부분보다는 마지막 부분에 중심 생각이 더 많이 나타납니다. **중심 생각을 암시하는 표현으로는 '따라서, 그러므로, 결국, 결과적으로, 궁극적으로, 사례를 통해서' 등이 많이 사용되니 이 부분을 주의 깊게 들으십시오.**

You will be asked to choose the main idea of the lecturer. The expert's intention or main idea usually appears in the beginning part or the last part. Moreover, the main idea tends to appear in the last part rather than the first part. The expressions which imply the main idea such as '따라서, 그러므로, 결국, 결과적으로, 궁극적으로, 사례를 통해서', etc. are often used, so you should listen carefully to this part.

41-42

🔍 문제분석

※[41~42] 다음은 강연입니다. 잘 듣고 물음에 답하십시오. 각 2점

🔴 track 46

> 남자: 여러분, '모나리자 미소의 법칙'을 들어 본 적이 있나
> 요? 과학자들의 분석에 따르면 '모나리자의 미소'에는
> 83%의 행복감에 17% 정도의 두려움과 분노도 담겨
> 있다고 합니다. 이를 '모나리자 미소의 법칙'이라고 하
> 는데요. 이 비율이 모나리자를 사랑받게 하는 이유라
> 고 합니다. 우리의 삶도 마찬가지인 것 같습니다. 기쁨
> 과 슬픔, <u>행복과 불행이 적절히 조화를 이루는 삶이 결
> 국 완전한 행복에 이를 수 있게 하는 길인 거죠.</u> 슬픔
> 과 괴로움 같은 부정적인 감정들은 좌절에 빠지게 하
> 는 게 아니라, 오히려 <u>현실감을 유지하게 하여 궁극적
> 으로는 행복감을 느낄 수 있게 하는 힘이 됩니다.</u>

41 들은 내용과 <u>일치하는 것</u>을 고르십시오.

① 부정적 감정들은 좌절감에 빠지게 한다.

② 분노의 감정이 없어야만 행복감을 느낀다.

③ 모나리자의 미소는 완전한 행복을 보여 준다.

④ 슬픔은 현실감을 잃지 않게 하는 요소로 작용한다.

※ 비슷한 어휘와 표현

현실감을 유지하게 한다 ⟹ 현실감을 잃지 않게 한다

42 <u>남자의 중심 생각</u>으로 맞는 것을 고르십시오.

① 완전한 행복을 위해 슬픔을 이겨야 한다.

② 완전한 행복을 위해 조금은 불행한 것도 좋다.

③ 완벽한 행복을 위해 괴로운 일을 잊어야 한다.

④ 완벽한 행복을 위해 행복감의 유지가 필요하다.

〈TOPIK 36회 듣기 [41~42]〉

- 모나리자 Mona Lisa
- 법칙 law
- 행복감 sense of happiness
- 분노 anger
- 비율 rate/ratio
- 불행 unhappiness
- 적절히 properly/appropriately
- 조화를 이루다 harmonized
- 완전하다 complete
- 이르다 reach
- 좌절에 빠지다 get frustrated
- 현실감 sense of reality
- 궁극적 ultimate
- 요소 element/factor

41

남자는 '슬픔과 괴로움 같은 부정적인 감정들은 오히려 현실감을 유지하게 하며 궁극적으로는 행복감을 느낄 수 있게 한다'고 말합니다. 즉 현실감을 유지한다는 말은 현실감을 잃지 않게 한다는 의미이므로 정답은 ④입니다.

The man says, "슬픔과 괴로움 같은 부정적인 감정들은 오히려 현실감을 유지하게 하여 궁극적으로는 행복감을 느낄 수 있게 한다". Maintaining a sense of reality means not losing a sense of reality, so the correct answer is ④.

42

남자는 '기쁨과 슬픔, 행복과 불행이 적절히 조화를 이루는 삶이 완전한 행복에 이를 수 있는 길'이라고 했으므로 완전한 행복에는 불행이 함께한다는 의미입니다. 따라서 정답은 ②입니다.

The man says, "기쁨과 슬픔, 행복과 불행이 적절히 조화를 이루는 삶이 완전한 행복에 이를 수 있는 길", which means complete happiness accompanies unhappiness. Therefore, the correct answer is ②.

※[41~42] 다음은 강연입니다. 잘 듣고 물음에 답하십시오. 각 2점

 track 47

> 남자: 오늘은 최근 늘어나고 있는 신종 바이러스에 대해 알아보도록 하겠습니다. 신종 바이러스는 조류, 돼지, 풍토 등으로 인해 발생하는 새로운 질병으로 전염률이 높습니다. 이 중에서도 에볼라 바이러스는 현재까지 3,000명이 넘는 사망자를 냈는데요. 이 바이러스를 치료할 수 있는 신약 개발이 시급한 실정입니다. 그럼에도 불구하고 제약회사마다 시장성이 없다는 이유로 신약 개발을 미루고 있다는 것이 안타까울 따름입니다. 그런데 신종 바이러스가 왜 이렇게 급격히 증가했을까요? 주요 원인은 무분별한 개발로 인한 지구온난화와 생태계 균형 파괴 때문이라고 봅니다. 즉, 지금 자연은 인간에게 강한 경고의 메시지를 보내고 있는 것이지요.

41 들은 내용과 일치하는 것을 고르십시오.

① 최근 신종 바이러스가 줄어드는 추세이다.
② 신종 바이러스는 전파력이 크지 않은 편이다.
③ 제약회사들은 시장성이 높은 신약에 관심이 많다.
④ 무분별한 개발은 신종 바이러스로 인해 중지되었다.

42 남자의 중심 생각으로 맞는 것을 고르십시오.
① 에볼라 바이러스의 신약 개발을 연기해야 한다.
② 신약 개발이 지구온난화와 생태계 파괴의 원인이다.
③ 인간이 생태계를 훼손하여 신종 바이러스가 증가했다.
④ 전염률이 높은 신종 바이러스 약을 빨리 개발해야 한다.

- 신종 바이러스 new virus
- 조류 birds
- 풍토 natural characteristics
- 전염률 infection rate
- 에볼라 바이러스 Ebola virus
- 신약 new medicine
- 실정 actual circumstance
- 제약회사 pharmaceutical company
- 시장성 marketability
- 미루다 delay/postpone
- 지구온난화 global warming
- 경고 warning
- 추세 trend
- 전파력 propagation power

41

에볼라 바이러스 약은 '제약회사마다 시장성이 없다는 이유로 신약 개발을 미루고 있고 이것이 안타깝다'고 했습니다. 시장성이 없어서 신약 개발을 하지 않는다는 것은 시장성이 높은 신약에만 관심이 많다는 뜻입니다. 따라서 정답은 ③입니다.

It is mentioned about the medicine for Ebola virus that '제약회사마다 시장성이 없다는 이유로 신약 개발을 미루고 있고 이것이 안타깝다'. Not developing new medicine due to lack of marketability means the companies are only interested in new medicine with high marketability. Therefore, the correct answer is ③.

42

남자는 신종 바이러스가 급증하는 원인이 무분별한 개발로 인한 지구온난화와 생태계 균형 파괴 때문이라고 말했습니다. 따라서 정답은 ③입니다.

The man says that the reason why the number of new virus is rapidly increasing is global warming due to reckless development, and destruction of the ecological balance. Therefore, the correct answer is ③.

41-42

🖱 연습문제

※ [41~42] 다음은 강연입니다. 잘 듣고 물음에 답하십시오. 각 2점 🎵 track 48

41 들은 내용과 일치하는 것을 고르십시오.
① 기대 수명 연장이 바로 우리가 꿈꾸는 삶이다.
② 유병장수 시대란 건강하게 오래 사는 것을 말한다.
③ 평균 수명이 늘면서 질병과 공존하는 시간이 10년 정도 된다.
④ 담배와 술을 멀리하면 기대 수명을 10년 정도 연장할 수 있다.

42 남자의 중심 생각으로 맞는 것을 고르십시오.
① 유병장수 시대에 질병과 살아가는 것은 당연하다.
② 건강 수명을 연장하려면 자기관리와 정기검진이 필요하다.
③ 건강 수명 연장은 스트레스 해소와 취미 활동으로 충분하다.
④ 유병장수는 건강검진만 잘하면 건강 수명을 연장할 수 있다.

유병장수 시대 era of living long with illness | **기대 수명** life expectancy | **건강 수명** healthy life expectancy | **연장되다** extended |
꿈꾸다 dream | **꾸준하다** steady/consistent | **자기관리** self-management | **중독성** addictiveness | **멀리하다** stay away from |
규칙적 regular | **정기적** periodical | **건강검진** medical check-up

43-44

✏️ 오늘의 어휘

상황	situation	명	만일의 상황에 대비해 돈을 모아야 한다.
신뢰	trust	명	한번 무너진 신뢰는 회복하기가 어렵다.
집단	group	명	집단 생활을 하는 기숙사에서는 담배를 피우면 안 된다.
깨닫다	realize/notice	동	독서를 통해 삶의 의미를 깨닫고 있다.
배출되다	emit	동	공장에서 배출되는 폐수로 인해 수질 오염이 심각해졌다.
보존하다	preserve	동	우리의 아름다운 문화유산을 잘 보존해야 한다.
상징하다	symbolize	동	한국에서 돼지는 복과 돈을 상징한다.
이동하다	move	동	철새들은 추운 겨울이 되면 남쪽으로 이동한다.
통제되다	be controlled	동	이 지역은 언론이 통제된 곳이다.
포함하다	include	동	우리 가족은 나를 포함해 모두 다섯 명이다.
회복하다	recover	동	잘 쉬시고 빨리 회복하시기 바랍니다.
무관하다	irrelevant	형	그 사건과 나는 전혀 무관하다.
쓸모없다	useless	형	쓸모없는 공간을 활용해서 작업실을 만들었다.
우수하다	excellent	형	비싼 물건이라고 해서 모두 품질이 우수한 것은 아니다.
과언이 아니다	no exaggeration		그는 세계 제일의 성악가라고 해도 과언이 아니다.

☕ 오늘의 문법

A/V-(으)므로	뒤에 오는 내용에 대한 이유나 근거를 나타낸다. This expresses the reason or ground of the contents which follows. 예 한국어 말하기 실력이 우수하므로 이 상장을 드립니다.
A/V-았/었던 N	뒤에 오는 단어를 꾸며 주며 과거를 회상할 때 사용한다. This modifies the following word and is used to recall the past. 예 그렇게 예뻤던 아내가 어느덧 할머니가 되었다.
N(으)로 말미암아	어떤 일, 현상, 사물 등이 이유나 원인이 됨을 나타낸다. '(으)로 인하여'와 바꿔 쓸 수 있다. This expresses that a certain event, phenomenon or object is the reason or cause of something. It can be replaced with '(으)로 인하여'. 예 홍수로 말미암아 많은 농가 주택이 물에 잠겼다.

43-44

📖 유형분석

다큐멘터리를 듣고 푸는 문제입니다. 다큐멘터리는 실제로 있었던 사건이나 사실을 프로그램으로 제작한 것입니다. **다큐멘터리 종류로는 시사, 자연, 문화 예술, 인간, 환경, 역사 등이 있습니다.** 시사 다큐멘터리는 사회 문제를 다룬 정보 프로그램이 많으며, 자연 다큐멘터리는 동, 식물 생태계의 신비함을 다룬 프로그램이 많습니다. 문화 예술 다큐멘터리는 음악과 미술 등 예술에 대한 전반적인 내용을 다루며 인간 다큐멘터리는 인간의 삶과 진실을 담은 프로그램입니다. 환경 다큐멘터리는 환경 문제의 심각성을 알리고 지구를 보호하자는 프로그램이며 역사 다큐멘터리는 우리가 잘 모르거나 잘못 알고 있는 정보를 재조명해 보는 프로그램입니다. 그러므로 **먼저 어떤 종류의 다큐멘터리인지를 파악**하는 것이 문제를 푸는 데 중요합니다.

You will be asked to listen to a documentary and to solve the questions. The documentary is a program based on certain incidents or facts that actually happened. The types of documentary include current affairs, nature, culture and art, human, environment, history, etc. Documentaries on current affairs are usually informative programs which introduce social issues, and documentaries on nature are usually programs which cover the wonder of the eco-system of animals or plants. Documentaries on culture and art introduce the overall content of arts such as music or art, and documentaries on humans show the life and truth of humans. Documentaries on environment report on how severe the environment problems are and encourage to protect the Earth. Therefore, it is important to comprehend above all what kind of documentary you heard in order to solve the questions.

43 이유로 맞는 것 고르기

전체적인 내용을 분석하고 어떤 '사실, 사건, 상황, 행동' 등의 이유를 고르는 문제입니다. 문제의 질문에 제시된 어휘를 단서로 해서 찾으면 쉽게 찾을 수 있습니다. 이유를 밝히는 표현으로는 '-기 위해, - 때문에, -아/어서, (이)라서, (으)로 말미암아' 등이 사용되니 기억해 두시기 바랍니다.

You will be asked to analyze the overall content and to choose the reason of a certain 'fact, incident, situation, behavior,' etc. You should easily find the correct answer by using the vocabulary in the question of this problem as a clue. You should remember the expressions which reveal the reason such as '-기 위해, - 때문에, -아/어서, (이)라서, (으)로 말미암아,' etc.

44 이야기의 중심 내용으로 맞는 것 고르기

다큐멘터리를 통해 전달하고 싶은 내용이 바로 중심 내용이 됩니다. 보통 중심 내용은 마지막 부분에 나옵니다. 중심 내용을 암시하는 표현으로는 '따라서, 그러므로, 결국, 결과적으로, 궁극적으로, 사례를 통해서' 등이 많이 사용되니 외워 두는 것이 좋습니다.

What the documentary intends to convey to the viewers becomes the main content. The main content usually appears in the last part. The expressions which imply the main idea such as '따라서, 그러므로, 결국, 결과적으로, 궁극적으로, 사례를 통해서,' etc. are often used, so you should listen carefully to this part.

43-44

🔍 문제분석

기출문제

※[43~44] 다음은 다큐멘터리입니다. 잘 듣고 물음에 답하십시오.

각 2점 🎵 track 49

> 여자: 이곳은 남과 북이 대치하고 있는 비무장지대입니다. 한국전쟁 때 가장 치열한 전투를 벌였던 곳으로 당시엔 거의 모든 것이 초토화됐었습니다. 아무것도 남지 않았던 이곳은 오랫동안 ☆사람의 출입이 통제되면서 자연 생태계가 스스로 회복해 생명지대로 바뀌었습니다. 환경부의 조사 결과 이곳에는 멸종 위기 동식물 30종을 포함한 다양한 야생종이 서식하고 있는 것으로 확인되었습니다. 그런데 최근 이곳을 세계평화공원으로 조성하자는 제안이 나오면서 이곳이 평화를 외치는 사람들의 관심 대상이 되었습니다. 공원 조성을 통해 비무장지대가 화해와 신뢰의 장소가 되기를 기대하고 있습니다.

43 비무장지대가 생태계를 회복할 수 있었던 이유로 맞는 것을 고르십시오.

① 장기간 사람들의 발길이 닿지 않았기 때문에
② 동식물의 복원을 위한 환경부의 노력 때문에
③ 전 세계인들의 관심의 대상이 되었기 때문에
④ 평화를 원하는 사람들이 공원을 만들기 때문에

※비슷한 어휘와 표현
  출입이 통제되다 ⟹ 발길이 닿지 않다

44 이 이야기의 중심 내용으로 맞는 것을 고르십시오.

① 비무장지대를 통해 전쟁의 위험이 억제될 것이다.
② 비무장지대는 전쟁으로 인해 모든 것이 파괴되었다.
③ 비무장지대는 남한과 북한이 마주보고 있는 지역이다.
④ 비무장지대가 평화를 상징하는 곳으로 주목 받고 있다.

※중심 내용은 주로 마지막 부분에 있음

<TOPIK 37회 듣기 [43~44]>
• 대치하다 confront
• 비무장지대 DMZ (demilitarized zone)
• 치열하다 intense/keen
• 전투를 벌이다 engage in a battle
• 초토화되다 scorching (be scorched)
• 생명지대 life zone
• 멸종 위기 endangerment/crisis of extinction
• 야생종 wild species
• 서식하다 inhabit
• 조성하다 formation(form)
• 평화 peace
• 외치다 shout
• 장기간 long term
• 발길이 닿다 be visited by~
• 억제되다 suppressed
• 마주보다 face each other

43
아무것도 남지 않았던 이곳이 오랫동안 사람의 출입이 통제되면서 자연 생태계가 스스로 회복해 생명지대로 바뀌었다고 했으므로 정답은 ①입니다.

It is mentioned this place where nothing was left has become a life zone because its natural eco-system has been restored by itself as access of people to it has been controlled for a long time, so the correct answer is ①.

44
중심 내용은 결말 부분에 있습니다. '공원 조성을 통해 비무장지대가 화해와 신뢰의 장소가 되기를 기대한다'는 부분입니다. 화해와 신뢰의 장소란 평화를 상징하므로 정답은 ④입니다.

The main idea is in the last part. It is '공원 조성을 통해 비무장지대가 화해와 신뢰의 장소가 되기를 기대한다'. A place of reconciliation and trust symbolizes peace, so the correct answer is ④.

※[43~44] 다음은 다큐멘터리입니다. 잘 듣고 물음에 답하십시오.

각 2점 🔊 track 50

여자: 지금 뒤에 보이는 것은 인주군 갯벌입니다. 갯벌은 조류로 운반되는 모래나 점토들이 파도에 의해 잔잔한 해역에 쌓여 생기는 평탄한 지형을 말하는데요. 우리는 이러한 갯벌을 그저 질퍽거리고 쓸모없는 땅으로 여기고 1980년대 후반부터 국토 확장을 목적으로 서해안 간척사업을 시작하여 갯벌을 없앴습니다. 하지만 갯벌은 우리가 생각하는 것 이상으로 보존적 가치가 높은 자연 자원입니다. 갯벌에는 조개, 낙지, 게 등과 같은 다양한 생물이 서식하고 있으며 특히 오염 물질을 정화하는 기능이 우수한 것으로 알려져 있습니다. 이렇듯 갯벌의 보존적 가치는 설명하지 않아도 충분하므로 더 이상 소중한 자원을 훼손하는 일은 없어야겠습니다.

43 갯벌을 없앤 이유로 맞는 것을 고르십시오.
① 쓸모 있는 땅을 좀 더 넓히기 위해
② 인주군 갯벌의 질이 떨어졌기 때문에
③ 국토개발이 언제나 최우선이기 때문에
④ 오염 물질의 정화 능력을 개선하기 위해

44 이 이야기의 중심 내용으로 맞는 것을 고르십시오.
① 간척사업으로 국토를 좀 더 넓혀야 한다.
② 갯벌 파괴를 멈추고 소중한 자원을 보존해야 한다.
③ 갯벌에 다양한 생물들이 살 공간을 만들어 줘야 한다.
④ 오염 물질이 배출될 수 있는 산업 지역을 없애야 한다.

- 갯벌 mudflat
- 운반되다 be transported
- 모래 sand
- 점토 clay
- 파도 wave
- 잔잔하다 gentle/calm
- 해역 waters
- 평탄하다 flat
- 지형 topography
- 질퍽거리다 muddy
- 국토 확장 expansion of territory
- 간척사업 land reclamation project
- 보존적 conservative
- 생물 organism/living things
- 최우선 top priority
- 멈추다 stop

43

갯벌을 쓸모없는 땅으로 여겨 국토 확장을 목적으로 서해안 간척사업을 시작했다고 했습니다. 국토 확장이란 땅을 넓힌다는 뜻입니다. 따라서 정답은 ①입니다.

It is mentioned mud flat is considered to be useless, so a land reclamation project was started in order to expand the country's territory. Therefore, the correct answer is ①.

44

자연 환경 다큐멘터리이므로 환경을 보호하자는 내용이 중심 내용일 확률이 높습니다. 여기서도 '갯벌의 보존적 가치는 설명하지 않아도 충분하므로 더 이상 소중한 자원을 훼손하는 일은 없어야 한다'고 말하고 있으므로 정답은 ②입니다.

It is a documentary on natural environment, so suggestion to protect the environment is likely to be the main content. It is mentioned '갯벌의 보존적 가치는 설명하지 않아도 충분하므로 더 이상 소중한 자원을 훼손하는 일은 없어야 한다' also in here, so the correct answer is ②.

43-44

연습문제

※[43~44] 다음은 다큐멘터리입니다. 잘 듣고 물음에 답하십시오. 각 2점 track 51

43 백령도가 자연 생태계의 보고가 된 이유로 맞는 것을 고르십시오.

① 백령도의 환경과 지리적 특성 때문에
② 백령도에 '새들의 아파트'가 있기 때문에
③ 백령도는 지리적으로 바위가 많기 때문에
④ 백령도는 사람의 왕래가 빈번한 곳이기 때문에

44 이 이야기의 중심 내용으로 맞는 것을 고르십시오.

① 백령도는 남해안에 위치한 고립된 섬이다.
② 백령도는 조류들의 소중한 집단 서식지이다.
③ 자연 생태계는 따뜻한 온풍을 따라 이동한다.
④ 국경 없이 오가는 생태계의 모습이 감동적이다.

서해안 coast of the Yellow Sea | **위치하다** be located | **백령도** Baekryeong-do | **지리적** geographical | **손길이 닿다** be touched/be taken care | **고립되다** be isolated | **보고** treasury | **흘러들다** flow into | **온풍** warm wind | **둥지를 틀다** build a nest | **알을 낳다** lay eggs | **바위** rock | **집단적** collective | **해상** sea/marine | **왕래** coming and going | **국경** national border | **새삼** anew/again | **빈번하다** frequent | **오가다** come and go | **감동적** impressive

45-46

✏️ 오늘의 어휘

고유문화	native culture	명	오래 전부터 이어져 온 문화를 고유문화라고 한다.
근거	reason/ground	명	근거도 없는 소문을 믿으면 안 된다.
논리	logic	명	이해할 수 없는 논리로 자신의 의견을 내세우고 있다.
분야	field/area	명	그는 컴퓨터 분야에서만큼은 능력을 인정받고 있다.
인공적	artificial	명	사람들에 의해서 만들어진 것을 인공적이라고 한다.
창조적	creative	명	요즘 회사에서는 창조적인 사고를 갖고 있는 인재를 원한다.
협조	cooperation	명	우리 부서에서 해결할 수 없는 일이 생겨서 옆 부서에 협조를 요청했다.
기증하다	donate	동	할머니는 지금까지 모은 재산을 어려운 사람들을 위해서 기증했다.
대체하다	replace/substitute	동	화석 연료를 대체할 새로운 에너지 개발이 한창이다.
소통하다	communicate	동	한국어를 잘 못해서 한국 사람과 소통하는 것이 어렵다.
여기다	regard	동	요즘 신세대 직장인들은 일보다 가족을 더 소중히 여긴다고 한다.
제시하다	propose	동	문제를 해결할 수 있는 좋은 대안을 제시했다.
중요시하다	emphasize/stress	동	결과보다는 일의 과정을 중요시해야 한다.
드물다	rare	형	겨울에는 눈이 많이 와서 등산하는 사람이 드물다.

🥤 오늘의 문법

N에 불과하다	앞의 수준이나 숫자를 넘지 못함을 나타낸다. This expresses that something is not superior to what is mentioned before or not more than its number. 예 생일파티에 초대된 인원은 3명에 불과했다.
A/V-(으)ㄹ 뿐만 아니라	어떤 사실이나 상황에 유사한 사실이나 상황이 뒤에 더해짐을 나타낸다. This expresses that a certain fact or situation similar to the one mentioned is added later. 예 그 영화는 재미있을 뿐만 아니라 매우 감동적이다.

45-46

강연을 듣고 푸는 문제입니다. 강연은 **한 가지 주제를 가지고 지식을 전달하거나 자신의 의견을 주장하는 형식의 문제**가 출제됩니다. 이 유형은 개인적 견해가 포함되는 경우가 많습니다. 그래서 **말하는 사람이 주장하고자 하는 것이 무엇인지, 그 주장을 뒷받침하는 자료나 예를 주의 깊게 들어야 합니다.**

You will be asked to listen to a lecture and to solve the questions. The lecture would convey knowledge of a certain topic or assert the lecturer's opinion. This type of question usually includes the lecturer's personal opinion. Therefore, you need to listen carefully to what the speaker intends to say, and to the data or examples which support the speaker's saying.

45 들은 내용과 일치하는 것 고르기

전체적인 내용을 분석해야 합니다. **글의 중심 생각을 파악한 후 들은 내용과 다른 것을 먼저 찾아내는 것이 필요합니다.** 내용에 언급하지 않은 것과 내용과 반대되는 것들을 오답으로 많이 제시합니다. 선택지는 듣기 내용의 순서에 따라 나오는 것이 아니기 때문에 선택지의 내용을 미리 파악하는 것이 필요합니다. 그리고 선택지의 문장에서 사용되는 표현들은 들은 내용에 나온 표현을 그대로 사용하는 경우가 적고 유사한 표현들을 사용하기 때문에 이를 고려하여 답을 찾아야 합니다.

You need to analyze the overall content. It is required to comprehend the main idea of the listening passage and to find which answer choice is different from it. The incorrect answers are usually those which weren't mentioned or which are those opposed to the listening passage. The answer choices are not provided in the exactly same order as what you heard in the listening passage, so you need to comprehend their contents in advance. The sentences of the answer choices rarely use the exactly same expressions as the listening passage and use similar expressions instead, so you need to consider this to find the correct answer.

46 여자(남자)의 태도로 알맞은 것 고르기

전체적인 내용을 들으면서 중심 주제가 무엇인지, 의견은 누구의 견해인지, 그리고 그것을 청중에게 전달할 때 어떠한 방법을 사용하는지 파악해야 합니다. **선택지는 '1)무엇을 2)어떤 방법으로 3)하고 있다'와 같은 형식이기 때문에 각 부분에 사용되는 표현을 알고 있으면 좋습니다.**

1) 무엇을: 자신의 견해를, 다른 사람의 견해를

2) 어떤 방법으로: 사례를 들어, 기준을 제시하여, 관찰로, 논리로, 종합적으로, 객관적으로, 예시를 통해, 근거를 통해

3) 하고 있다: 평가하다, 설명하다, 증명하다, 비판하다, (결론을) 유도하다, 분류하다, 분석하다, 설득하다, 주장하다

You need to comprehend what the main topic is, whose opinion it is, and what kind of communication method is used to convey such things to the audience. The answer choices take the form of '1) what 2) how 3) doing', so it is recommended to know the expressions used in each part.

45-46

🔍 문제분석

기출문제

※[45~46] 다음은 강연입니다. 잘 듣고 물음에 답하십시오. 각 2점

🎵 track 52

> 여자: '진정한 친구가 3명만 있어도 성공한 인생'이라는 말이 있지요? 그만큼 우리는 절친한 관계를 중요하게 여깁니다. 반면 '그냥 아는 사이', 즉 '유대관계가 약한 사람들'에 대해서는 그다지 중요하게 여기지 않습니다. 그런데 때로는 그렇지 않은 상황이 있습니다. 외부 세계와 소통하고 정보를 교환할 때는 오히려 약한 유대관계가 결정적 역할을 할 확률이 높거든요. 실제로 직장인들의 취업 경로에 대한 조사 자료를 보면 개인적인 접촉으로 직장을 구한 사람 중에서 자주 만나는 친구로부터 정보를 얻었다는 사람은 14%에 불과했습니다. 나머지 86%는 가끔 만나는 사람이나 아주 드물게 만나는 사람에게서 정보를 얻었다는 것이죠.

45 들은 내용과 일치하는 것을 고르십시오.
① 유대관계가 긴밀한 사람이 많아야 성공한 인생이다.
② 그냥 아는 사이의 사람이 중요한 도움을 줄 수 있다.
③ 우리는 보통 약한 유대관계의 사람들을 중요시한다.
④ 개인적인 접촉을 자주 해야 절친한 관계를 맺을 수 있다.

46 여자의 태도로 가장 알맞은 것을 고르십시오.
① 구체적인 자료를 통해 해결책을 제시하고 있다. X
② 각각의 견해에 대해 논리적으로 분석하고 있다. X
③ 조사 결과를 근거로 자신의 의견을 제기하고 있다.
④ 상대방의 동의를 구하며 자신의 주장을 펼치고 있다. X

〈TOPIK 36회 듣기 [45~46]〉
• 진정하다 calm down/soothe
• 절친하다 very close/very friendly
• 유대관계 ties/relationship
• 그다지 not so
• 외부 outside
• 확률 probability
• 경로 route/course
• 접촉 contact
• 나머지 the rest
• 긴밀하다 close
• 관계를 맺다 make a relationship
• 논리적 logical
• 제기하다 raise/bring up
• 주장을 펼치다 express one's opinion

45
가끔 만나는 사람이 주는 취업 정보가 86%로 오히려 결정적 역할을 할 확률이 높다고 하였습니다. '가끔 만나는 사람'과 '그냥 아는 사이'는 같은 사람을 가리킵니다. 따라서 정답은 ②입니다.

It is mentioned that 86% of the job information from those whom you occasionally meet has a high probability of playing a critical role in getting a job. Those people mean acquaintances like '가끔 만나는 사람' and '그냥 아는 사이'. Therefore, the correct answer is ②.

46
'그냥 아는 사이의 사람'이 더 많은 도움을 준다는 조사 결과(86%)를 자신의 주장의 근거로 사용하고 있습니다. 따라서 정답은 ③입니다.

The woman is referring to a survey result (86%) that '그냥 아는 사이의 사람(acquaintances)' are more helpful, to support her opinion. Therefore, the correct answer is ③.

※[45~46] 다음은 강연입니다. 잘 듣고 물음에 답하십시오. 각 2점

 track 53

> 여자: 최근 한국의 전통음악과 서양의 음악이 어우러지는 공연들이 지속적으로 소개되면서 인기를 끌고 있는데요. 클래식 음악인 캐논 변주곡을 전통 악기인 가야금 연주에 맞춰 추는 비보이 팀의 공연은 <u>우리의 귀를 즐겁게 해 주고 있습니다.</u> 이렇게 국악에 다른 장르를 접목시킨 것을 퓨전 국악이라고 부르고 있습니다. 이러한 작업들을 보면서 몇몇 분들은 전통의 가치를 흐린다고 우려하시는 분들도 있지만 저는 그렇게 생각하지 않습니다. 전통 타악기를 모아 만든 사물놀이도 처음에는 전통을 흐린다는 비판을 받았지만 요즘은 세계적인 공연이 되어 국악의 아름다움을 알리지 않았습니까? <u>우리의 고유문화를 전통이라는 틀 안에만 가두어 두지 말고 다양한 시도를 통해 소개한다면</u> 여러 분야에서 새로운 한류를 만들어 낼 수 있지 않을까요? 이렇듯 오래됐거나 잊혀 사라져 가는 것들에 긍정적이고 창조적인 에너지를 더한다면 그것 자체를 살릴 수 있을 뿐만 아니라 <u>더 나아가 새로운 문화를 만들 수 있는 계기가 될 거라 생각합니다.</u>

45 들은 내용과 일치하는 것을 고르십시오.

① 전통음악, 서양음악, 대중음악은 어울리지 않는다.
② 다양한 퓨전 국악에 대한 사람들의 반응은 긍정적이다.
③ 사물놀이는 처음 소개될 때부터 세계적인 관심을 받았다.
④ 잊혀 사라져 가는 전통문화를 찾아 소개하는 것이 중요하다.

46 여자의 태도로 가장 알맞은 것을 고르십시오.

① 다른 사람의 의견을 예를 들어 비판하고 있다.
② 예시와 근거를 들어 자신의 견해를 제시하고 있다.
③ 서로 다른 견해를 비교하면서 자세히 소개하고 있다.
④ 새로운 기준을 제시하려고 다양한 논리를 설명하고 있다.

- 어우러지다 get along
- 지속적 continuous
- 클래식 classic
- 캐논 변주곡 Canon Variations
- 가야금 Gayageum (Korean zither-like string instrument with 12 strings)
- 연주에 맞추다 go with performance (musical instrument)
- 비보이(B-boy) B-boy
- 장르 genre
- 접목시키다 combine
- 퓨전 국악 fusion Korean traditional music
- 흐리다 cloudy
- 타악기 percussion
- 사물놀이 Samulnori (Korean traditional percussion quartet)
- 틀 frame
- 가두다 lock up/confine
- 나아가다 go on/go forward
- 계기 chance/opportunity
- 예시 example
- 기준 standard

45

퓨전 국악이란 국악에 다른 장르를 접목시킨 것이라고 설명하고 있습니다. 그리고 내용 앞부분에서는 이러한 <u>퓨전 음악이 인기를 끌고 있다는 긍정적인 표현들이 들어 있습니다.</u> 따라서 정답은 ②입니다.

It is explained that fusion Korean traditional music is a combination of Korean traditional music and other music genres. In the beginning part of the content, there are positive expressions that such fusion music is gaining popularity. Therefore, the correct answer is ②.

46

여자는 퓨전 국악이라는 분야를 예를 들면서 더 나아가 '오래됐거나 잊혀 사라져 가는 것들에 ~더 나아가 새로운 문화를 만들 수 있는 계기'가 될 거라고 말하고 있습니다. 따라서 정답은 ②입니다.

Taking fusion Korean traditional music as an example, the woman is saying that it will be '오래됐거나 잊혀 사라져 가는 것들에 ~더 나아가 새로운 문화를 만들 수 있는 계기'. Therefore, the correct answer is ②.

45-46

※[45~46] 다음은 강연입니다. 잘 듣고 물음에 답하십시오. 각 2점 🔊 track 54

45 들은 내용과 일치하는 것을 고르십시오.
   ① 우리나라는 현재 혈액을 외국에서 수입하지 않고 있다.
   ② 헌혈에 사용된 도구들은 한 번 사용 후 모두 버려지고 있다.
   ③ 헌혈로 인해서 질병에 감염된 사례들이 많이 보고되고 있다.
   ④ 헌혈증서는 필요한 이웃들을 위해 적극적으로 기증해야 한다.

46 남자의 태도로 가장 알맞은 것을 고르십시오.
   ① 헌혈에 대한 오해를 해결하기 위해 설명하고 있다.
   ② 헌혈에 대한 사람들의 협조와 참여를 요청하고 있다.
   ③ 헌혈의 안정성과 혜택을 위한 정책을 요구하고 있다.
   ④ 혈액의 자급자족을 위한 대책 방안을 주장하고 있다.

수혈 blood transfusion | 급박하다 urgent | 처하다 face/encounter | 마련되다 provided | 헌혈 blood donation | 혈액 blood | 수입하다 import | 자급자족하다 self-sufficient | 연간 yearly/annual | 헌혈자 blood donor | 감염되다 be infected | 무균 처리 asepticism | 폐기 처분 disposal/discard | 도리어 on the contrary/rather | 사례 example | 헌혈증서 certificate of blood donation | 요청하다 request

47-48

🖊 오늘의 어휘

경쟁력	competitiveness	명	경쟁력을 키우기 위해 새로운 기술 개발에 많은 투자를 하고 있다.
구성원	member	명	올해는 가족 구성원 모두가 건강했으면 좋겠습니다.
선진국	developed (advanced) countries	명	정치, 경제, 문화 등이 발달한 나라를 선진국이라고 한다.
원자력	nuclear power	명	원자력 에너지 대신에 사용할 수 있는 대체 에너지 개발이 필요하다.
현황	present situation	명	신제품의 판매 현황을 조사하여 사장님께 보고서로 제출했다.
기대하다	anticipate	동	그 연극은 기대했던 만큼 재미있지는 않았다.
발맞추다	keep up	동	세계와 발맞추어 나가기 위해서는 빠른 정보력이 필요하다.
복원하다	restore	동	전쟁으로 사라졌던 문화재를 다시 복원하고 있다.
선호하다	prefer	동	젊은 사람들은 주택보다 아파트를 선호한다.
육성하다	nurture/foster	동	정부는 나라의 발전을 위해 젊은 인재를 육성하고 있다.
흥행하다	have a hit	동	영화는 사람들에게 인기를 얻어야 흥행할 수 있다.
거창하다	grandiose/ portentous	형	방학이 시작되기 전에는 거창한 계획을 세워 놓았지만 모두 지키지 못했다.
뛰어나다	outstanding	형	그는 그림에 뛰어난 소질을 갖고 있다.
절실하다	urgent	형	이번 시험에서 떨어지면 더 이상 기회가 없기 때문에 더 절실하다.

☕ 오늘의 문법

N에 발맞추어	앞에 나온 대상의 행동에 맞추어 따라하는 것을 나타낸다. This expresses that something follows the subject's behavior mentioned before. 예 학생들은 세계화에 발맞추어 외국어 실력을 쌓아야 한다.
V-아/어 가다	어떤 상태 또는 행위가 앞으로 계속 진행되어 갈 것임을 나타낸다. This expresses that a certain condition or behavior will go on continuously. 예 송년회 행사 준비가 잘 되어 가고 있다.

47-48

📖 유형분석

대담을 듣고 푸는 문제입니다. 대담은 **사회자가 사회적 이슈를 제기하고 전문가(박사님, 대표님, 선생님)가 그것에 대해 자세히 설명하는 형식으로 문제가 출제됩니다.** 사회자가 제시하는 사회적 이슈는 최근 어느 정도 사회적 논란이 되었거나 문제 해결이 필요한 것들입니다. 사회자의 설명과 질문을 집중해서 들으면서 전문가가 누구인지, 담화 주제가 무엇인지 파악하는 것이 중요합니다.

You will be asked to listen to the conversation and to solve the questions. The conversation would have a host presenting a social issue and an expert (doctor, president, teacher) explaining it in detail. The social issue which the host presents is something that has recently been argued or needs to be solved. It is important to focus on the host's explanation and the listening passage, in order to comprehend who the expert is and what the topic of conversation is.

---

47 들은 내용과 일치하는 것 고르기

전체적인 내용을 분석해야 합니다. **선택지는 사회자와 전문가가 말한 내용에서 제시되기 때문에 두 사람 모두의 내용을 주의 깊게 들어야 합니다.** 글의 중심 생각을 파악한 후 들은 내용과 다른 것을 먼저 찾아내는 것이 필요합니다. 내용에 언급하지 않은 것과 내용과 반대되는 것들을 오답으로 많이 제시합니다. 듣기 내용의 순서에 따라 선택지가 나오는 것이 아니기 때문에 선택지의 내용을 미리 파악하는 것이 필요합니다.

You need to analyze the overall content. The answer choices show both of the host's and expert's words, so you should listen carefully to both of them. It needs to comprehend the main idea of the listening passage and find which answer choice is different from it. The incorrect answers are usually what weren't mentioned or are opposite to the listening passage. The answer choices are not provided in the same order as that in the listening passage, so you need to comprehend their contents in advance. The sentences of the answer choices seldom use the exactly same expressions as the listening passage and usually use similar expressions instead, so you need to consider this to find the correct answer.

---

48 여자(남자)의 태도로 알맞은 것 고르기

전문가는 자신의 개인적인 생각이나 의견을 말하는 경우가 많습니다. 태도를 나타내는 표현인 '우려를 나타내다, 촉구하다, 희망하다, 진단하다, 강조하다' 등과 같은 것들을 알아 두는 것이 좋습니다.

An expert usually expresses his/her personal thoughts or opinion. It is recommended to know the expressions such as '우려를 나타내다, 촉구하다, 희망하다, 진단하다, 강조하다', etc.

47-48

🔍 문제분석

※ [47~48] 다음은 대담입니다. 잘 듣고 물음에 답하십시오. 각 2점

 track 55

> 남자: 장애를 딛고 평생을 장애인의 권익을 위해 살아오신 황연대 선생님을 모시고 말씀 나눠 보겠습니다. 이번 장애인 올림픽에서도 선생님의 이름을 딴 '황연대 상'이 시상되었는데요. 먼저 여기에 대해 간단하게 말씀해 주시지요.
>
> 여자: 벌써 20년이 되었는데요, 제 이름을 딴 상을 시상하는 게 아직도 익숙하지 않습니다. 제가 거창한 일을 했다고 생각하지는 않고요. 다만 우리 <u>장애인 스스로 한 사람의 당당한 사회 구성원으로 제 몫을 다하기를 바랐을 뿐입니다.</u> 이 상은 장애를 극복하려는 의지를 가장 잘 보여 준 선수에게 주고 있는데요. 고맙게도 지금까지는 수상자들이 제 기대 이상으로 사회에서 당당하게 자리를 잡았습니다. 그 점을 항상 고맙게 생각합니다.

47 들은 내용과 <u>일치하는 것</u>을 고르십시오.

① 황연대 상은 <u>운동 실력이 가장 뛰어난</u> 선수에게 준다. X
② 황연대 상은 이번 장애인 올림픽에서 <u>처음</u> 시상되었다. X
③ 여자는 장애를 극복하고 다른 사람을 위한 삶을 살았다.
④ 여자는 <u>직업을 통해</u> 사회에서 당당히 자리 잡게 되었다. X

※ 들은 내용과 관계없는 것은 'X'
 ① 장애를 극복하려는 의지를 가장 잘 보여 준 선수
 ② 20년째   ④ 여자는 황연대 선생님

48 <u>여자의 태도</u>로 가장 알맞은 것을 고르십시오.

① 장애를 극복한 선수들과의 관계를 중요시한다.
② 장애인을 위해 자신이 한 일을 자랑스러워하고 있다.
③ 올림픽을 통해 장애인의 권익이 보호되기를 기대하고 있다.
④ 장애인들이 사회인으로 자신 있게 자리 잡기를 염원하고 있다.

※ 비슷한 어휘와 표현
 사회 구성원으로 제 몫을 다하다
 ⇒ 사회인으로 자신 있게 자리 잡다

<TOPIK 37회 듣기 [47~48]>

• 장애를 딛다 overcome one's handicap
• 권익 rights and interests
• 이름을 따다 name after
• 시상되다 be awarded
• 당당하다 confident
• 제 몫을 다하다 do one's part
• 극복하다 overcome
• 수상자 winner
• 자리를 잡다 make one's position
• 실력 ability
• 자랑스러워하다 proud
• 염원하다 wish

47
여기서 여자는 장애를 딛고 장애인의 권익을 위해 살아 오신 황연대 선생님입니다. 따라서 정답은 ③입니다.

In here, the woman is Ms. Yeondae Hwang who has dedicated her life for the interests and rights of disabled people after overcoming her handicap. Therefore, the correct answer is ③.

48
여자는 장애인들이 사회구성원으로 제 몫을 다하기를 바랐을 뿐이라고 말하고 있습니다. '염원하다'는 바란다는 의미입니다. 따라서 정답은 ④입니다.

The woman is saying that she just wanted the handicapped people to do their part as a member of society. '염원하다' means to wish. Therefore, the correct answer is ④.

※[47~48] 다음은 대담입니다. 잘 듣고 물음에 답하십시오. 각 2점

여자: 최근 선진국에서 대체 에너지 산업이 새롭게 주목 받고 있습니다. 우리나라도 이러한 움직임에 발맞추어 움직여야 할 텐데요. 우리나라의 대체 에너지 산업 현황은 어떻습니까? 장관님.

남자: 우리나라는 그동안 화석연료와 원자력 발전에 의존도가 높은 나라였습니다. 그래서 대체 에너지 산업에서는 아직 걸음마 단계라 할 수 있겠습니다. 하지만 화석연료의 고갈과 원전의 위험성뿐만 아니라 <u>앞으로 각광받는 차세대 산업으로서, 그리고 환경보호라는 차원에서도 대체 에너지 산업을 적극적으로 육성해야 할 것입니다.</u> 앞으로 국가가 적극적으로 나서서 기업이 투자할 수 있는 환경을 만들어 기술 개발에 박차를 가한다면 머지않아 선진국 못지않은 경쟁력을 갖게 될 것입니다.

- 대체 에너지 alternative energy
- 주목(을) 받다 get attention
- 움직이다 move
- 장관 minister
- 화석연료 fossil fuel
- 의존도 dependence
- 걸음마 단계 be in beginning step
- 고갈 exhaustion
- 원전(원자력 발전) nuclear power (generation)
- 위험성 danger
- 각광(을) 받다 get spotlight
- 차세대 next generation
- 차원 level/dimension
- 박차를 가하다 spur/accelerate
- 못지않다 not less than
- 진단하다 diagnose

47 들은 내용과 일치하는 것을 고르십시오.
① 우리나라의 대체 에너지 산업은 경쟁력이 높은 편이다.
② 대체 에너지 산업은 앞으로 발전 가능성이 높은 산업이다.
③ 우리나라는 대체 에너지 산업을 적극적으로 지원하고 있다.
④ 대체 에너지 산업은 국가보다는 기업의 적극적 투자가 절실하다

47

남자는 대체 에너지 산업은 앞으로 각광받는 차세대 산업으로 적극적으로 육성해야 한다고 말하고 있습니다. 즉 발전 가능성이 높은 산업이라고 말하고 있습니다. 따라서 정답은 ②입니다.

The man is saying that the alternative energy industry should be actively nurtured as it is the industry of next generation which is getting spotlight. Thus, he is saying that it is an industry likely to be developed. Therefore, the correct answer is ②.

48 남자의 태도로 가장 알맞은 것을 고르십시오.
① 현재 주목 받는 에너지 산업의 문제점을 비판하고 있다.
② 선진국의 대체 에너지 산업에 대해 우려를 나타내고 있다.
③ 대체 에너지 산업이 가지고 있는 문제점을 진단하고 있다.
④ 대체 에너지 산업이 가지고 있는 가치에 대해 설명하고 있다.

48

남자는 대체 에너지 산업에 대해 긍정적인 사고를 가지고 있으며 대체 에너지 산업의 의의와 장점, 그리고, 한국의 가능성을 설명하고 있습니다. 따라서 정답은 ④입니다.

The man has positive thoughts about the alternative energy industry and is explaining its significance, advantage and possibility in Korea. Therefore, the correct answer is ④.

47-48

🖱 연습문제

※[47~48] 다음은 대담입니다. 잘 듣고 물음에 답하십시오. 각 2점 🔴 track 57

47 들은 내용과 일치하는 것을 고르십시오.
   ① 이번에 제작된 영화는 흥행에 실패하였다.
   ② 감독은 이번 영화를 통해 상을 받게 되었다.
   ③ 옛날에 만들어진 영화는 주로 슬픈 내용이 많았다.
   ④ 블록버스터 영화는 내용보다 볼거리에 중점을 두고 있다.

48 남자의 태도로 가장 알맞은 것을 고르십시오.
   ① 블록버스터 영화의 특성을 설명하고 있다.
   ② 앞으로의 영화 제작의 방향을 제시하고 있다.
   ③ 영화 시장의 상업화에 대한 우려를 표현하고 있다.
   ④ 젊은이들이 옛날 영화를 봐야 한다고 강조하고 있다.

재구성하다 reconstruct/rearrange | **리메이크** remake | **제작하다** produce | **홍보하다** promote | **궁금하다** wonder | **자극적** provocative | **화려하다** luxurious | **블록버스터** block buster | **시각적** visual | **감성** sensitivity | **세대** generation | **상업화** commercialization | **경종을 울리다** be a warning | **볼거리** attraction | **중점을 두다** focus on

49-50

✏ 오늘의 어휘

관점	point of view	몡	환경문제는 장기적인 관점으로 해결해 나가야 한다.
기아	hunger	몡	많은 사람들이 아직도 기아로 인해 고통 받고 있다.
발효	fermentation	몡	김치, 된장, 고추장 등은 한국의 발효 식품이다.
수단	way/means	몡	지하철은 빠르고 편리한 교통수단이다.
저서	books/works	몡	유명한 사람들이 쓴 저서를 읽으면 인생에 많은 도움이 된다.
지구촌	global village	몡	지구촌은 지구가 한 마을과 같다는 뜻이다.
확보	securing	몡	많은 일자리 확보를 위해 노력하고 있다.
가공하다	process	동	직접 짠 우유를 가공해서 치즈를 만들어서 팔았다.
반박하다	refute	동	반박할 수 없는 완벽한 논리로 주장을 펼쳤다.
보도하다	report	동	이번 화재 사건을 신문과 텔레비전에서 보도하였다.
증명하다	prove	동	그 사람의 무죄를 증명할 수 있는 증거 자료가 필요하다.
해석하다	interpret	동	역사는 어떻게 해석하느냐에 따라 달라진다.
바람직하다	desirable	형	아이가 잘못을 했을 때는 따끔하게 야단을 치는 것이 바람직하다.
풍부하다	abundant	형	경제적으로 풍부한 그는 모든 것을 가지고 있다.

🥤 오늘의 문법

N을/를 위해서	어떤 대상을 돕거나 어떤 목표를 이루려고 함을 나타낸다. This expresses that the subject intends to help a certain target or to achieve a goal. 예 아버지는 가족을 위해서 밤낮없이 일하신다.
V-(으)ㄹ 만큼	앞의 내용과 비슷하거나 그에 준하는 정도를 나타낸다. This expresses that something is similar to the contents mentioned before. 예 나는 암에 걸려서 죽을 만큼 아팠다.
N에서 비롯되다	어떤 대상으로부터 시작되거나 그것이 계기가 되었음을 나타낸다. This expresses that something was originated from a certain subject or it became a motivation. 예 잘못된 행동은 가정에서 비롯되는 경우가 많다.
N(이)야말로	어떤 대상을 강조하여 말함을 나타낸다. This expresses that the speaker is emphasizing a certain subject. 예 김치야말로 최고의 건강식품이다.

49-50

📖 유형분석

강연을 듣고 푸는 문제입니다. **전문적인 주제에 대한 지식**을 전달하면서 자신의 견해를 말합니다. 과학, 정치, 사회, 전통 등과 같은 주제가 많이 나오므로 그와 관련된 어휘들을 알아 두는 것이 좋습니다.

You will be asked to listen to a lecture and so solve the questions. The lecturer will convey knowledge of a specialized topic and express his/her opinion. The topic of lectures is usually science, politics, social issues, tradition, etc., so you should know the vocabulary related to each field.

49 들은 내용과 일치하는 것 고르기

전체적인 내용을 분석해야 합니다. **글의 중심 생각을 파악한 후 들은 내용과 다른 것을 먼저 찾아내는 것이 필요**합니다. 내용에 언급하지 않은 것과 내용과 반대되는 것들을 오답으로 많이 제시합니다. 듣기 내용의 순서에 따라 선택지가 나오는 것이 아니기 때문에 선택지의 내용을 미리 파악하는 것이 필요합니다.

You need to analyze the overall content. It is required to comprehend the main idea of the listening passage and find which answer choice is different from it. The incorrect answers are usually what weren't mentioned or are contrary to the listening passage. The answer choices are not provided in the exact same order as that in the listening passage, so you need to comprehend their contents in advance.

50 여자(남자)의 태도로 알맞은 것 고르기

강연자의 태도를 찾는 문제입니다. 앞 문제들에서 제시된 태도를 나타내는 표현들과 함께 아래의 표현들도 알아 두셔야 합니다.

※ 태도를 나타내는 중요 표현: 결론을 끌어내다, 규명하다, 동의를 구하다, 반박하다, 반성하다, 예측하다, 정당화하다, 판단을 요구하다

You will be asked to find the lecturer's attitude. You should know the expressions which indicate the attitude presented in the front questions, as well as the following expressions.

49-50

🔍 문제분석

기출문제

※ [49~50] 다음은 강연입니다. 잘 듣고 물음에 답하십시오. **각 2점**

🎵 track 58

> 여자: 마키아벨리의 정치 사상을 해석하는 관점은 두 갈래로 나뉩니다. 먼저 군주는 목적을 위해서라면 수단과 방법을 가릴 필요가 없다는 기존의 해석인데요. 군주에게 도덕심은 필요 없으며 이익과 권력을 지키려면 잔인한 방법도 써야 한다는 것이 그의 사상의 핵심입니다. 다른 하나는 최근 나타나고 있는 새로운 해석인데요. 마키아벨리가 강력한 군주를 요구한 건 맞지만 그것은 비상상황에 필요한 존재일 뿐이고 권력의 바탕은 언제나 국민이었다는 겁니다. 지금까지 마키아벨리는 냉혹한 정치 기술자로 인식되었는데 새로운 시각에서는 국민과 함께 잘 살기 위한 군주상을 제시했다고 본 겁니다. 진짜 마키아벨리의 생각은 무엇이었을까요? 여러분도 직접 그의 저서를 읽고 판단해 보시죠. 정치 철학을 고민해 볼 좋은 기회가 될 겁니다.

49 들은 내용과 일치하는 것을 고르십시오.

① 마키아벨리는 국민을 권력의 바탕으로 보았다.
② 마키아벨리는 바람직한 국민의 모습을 제시했다. X
③ 마키아벨리는 군주의 도덕성을 중요하게 생각했다. X
④ 마키아벨리는 어떤 경우든 수단을 정당하다고 보았다. X

※ 들은 내용과 관계없는 것은 'X'
  ② 국민과 함께 잘 살기 위한 군주상 제시
  ③ 도덕성은 필요 없음
  ④ 강력한 군주상은 비상상황에만 필요

50 여자의 태도로 가장 알맞은 것을 고르십시오.

① 각각의 견해를 비판하며 우려를 나타내고 있다.
② 다양한 사례를 분석하여 결론을 끌어내고 있다.
③ 새로운 평가를 반박하며 청중의 동의를 구하고 있다.
④ 새로운 해석을 소개하며 청중의 판단을 요구하고 있다.

〈TOPIK 36회 듣기 [49~50]〉

- 마키아벨리 Machiavelli
- 정치 사상 political ideas
- 갈래 part/section
- 군주 monarch
- 가리다 cover
- 도덕심 sense of morality
- 권력 power
- 잔인하다 cruel
- 핵심 core/point
- 강력하다 strong/powerful
- 비상상황 emergency situation
- 냉혹하다 cold
- 군주상 image of a monarch
- 철학 philosophy
- 정당하다 proper/lawful
- 결론을 끌어내다 draw out a conclusion
- 청중 audience

49

여자는 마키아벨리에 대해 두 가지 해석을 소개하고 있습니다. 중간 부분에서 최근 나타난 해석인 '권력의 바탕은 언제나 국민'이라는 것을 소개하고 있습니다. 따라서 정답은 ①입니다.

The woman is introducing two different interpretations on Machiavelli. It is introducing '권력의 바탕은 언제나 국민' which appeared in the middle part. Therefore, the correct answer is ①.

50

여자는 기존의 해석과 최근 나타나고 있는 해석을 소개하고 있습니다. 그리고 청중들에게 그의 저서를 직접 읽고 마키아벨리의 생각이 무엇인지 판단해 보라고 요구하고 있습니다. 따라서 정답은 ④입니다.

The woman is introducing the original interpretation and new interpretation which were presented recently. Moreover, she asks the audience to read his works and to determine what Machiavelli's thoughts are. Therefore, the correct answer is ④.

※[49~50] 다음은 강연입니다. 잘 듣고 물음에 답하십시오. 각 2점

🎵 track 59

여자: 요즘 세계 언론에서는 얼마 지나지 않아 식량 위기로 인해 국제시장이 보이지 않는 전쟁을 할 거라고 보도하고 있습니다. 사실 국제적으로 생산되는 곡물은 지구촌의 모든 사람들이 먹을 수 있을 만큼의 양이 된다고 합니다. 하지만 선진국들이 육류 생산 증가와 바이오 연료 생산을 위한 곡물 확보, 그리고 지구온난화에 따른 기상이변으로 식량 공급에 대한 불안감이 곡물 가격 상승을 부추기고 있습니다. 여기서 곡물 가격 상승을 주도하는 식량 생산국들이 주로 선진국이라는 데 관심을 가져야 합니다. 선진국들은 자국의 이익과 직결되는 식량문제에 대해서는 적극적인 태도를 취하고 있지 않습니다. 그저 기아 문제를 겪고 있는 나라들에 대해 사회정치적 상황에서 비롯된 구조적 문제로 치부하고 있습니다. 선진국들은 식량 부족 문제를 국가적 이익의 관점에서 다룰 게 아니라 좀 더 범국가적이고 도의적인 관점에서 다시 한 번 바라봐야 할 것입니다.

49 들은 내용과 일치하는 것을 고르십시오.
① 이미 식량으로 인한 국가 간의 전쟁이 시작되었다.
② 사회정치적인 문제로 인하여 식량 문제가 발생하고 있다.
③ 세계적으로 생산되는 곡물은 세계 인구가 먹기에 부족하다.
④ 식량을 생산하는 나라들은 주로 경제적으로 부유한 나라들이다.

50 여자의 태도로 가장 알맞은 것을 고르십시오.
① 식량 부족 현상을 비난하며 원인 규명을 촉구하고 있다.
② 식량 부족의 원인을 분석하며 태도의 변화를 요구하고 있다.
③ 식량 부족 현상을 소개하며 앞으로의 상황을 예측하고 있다.
④ 식량 부족 해결 사례를 설명하며 새로운 대책을 제안하고 있다.

- 식량 위기 food crisis
- 곡물 grain
- 육류 meat
- 바이오 연료 bio-fuel
- 기상이변 unusual weather
- 상승 rise/increase
- 부추기다 stir up/provoke
- 주도하다 take lead
- 자국 mark/stain
- 직결되다 be directly connected
- 태도를 취하다 take a certain attitude
- 구조적 structural
- 치부하다 keep in mind/bear in mind
- 범국가적 pan-national/nationwide
- 도의적 moral
- 바라보다 look at
- 부유하다 rich
- 비난하다 blame
- 규명 clarification
- 촉구하다 press/urge
- 예측하다 anticipate

49
여자는 곡물 가격 상승을 주도하는 식량 생산국들은 선진국들이라고 설명하고 있습니다. 선진국은 경제적으로 부유한 나라를 말합니다. 따라서 정답은 ④입니다.

The woman is explaining that those who lead the increase of grain price are developed countries. Developed countries mean countries of economic wealth. Therefore, the correct answer is ④.

50
여자는 식량 부족의 원인과 그 일을 주도하고 있는 선진국들의 태도를 비판하고 있으며 이에 대한 태도의 변화를 요구하고 있습니다. 따라서 정답은 ②입니다.

The woman is explaining the cause of lack of food, blaming the attitude of developed countries who lead such incident, and asking them to change their attitude for it. Therefore, the correct answer is ②.

연습문제

※ [49~50] 다음은 강연입니다. 잘 듣고 물음에 답하십시오. 각 2점 🎵 track 60

49 들은 내용과 일치하는 것을 고르십시오.

① 김치는 암세포의 성장을 억제시킨다.
② 세계 5대 건강 음식은 모두 발효 음식이다.
③ 항아리에 보관한 김치는 빨리 숙성이 된다.
④ 김치는 인공적으로 발효시켜 먹는 음식이다.

50 여자의 태도로 가장 알맞은 것을 고르십시오.

① 김치의 요리 비법을 자료를 통해 분석하고 있다.
② 김치가 한국의 대표 음식인 이유를 밝히고 있다.
③ 김치의 효능과 성분을 과학적으로 증명하고 있다.
④ 다양한 김치 보관 방법을 비교하여 평가하고 있다.

비타민 vitamin | 유산균 lactobacillus | 섬유질 fiber | 혈당 blood sugar | 조절하다 control/adjust | 소화 흡수 digestive absorption | 촉진하다 facilitate/accelerate | 항암효과 anti-cancer effect | 절이다 pickle/salt down | 액젓 Aekjeot (Korean fish sauce) | 땅에 묻다 bury something under the ground | 맛을 더하다 add flavor | 항아리 pot | 겨우내 all over the winter | 숙성시키다 ripen/ferment | 암세포 cancer cell | 손색이 없다 sufficient/not inferior | 억제시키다 suppress | 비법 secret method | 효능 effect | 성분 component/ingredient | 과학적 scientific

〈 듣기 연습문제 정답 및 해설 〉

1 ①

여자: 제가 어제 표 두 장을 예매했는데요. 지금 한 장만 취소할 수 있을까요?
남자: 네, 취소하실 수 있습니다. 표 좀 보여 주시고 성함도 말씀해 주십시오.
여자: 제 이름은 김수미고요. 표는 여기 있습니다.

선택지의 그림은 ④를 제외하고 모두 영화관에서의 대화입니다. 그리고 여자의 '표, 예매하다, 취소하다'의 표현을 통해 여자가 영화표를 취소하고 싶어 하는 손님이고 남자는 영화관 직원임을 알 수 있습니다. 또한 남자의 '표 좀 보여 주십시오'라는 말을 통해 두 사람은 같은 장소에 있다는 것을 알 수 있습니다.

The images of the answer choices, expect answer choice ④, all show dialogs in a movie theater. Moreover, through the woman's expressions such as '표, 예매하다, 취소하다', it can be guessed that the woman is a customer who wants to cancel the movie ticket and the man is an employee of the movie theater. Also, through the man's words '표 좀 보여주십시오', it can be guessed that both people are at the same place.

2 ③

여자: 여기요, 제가 음식을 다 못 먹었는데요. 남은 음식을 가져갈 수 있을까요?
남자: 그럼요. 지금 바로 포장해 드릴까요?
여자: 아니요. 10분 후에 갈 거니까 조금 뒤에 싸 주세요.

선택지는 모두 식당 안에서의 그림이지만 ①은 계산하는 상황, ②는 음식을 주문하는 상황, ③은 남은 음식을 보면서 이야기하는 상황, ④는 포장된 음식을 받는 상황을 나타냅니다. 대화에서 여자의 '남은 음식을 가져갈 수 있을까요?', 남자의 '포장해 드릴까요?'라는 말을 통해 남은 음식을 싸 가도 되는지 묻는 손님(여자)과 직원(남자)의 대화임을 알 수 있습니다.

All the images of the answer choices show dialogs in a restaurant, but the image ① shows the woman paying for her meal, the image ② shows the woman ordering her meal, the image ③ shows the woman talking about her meal left on her plate, and image ④ shows the woman receiving her wrapped meal. Through the woman's words '남은 음식을 가져갈 수 있을까요?' and the man's words '포장해 드릴까요?' in this dialogue, it can be guessed that this dialogue shows the customer (woman) asking the employee (man) if she can wrap up the leftovers.

3 ②

남자: 20, 30대 직장인을 대상으로 여가 생활로 무엇을 하는지에 대해 조사한 결과 문화생활을 즐기는 직장인이 가장 많은 것으로 나타났습니다. 이어서 가벼운 운동을 하거나 텔레비전 시청이 뒤를 이었습니다. 여가 시간은 나이가 어릴수록 더 많은 시간을 보내는 것으로 나타났습니다.

20, 30대 직장인들은 여가 생활로 문화생활, 가벼운 운동, 텔레비전 시청 순으로 많이 한다고 했습니다.

It is mentioned that workers in their twenties and thirties do their leisure activities such as culture activities, simple exercise, and watching television in the order of being commonly done.

4 ③

여자: 무엇을 도와 드릴까요? 고객님.
남자: 친구가 보낸 택배를 아직 못 받아서요. 일주일 전에 보냈다고 하던데요.
여자: _____

받아야 할 택배가 도착하지 않아 고객(남자)이 택배회사 직원(여자)에게 문의하는 상황입니다. 따라서 택배의 행방을 추적하기 위해 필요한 정보인 택배를 보낸 사람의 이름과 연락처를 알려달라는 말이 이어질 것입니다.

The customer (man) is making an inquiry to the employee of the delivery company (woman) as the parcel has not arrived. Accordingly, the woman would ask the man the name and contact information of the sender of the delivery parcel in order to track the routing of delivery parcel.

5 ③

여자: 저…, 환전을 하고 싶은데, 환전 수수료를 싸게 할 수 있는 방법이 있나요?
남자: 네, 먼저 인터넷 뱅킹으로 예약하시고 은행에 직접 방문해서 돈을 받아가는 게 가장 쌉니다.
여자: _____

환전 수수료를 싸게 하고 싶은 손님(여자)과 은행원(남자)과의 대화입니다. 남자가 인터넷 뱅킹으로 예약을 하고 은행에서 돈을 직접 받는 방법이 가장 싸다고 했으므로 여자는 먼저 인터넷으로 신청을 할 것입니다.

It is a dialogue between a customer (woman) who wants to reduce her exchange charge and a bank teller (man). The man says that the cheapest way to exchange money is to make a reservation by internet banking and to receive the money directly from the bank, so the woman would likely apply online.

6 ①

여자: 민수야, 너 지금 어디야? 생각보다 길이 안 막혀서 일찍 도착했어.
남자: 그래? 지금 난 가는 길인데… 먼저 식당에 들어가 있을래?
여자: _____

여자가 약속 장소에 먼저 도착하여 남자에게 전화를 하고 있는 상황입니다. 남자는 여자에게 먼저 식당에 들어가라고 했으므로 여자는 식당에 들어가서 기다리거나 음식을 미리 주문해 놓을 가능성이 높습니다.

The woman has arrived at the appointment place and is making a phone call to the man. The man tells the woman to go into the restaurant first, so the woman would likely go into the restaurant and either wait or order foods in advance.

7 ②

여자: 요즘 캠핑이 유행인 것 같아요. 제 친구도 자주 캠핑장에 가는데 자연을 마음껏 즐길 수 있어서 좋대요.
남자: 저도 한번 가 보고 싶은데, 준비할 게 많아서 망설여지네요.
여자: _____

요즘 유행하고 있는 캠핑에 대해 이야기하고 있습니다. 남자는 캠핑을 하고 싶지만 준비할 게 많아서 망설이고 있다고 하면서 고민하고 있습니다. 그래서 여자는 남자에게 도움의 말이나 조언을 해 주는 것이 적절합니다. 조언을 할 때 많이 사용하는 '-는 게 어때요?', '-아/어 보세요' 등과 같은 표현이 올 것입니다.

They are talking about camping, a recent trend. The man wants to go camping but is hesitating because there are so many things to prepare. Therefore, it is appropriate for the woman to give a word of help or advice to the man. Expressions often used to give advice such as '-는 게 어때요?', '-아/어 보세요' would likely follow.

8 ④

여자: 요즘 인터넷 반찬 가게가 인기래요. 주문도 간편하고 종류도 다양해서 저도 한번 주문해 보려고요.
남자: 그런데 전 집에서 만든 음식보다 별로일 것 같아요.
여자: _____

여자는 주문 반찬의 장점에 대해 이야기하고 남자는 그것에 대해 반대하고 있습니다. 따라서 여자는 자신의 생각을 계속 주장하기 위해 다른 장점을 더 말하거나 남자의 말을 듣고 생각이 바뀌어 동조하는 말이 이어질 수도 있습니다.

The woman is talking about the merits of Banchan (Korean side dish) ordered online and the man disagrees to it. Therefore, the woman would either say its merits more to keep arguing her thoughts or change her mind after listening to the man's words and agree with him.

9 ②

여자: 외국인 말하기 대회 안내를 보고 전화했는데요, 참가비가 얼마예요?
남자: 참가비는 없고요. 오늘까지 신청서를 제출하시면 됩니다.
여자: 오늘까지요? 제가 지금 일이 있어서 직접 갈 수 없는데 어떻게 하죠?
남자: 인터넷으로도 접수할 수 있습니다. 접수하시고 다시 전화 주시겠어요?

여자는 외국인 말하기 대회에 참가 신청하고 싶은 사람이고 남자는 신청을 받는 직원입니다. 접수를 해야 하는 여자가 직접 갈 수 없다고 하자 남자는 인터넷으로도 접수할 수 있다는 사실을 알려 줍니다. 따라서 여자는 홈페이지에서 참가 신청을 할 것입니다.

The woman wants to apply for the foreigner speech contest and the man is the recipient. The woman says that she can't submit an application form in person, and the man says to her that she can apply online. Therefore, the woman would likely apply at the website.

10 ②

남자: 이번 한국사 수업 발표 준비는 다 했어?
여자: 아니, 아직 시작도 못 했어. 한국 명절에 대해서 할 건데 뭐부터 해야 할지 모르겠어.
남자: 그것과 관련된 책을 많이 찾아보고 자료부터 모아야지. 자료 정리는 내가 도와줄게.
여자: 그래? 고마워. 그럼 자료 찾는 대로 연락할 테니까 그때 좀 도와줘.

여자가 발표 준비를 못해서 걱정하자 남자가 자료부터 모으라는 조언을 해 주었습니다. 그러므로 여자는 이 말을 듣고 발표 주제에 대한 자료 수집을 할 것입니다.

The woman is worried because she has not prepared for presentation, so the man advises her to gather reference materials first. Therefore, after listening to theman, the woman would likely gather reference materials related to the presentation topic.

11 ③

여자: 인터넷에서 본 이 커튼을 주문하고 싶은데요.
남자: 이거 말씀하시는 거죠? 저희는 모두 주문 제작이기 때문에 창문 길이를 정확히 알려 주셔야 하는데요.
여자: 아, 그래요? 그럼 집에 가서 재 보고 연락드릴게요. 그런데 보통 얼마나 걸려요?
남자: 보통 일주일 정도 걸리는데 요즘은 주문이 많아서 좀 더 걸릴 수 있습니다.

여자가 커튼 가게에 가서 종업원(남자)에게 커튼을 주문하는 상황입니다. 남자는 커튼을 주문하기 위해서는 창문의 길이를 정확히 알아야 한다고 말합니다. 그러자 여자는 집에 가서 재 보고 연락드리겠다고 합니다. 그러므로 이후 여자는 집에 가서 창문 사이즈를 잴 것입니다.

The woman is ordering a new curtain to the employee (an) at a curtain shop. The man says that he needs to know the exact length of the window to order the curtain. Then, the woman says that she will measure the window when she goes back home and contact him again. Therefore, the woman will go home and measure the size of window.

12 ②

남자: 미영아, 금요일에 가는 여행 일정 좀 짜야할 것 같은데.
여자: 어, 그렇지 않아도 내가 전화하려던 참이었어. 갑자기 회사에 급한 일이 생겨서 난 못 갈 것 같아. 너하고 영수라도 재미있게 놀다 와.
남자: 우리끼리만 가면 무슨 재미야. 이번 여행은 미루는 게 어때? 표는 취소하면 되고.
여자: 그러면 나야 좋지만 너무 미안해서. 그럼 여행사에는 내가 전화할게.

두 사람은 친구 사이로 여행을 가기로 했지만 여자가 사정이 생겨서 여행을 취소해야 하는 상황입니다. 남자는 여자와 같이 여행을 가기 위해 표를 취소하자고 했고, 여자가 여행사에 전화를 하겠다고 했습니다. 그러므로 여자는 여행사에 전화하여 표를 취소할 것입니다.

The two people are friends, and were supposed to go on a trip together, but the trip has to be canceled because of some situation of the woman. The man suggests to cancel the tickets in order to travel together next time, so the woman says that she will call the travel agency. Therefore, the woman will call the travel agency and cancel the tickets.

13 ④

여자: 민수야, 미안하지만 부산 교통카드 있어? 있으면 그거 좀 빌려 줘.

남자: 너도 교통카드 가지고 있잖아.

여자: 응. 있긴 한데, 지역마다 다른 교통카드를 사용해야 한다고 들어서 말이야.

남자: 요즘은 교통카드 하나로 전국의 버스나 지하철을 탈 수 있어. 이미 서울하고 부산은 같은 교통카드로 이용하고 있대.

교통카드 사용에 대해 대화하고 있습니다. 여자는 지역마다 사용하는 카드가 다르다고 알고 있어서 남자에게 교통카드를 빌려 달라고 부탁합니다. 그러나 남자는 이미 서울과 부산은 같은 교통카드를 사용할 수 있다는 사실을 여자에게 알려 줍니다.

They are talking about using the traffic card. The woman believes that traffic cards differ by region, so she asks the man to lend his traffic card. However, the man tells the woman that the same traffic card can be used in both Seoul and Busan.

14 ④

여자: 잠시 안내 방송이 있겠습니다. 이번 주 토요일 저녁 9시부터 '여의도 등 축제'가 있는 관계로 지하철 운행 시간을 새벽 2시까지 연장합니다. 1호선과 2호선만 운행 시간이 연장됩니다. 따라서 다른 노선을 이용하시는 승객 분들께서는 운행 시간을 확인하고 이용해 주시기 바랍니다.

등 축제 때문에 지하철 운행 시간을 연장한다는 안내 방송입니다. 지하철 1호선과 2호선만 운행 시간이 연장된다고 했습니다.

It is a broadcasting announcement to announce that the subway operation hours will extend due to the lantern festival. It is mentioned only the subway operation hours of subway line 1 and 2 will extend.

15 ①

남자: 최근 들어 아파트 공사 현장에서의 사건 사고가 끊이지 않고 있습니다. 지난 20일, 서울의 한 아파트 공사 현장에서 안전모를 쓰지 않은 50대 남성이 15층에서 떨어지는 벽돌에 맞아 크게 다치는 사고가 있었습니다. 올해 들어 아파트 공사 현장에서 100건이 넘는 사고가 있었는데요. 모두 안전에 주의하지 못해서 발생한 사고였습니다. 현장 안전 수칙을 잘 지켰다면 이런 큰 사고는 많이 줄어들었을 것입니다.

공사 현장에서의 사고에 대한 기사입니다. 기자(남자)는 현장 안전 수칙을 잘 지켰다면 사고가 많이 줄었을 것이라고 했습니다.

It is a news article of an accident which occurred at a construction site. The reporter (man) says that if the workers had followed the on-site safely rules well, the number of accidents would have decreased.

16 ④

여자: 저는 지금 섬진강 기차마을에 나와 있습니다. 관계자 분을 만나 말씀 들어보겠습니다.

남자: 이곳은 1989년까지 운행했던 증기기관차의 모습을 그대로 복원하여 섬진강 기차마을에서 가정역까지 10km를 운행하고 있습니다. 우리 기차마을은 맑고 깨끗한 섬진강이 흐르고 예전 철로 그대로 기차가 달리며, 승마, 하이킹 등 다양한 체험을 할 수 있습니다. 섬진강을 따라 이어진 도로 옆의 꽃들이 만들어 내는 풍경은 산책로로 관광객들의 많은 사랑을 받고 있습니다.

섬진강 기차마을의 관계자(남자)를 인터뷰하는 내용입니다. 열차의 이용객은 관광객들이며, 예전에 사용했던 철로를 그대로 활용하고 있습니다. 그러나 기차는 예전의 것을 그대로 사용하지 않고, 그 모습을 복원하여 새로 만든 열차입니다.

It is an interview with the official (man) of the train village at the Seomjingang River area. The passengers of train are usually tourists, and its railroad is the original railroad having been used in the past. However, the train is not the original one, but a train newly built with restoration of its appearance.

17 ③

남자: 정수 씨가 요즘 자격증 따는 데에 푹 빠졌대요.

여자: 저도 들었어요. 근데 직장도 있는 사람이 취미 생활로 자격증을 딴다는 게 좀 이해가 안 돼요. 하나도 아니고 여러 개를요. 회사 다니면서 따는 게 쉬운 일은 아닐 텐데.

남자: 미래를 위한 일이죠. 언제까지 이 회사에서 일할 수 있는 것도 아니고, 나중을 위해서 준비해 두는 것도 나쁘지 않은 것 같아요. 혹시 회사를 그만두게 되더라도 다른 일을 쉽게 시작할 수도 있고요.

취미 생활로 자격증을 따는 것에 대해 이야기하는 내용입니다. 남자가 자격증을 따는 것을 매우 긍정적으로 여기며, 자격증은 나중을 위해서 준비가 된다고 말하고 있습니다.	They are talking about studying and obtaining a variety of licenses as a hobby. The man thinks getting licenses very good, and it is good for his future.

18 ③

남자: 그럼 내일 수업 시간에 만나도록 하겠습니다. 질문 있으신가요?

여자: 제가 하는 일이 늦게 끝나서 매일 수업에 참석하는 게 어려울 것 같아요. 혹시 제가 수업을 못 따라가는 건 아닐까요?

남자: 전혀요. 시간 되실 때만 오셔도 됩니다. 요리 수업이라는 게 그날 배운 수업 내용이 다음날로 이어지진 않거든요. 그래서 수업을 못 들으셨다고 해도 크게 영향을 받는 건 아니에요. 무리하지 마시고 시간이 되실 때 오세요.

요리 강사(남자)와 수강생(여자)의 대화입니다. 여자가 지금 하는 일 때문에 수업에 매일 참석하는 것이 어렵다고 하자 강사는 매일 참석하지 않아도 괜찮다고 대답합니다. 그리고 강사의 마지막 말에서 요리 수업은 다음날 내용과 이어지지 않아 결석을 해도 크게 영향을 미치지 않는다고 했습니다.	It is a dialogue between a cooking instructor (man) and a student (woman). The woman says that she cannot come to class every day due to her work, and the instructor says that she doesn't need to attend every day. Moreover, he says in the last part that each cooking class stands alone and classes are not in series, so being absent gives no big effect.

19 ④

남자: 요즘 드라마나 예능 프로그램에 간접 광고가 많이 나오는 것 같아요.

여자: 그러네요. 그런데 프로그램 내용에 방해가 되지 않을까요?

남자: 프로그램에서 상품이 너무 튀지 않고 자연스럽게 등장하니까 부담스럽지 않던데요. 오히려 상품을 억지로 가려서 보는 사람을 답답하게 하는 것보다 나은 것 같아요.

여자: 하지만 일반 광고와 다르게 보고 싶지 않아도 계속 상품을 볼 수밖에 없잖아요.

방송 간접 광고에 대한 내용입니다. 남자는 여자와 달리 간접 광고가 튀지 않고, 자연스럽게 등장해서 부담스럽지 않다고 생각합니다.	It is about indirect advertisement in broadcasting program. The man, unlike the woman, is not bothered by indirect ads because they don't stand out that much and appear in the program naturally.

20 ②

여자: 작가님께서는 버려진 우유팩이나 유리병 같은 폐품을 이용해서 작품을 만드시는 걸로 알려져 있는데요. 재활용품을 사용하시는 특별한 이유가 있나요?

남자: 제가 처음부터 재활용품을 사용해서 작품을 만든 것은 아니었습니다. 작품을 표현하는 데 재료가 가지고 있는 특성이 매우 중요하거든요. 재활용품을 버린 사람들에게는 더 이상 필요 없는 쓰레기에 불과하지만, 그것을 미술 도구로 생각하면 매우 흥미로운 재료가 됩니다. 어디에서 왔는지 어떤 사람들로부터 버려졌는지 재료마다 각각의 이야기가 있지요. 그런 것들이 모여서 또 다른 이야기를 만들어 낸다는 것이 매우 흥미로웠습니다.

작가는 폐품을 사용해서 예술작품을 만듭니다. 작가는 이야기가 있는 폐품은 작품을 만드는 데 흥미로운 재료가 된다고 말했습니다.	The artist creates artworks by using junk. He says that junk having its story becomes an interesting material to make artworks.

[21~22]

여자 : 이사를 가야하는데 좋은 집 없을까?

남자 : 회사 근처에 오피스텔을 임대해서 사는 사람들이 꽤 있어. 회사도 가깝고 편리하대. 풀옵션 임대라서 이거 저거 살 필요가 없더라고.

여자 : 풀옵션 임대? 생활에 필요한 물건들이 구비되어 있다는 얘기지? 그럼, 임대료가 많이 비싸겠네.

남자 : 응. 에어컨, 냉장고, 세탁기 등 가전제품은 물론이고 생활에 필요한 물건들이 모두 있어. 임대료는 조금 비싼 편이지만 편리하고 쓸데없이 물건을 살 필요가 없다는 장점이 있어. 요즘 인기가 많대.

21 ④ 남자는 편리하고 쓸데없이 물건을 살 필요가 없는 풀옵션의 장점에 대해서 설명하고 있습니다.

The man is explaining the advantages of fully-furnished residence which is convenient and does not require buying things unnecessarily.

22 ④ 여자는 풀옵션 임대가 생활에 필요한 물건이 구비되어 있다고 했으므로 모든 물품을 구입하지 않아도 됩니다.

The woman says that fully-furnished residence is equipped with the living necessities, so there is no need to buy all of the items.

[23~24]

(전화 상황)

남자: 서울은행이죠? 인터넷으로 '2014 우수 고객 초청 세미나'에 신청하려고 하는데 어떻게 하면 되나요?

여자: 저희 은행 홈페이지에 들어가셔서 신청하시면 되는데요. 당첨이 되면 문자를 보내 드려요. 당일에 오셔서 문자를 보여 주시고 세미나에 참석하시면 됩니다.

남자: 이번 세미나는 어떻게 진행이 되나요?

여자: 네, 고객님. 이 세미나는 평소 세금 문제에 관심이 많은 고객들을 위한 것인데요. 피아노 콘서트로 강의가 시작됩니다.

23 ③ 남자가 여자에게 인터넷으로 세미나를 신청하는 방법에 대해 문의를 하고 있습니다. 그 질문에 여자는 은행 홈페이지에 들어가서 신청하면 된다고 신청 방법에 대해 설명하고 있습니다.

The man is asking the woman how to apply for the seminar online. To that question, the woman is explaining the application method which is to access the bank website and apply for it.

24 ④ 여자는 은행 홈페이지에 들어가서 신청을 하고 당첨이 되면 문자를 보낸다고 했습니다. 그리고 당일에 그 문자를 보여 주고 세미나에 참석하면 된다고 했기 때문에 문자를 받은 고객만 참석할 수 있다는 의미입니다.

The woman says that he should go to the bank web site and apply for it, and if he is selected, she would send him a message. After that, he should show the message at the seminar venue on that day and attend the seminar, so this means only the customer who received the message can attend.

[25~26]

여자: 밤길이 무서운 여성분들을 위한 차별화된 안심 귀가 서비스를 직접 제안하셨다고 들었습니다. 이 서비스에 대해서 자세히 설명해 주시겠습니까?

남자: 알고 계신 것처럼 심야시간에 귀가하는 여성들의 안전에 많은 문제가 있습니다. 물론 일부 지역에서 비슷한 서비스가 시행 중이지만 인력 부족으로 실질적인 효과를 거두지 못하고 있습니다. 하지만 저희 온주시는 경찰과 민간단체가 의기투합해 인력을 늘려 조직적으로 활동하였고 좋은 호응을 얻고 있습니다. 다른 시에서도 이러한 방법이 확대되어 여성들이 더욱 안심하고 밤길을 다닐 수 있기를 바랍니다.

25 ④

남자는 온주시에서 심야시간에 귀가하는 여성들의 안전에 문제가 있다고 생각합니다. 온주시에서 시행 중인 차별화된 안심 귀가 서비스가 확대되기를 바라고 있습니다.

The man thinks that there is a problem with safety of the women returning home late at night in Onju-si. He hopes that the differentiated Safe Return to Home service being implemented in Onju-si would be extended.

26 ③

온주시에서 시행중인 안심귀가 서비스는 다른 지역과 차별화된 서비스로 경찰과 민간단체가 의기투합하여 조직적으로 활동하고 있습니다.

The Safe Return to Home service being implemented in Onju-si is a differentiated service from other regions and is systematically conducted by the police and private organizations which had mutual understanding.

[27~28]

여자: 어제 뉴스 봤어? 고등학생들에게 봉사활동 하라고 했더니 헌혈로 대신했다던데.
남자: 응. 나도 봤는데 정말 안타깝더라. 학생들에게 봉사활동 참여를 유도하기 위해 만들어진 제도인데 말이야.
여자: 처음의 취지와 너무 다른 방향으로 간 것 같아. 뉴스에 나온 학생도 봉사를 위한 헌혈이 아니라 봉사활동 점수를 받기 위해서 했더라고.
남자: 근데 대학 입시 점수와 연결이 되다 보니 이해가 되기는 해.
여자: 그래도 봉사활동인데 학생들이 편법을 먼저 배우는 것 같아서 좀 그래. 실질적으로 봉사할 수 있도록 제도 자체를 다시 검토했으면 좋겠어.

27 ④

여자는 남자에게 실질적인 봉사활동의 제도 개선이 필요하다고 강조하면서 제도 자체를 다시 검토해야 한다는 의견을 말하고 있습니다.

The woman is emphasizing that the volunteering system needs to be substantively improved and is telling the man her opinion that the system itself needs to be reviewed again.

28 ①

'어제 뉴스 봤어?, 뉴스에 나온 학생도~'라는 표현을 통해 뉴스에서 고등학생들이 봉사를 위한 헌혈이 아닌 봉사활동 점수를 위해 형식적인 활동을 한다는 기사 내용을 말하고 있습니다. 이것은 봉사활동 제도가 원래의 취지와 달라졌음을 말합니다.

The expressions '어제 뉴스 봤어?, 뉴스에 나온 학생도~' indicate that the news article is about students who are not donating blood as a voluntary activity, but as a perfunctory to gain volunteer activity points. This indicates that the volunteering activity system has become different from its original purpose.

[29~30]

여자: 최근 무분별한 문화 개방이 청소년들에게 많은 영향을 끼치고 있는데요. 문화 개방을 계속 유지하실 생각이십니까?
남자: 저도 문화 개방이 사회에 혼란을 야기한다면 당장이라도 개방을 중지할 것입니다. 그렇지만 문화의 개방이 청소년들에게 무조건 나쁘다고만 보는 견해에는 반대합니다. 오히려 다양한 문화 경험을 통해서 더 많은 것을 보고 배울 수 있으며 폭넓은 사고와 시각을 갖는 것 또한 성장에 도움이 되리라 생각됩니다. 요즘 같은 글로벌 시대에 이런저런 이유로 개방을 막고 자라나는 청소년들에게 우리의 것만 고집한다면 그들의 사고방식과 행동은 발전하지 못하고 정체될 것입니다. 따라서 무조건 반대하는 것보다는 우리나라의 정서에 맞는 문화를 선별해서 수용할 수 있도록 해야 합니다.

29 ④

대중문화의 유입과 관련한 개방 정책에 대해서 이야기하고 있습니다. 여자가 '문화 개방을 계속 유지하실 생각이십니까?'라는 질문을 하는데 이를 통해 남자가 문화 개방 정책을 결정할 수 있는 권한을 가진 사람이라는 것을 유추할 수 있습니다.

They are talking about the opening policy related to the inflow of foreign pop culture. The woman is asking the man '문화 개방을 계속 유지하실 생각이십니까?', so it can be guessed that the man has the authority to determine the cultural opening policy.

30 ③ 문화의 개방은 청소년들의 가치관에 혼란을 주는 등 부정적인 영향도 줄 수 있으나 다양한 경험을 통해 더 많은 것을 보고 배울 수 있는 기회를 줄 수 있다는 긍정적인 영향도 있습니다. 따라서 문화의 개방은 청소년들에게 부정적인 영향만 주는 게 아니라 긍정적인 영향도 줍니다.

Cultural opening may have a negative effect on teenagers such as confusing their value of life, but may have a positive effect on them that it provides an opportunity for them to see and learn more through various experiences. Therefore, cultural opening has not only a negative effect but also a positive effect on teenagers.

[31~32]

여자: 저희 지역에 쓰레기장을 설치한다는 게 말이 됩니까? 주거 지역에 쓰레기장을 설치한다면 교육 환경도 나빠지고 집값도 떨어질 게 뻔합니다.

남자: (부드러운 말투로) 쓰레기장을 설치하는 목적은 환경오염을 막고 환경을 개선시키는 것입니다. 여기저기 늘어나는 쓰레기로 인해 각종 환경 문제가 심각z지고 있습니다.

여자: 다른 지역의 환경 문제마저 우리 지역 사람들이 해결해야 한다는 말로 들립니다.

남자: 그렇지 않습니다. 이곳에 설치되는 쓰레기장은 기존과는 전혀 다른 시설로 세워질 것입니다. 여러분들이 걱정하고 계시는 악취나 공해에 대한 해결책은 완벽히 마련해 두었습니다. 또한 도서관이나 공원과 같은 지역 주민을 위한 편의 시설 확충과 세금 감면 혜택을 위한 예산을 확보한 상태입니다.

31 ③ 남자는 여자가 제시한 문제점에 대해서 부드러운 말투로 설득하고 있습니다. 여자는 교육 환경이 나빠지고 집값이 떨어질 거라고 걱정하고 있는데 이에 대해 남자는 오히려 쓰레기장을 설치하는 것이 환경 개선은 물론 편의 시설 확충과 세금 감면 혜택으로 주민들에게 더 많은 혜택이 될 것이라고 주장하고 있습니다.

The man is persuading the woman in a soft tone about the issues presented by the woman. The woman is concerned that the educational environment will worsen and the house price will fall, but the man is arguing that constructing a landfill could rather be a great benefit to the residents as it improves the environment and also comes with expansion of convenience facilities and tax exemption benefits.

32 ④ 남자는 여자의 반대 의견에 대해 부드럽고 조심스럽게 해결책을 제시하고 있습니다. 여자가 걱정하는 부분에 대해서 대안을 제시하면서 상대방을 설득시키고 있습니다.

The man is gently and carefully suggesting a solution to the matter to which she is opposed. He is persuading the other by suggesting an alternative to what the woman is concerned.

[33~34]

여자: 옛날에는 남자가 집안일을 하면 무능력한 사람으로 생각했었습니다. 그러나 요즘은 오히려 아내를 도와 집안일을 하는 남편이 갈수록 늘어나고 있습니다. 이러한 인식의 변화가 언제부터 시작되었을까요? 문화가 개방되고 사회가 변함에 따라 사람들의 생각이 바뀌는 것은 당연하다고 생각합니다. 전통적인 남편상은 가장으로서 반드시 직장에 다니면서 경제적, 정신적으로 가정을 이끌어야 했다면 요즘에는 능력만 있다면 아내도 직장 생활을 할 수 있는 사회가 되었지요. 이제는 옛날처럼 가부장적이고 강한 권위의식을 가진 가장의 모습은 점점 사라지고 남녀가 동등하게 의견을 나누고 서로 경쟁하는 모습을 흔히 볼 수 있게 되었습니다. 남녀노소 누구나 꿈꾸고 도전할 수 있는 반면에 그만큼 자신에게 주어진 책임 또한 커졌다고 할 수 있지요.

33 ④ '이러한 인식의 변화가 언제부터 시작되었을까요?'라는 여자의 질문을 통해 사람들의 생각이 많이 달라졌다는 것을 알 수 있습니다. 이어서 문화가 개방되고 사회가 발전함에 따라 남자와 여자의 지위와 역할에 대한 사람들의 생각이 많이 달라졌음을 이야기하고 있습니다.

Through the woman's question '이러한 인식의 변화가 언제부터 시작되었을까요?', it can be guessed that the people's thoughts have changed a lot. After that, the woman is saying that the people's thoughts about the status and role of men and women have changed with the opening of culture and the development of society.

34 ③ '전통적인 남편상은 반드시 직장에 다니면서 경제적, 정신적으로 가정을 이끌어야 했다'라고 했으므로 정답은 ③입니다.

She says that '전통적인 남편상은 반드시 직장에 다니면서 경제적, 정신적으로 가정을 이끌어야 했다', so the correct answer is ③.

[35~36]

남자: 오늘 청소년 프로그램 개발을 위한 세미나에 참석해 주신 여러분, 진심으로 감사드립니다. 꿈을 향해 나아가는 청소년은 우리의 힘이요, 미래입니다. 따라서 전문가들의 도움을 받아 우리 지역의 청소년들이 꿈을 찾고 자신의 능력을 찾아낼 수 있는 다양한 복지 프로그램을 개발하고 자 합니다. 물론 과거에 비해 모든 환경들이 좋아지긴 했으나 여전히 학교 폭력에 시달리고 불우한 가정환경으로 힘들어하는 청소년들이 있습니다. 따라서 우리는 모든 청소년들에게 혜택이 주어지도록 학교와 가정에서 체계적으로 관리하여 자신의 능력에 맞는 꿈을 키워 나갈 수 있도록 해야 합니다. 오늘 이 자리에 참석하신 여러분들도 청소년들을 위해 최선을 다해 주시리라 믿습니다.

35 ④ 청소년 프로그램 개발을 위한 세미나를 개최한 후에 이곳에 참석한 사람들에게 감사의 말씀을 전하면서 세미나를 개최한 목적에 대해서 이야기하고 있습니다. 남자는 세미나에 참석한 사람들에게 청소년의 능력을 찾아낼 수 있는 복지 프로그램을 개발할 수 있도록 부탁하고 있으므로 정답은 ④입니다.

After holding a seminar for development of programmes for teenagers, the man is speaking to the seminar's attendants. He is asking them to develop a welfare program that helps teenagers find their abilities, so the correct answer is ④.

36 ② 청소년 프로그램 개발을 위한 세미나에서 인사말을 하고 있고 전문가들의 도움을 받아 프로그램을 개발하려고 한다고 했습니다.

He is greeting the attendants at the seminar for development of programs for teenagers, and is saying that he is developing a program with help from experts.

[37~38]

여자: 요즘 화제가 되고 있는 '간헐적 단식'에 대해 전문가를 모시고 이야기를 나누어 보겠습니다. 먼저 '간헐적 단식'에 대해 소개 좀 해 주시겠습니까?

남자: '간헐적 단식'은 일주일에 한두 번 이상 16시간에서 24시간 정도의 공복 상태를 유지해 주는 것을 말합니다. 보통 단식을 시작한 지 18시간에서 24시간 이후부터 체내의 포도당이 모두 소진되고 지방이 에너지원으로 쓰이기 때문인데요. '간헐적 단식'과 다른 단식과의 가장 큰 차이점은 단식 시간 외에는 원하는 만큼 먹으면서도 체중을 감량할 수 있다는 점입니다. 게다가 '간헐적 단식'이 습관화되면 조금만 먹어도 포만감을 느껴서 소식하게 된다는 점이 다릅니다. 그러나 청소년이나 임산부 또는 특별한 질병이 있으신 분은 먼저 의사와 상담이 필요하겠지요.

37 ④ 간헐적 단식과 다른 단식과의 가장 큰 차이점은 단식 시간 외에는 원하는 만큼 먹으면서 다이어트를 할 수 있다는 것이라고 했으므로 다른 다이어트와 차별성이 있습니다.

The biggest difference between intermittent fasting and other fasting is that you can eat as much as you wish except the fasting time, so it is different from other diet methods.

38 ④ 간헐적 단식은 16시간에서 24시간 정도로 금식하는 방법을 말하므로 정답은 ④입니다.

Intermittent fasting is to fast for about 16 to 24 hours, so the correct answer is ④.

[39~40]

여자: 이렇게 많은 여성들이 주부 우울증을 겪고 있다니, 곧 출산을 앞둔 저로서는 남의 일 같지가 않아요. 그러면 휴직이나 퇴직, 임신, 출산 등이 주부 우울증의 주요 원인이 되는 건가요?

남자: 물론 이런 환경적 요인들이 원인이 되기도 하지만 주부들이 가장 어려워하는 것은 아이들 양육입니다. 아이들 중에는 순하고 편한 아이도 있지만 때로는 잠을 잘 자지 않거나 밤낮없이 울어대는 아이들도 있습니다. 이런 경우 모든 것을 참고 감수하기 보다는 주변 사람들에게 도움을 요청하거나 아기 돌봄 서비스 기관에 맡긴 후 잠시라도 나만의 시간을 갖는 것이 중요합니다. 즉 일방적인 희생보다는 취미활동이나 모임을 통해 스트레스를 해소한다면 위기의 순간을 슬기롭게 극복할 수 있다는 것입니다.

39 ③

여자는 '이렇게 많은 여성들이 주부 우울증을 겪고 있다니'라고 말하며 놀라고 있습니다. 즉 주부들이 다양한 원인으로 주부 우울증을 겪고 있다는 것을 의미합니다.

The woman is expressing her surprise by saying '이렇게 많은 여성들이 주부 우울증을 겪고 있다니'. It means that housewives are suffering from depression due to various causes.

40 ④

남자는 주부 우울증을 참고 감수하기 보다는 주변 사람들에게 도움을 요청하거나 아기 돌봄 서비스 기관에 맡긴 후 잠시라도 나만의 시간을 갖는 것이 중요하다고 권유하고 있습니다. 즉 양육 기관 또는 지인의 도움이 양육 스트레스 해소에 도움이 된다는 뜻입니다.

The man is recommending housewives that it is important to ask their acquaintances for help or leave their children to the day-care center and spend some alone-time, even for a short time, rather than enduring depression. Thus, it means that help from day-care centers or acquaintances helps relieve stress from raising children.

[41~42]

남자: 뉴스나 보험 광고에서 자주 듣게 되는 '유병장수 시대'에 대해 알아보도록 하겠습니다. 유병장수란 질병과 함께 오래 살아간다는 뜻입니다. 인간의 수명은 기대 수명과 건강 수명이 있는데요. 이 둘의 차이는 얼마나 될까요? 한국보건사회연구원에서 발표한 보고서에 따르면 기대 수명과 건강 수명의 차이는 10년 정도라고 합니다. 결국 평균 10년 이상을 질병과 함께 살아야 한다는 말이지요. 그러나 우리는 기대 수명보다는 건강 수명이 연장되기를 꿈꿉니다. 그러기 위해서는 지금부터라도 꾸준한 자기관리가 필요합니다. 우선 스트레스를 줄이고 중독성이 있는 술과 담배는 멀리해야 하며 규칙적인 운동과 정기적인 건강검진이 필요합니다.

41 ③

'기대 수명, 건강 수명'에 대한 의미를 알아야 풀 수 있는 문제입니다. 기대 수명은 생존할 것으로 기대되는 기간을 의미합니다. 건강 수명은 평균 수명에서 질병과 함께 살아가는 기간을 제외한 시간을 말합니다. 따라서 기대 수명과 건강 수명의 차이는 10년 정도라고 했고, 평균 10년 이상을 질병과 함께 살아야 한다고 했으므로 정답은 ③입니다.

You need to know the meaning of '기대 수명', and '건강 수명' to solve this question. '기대 수명 (life expectancy)' means the expected time period of living. '건강 수명 (healthy life expectancy)' means the time period which excludes the time of living with a disease from the average life expectancy. Therefore, it was said that people have to live with diseases for over 10 years on average, and there is a 10-year difference between life expectancy and healthy life expectancy, so the correct answer is ③.

42 ②

남자는 건강 수명을 연장하기 위해서는 스트레스를 줄이고 규칙적인 운동과 정기적인 건강검진이 필요하다고 강조합니다. 정기검진과 건강검진은 모두 병원 검진을 의미합니다.

The man emphasizes that reducing stress, doing exercise regularly, and receiving regular check-ups are required to extend life expectancy. '정기검진' and '건강검진' both means medical examinations at hospital.

[43~44]

여자: 지금 보이는 곳은 서해안에 위치한 백령도입니다. 이 섬은 지리적으로 고립되어 있고 사람들의 손길이 닿지 않아 자연 생태계의 보고로 알려져 있습니다. 매년 봄이 되면 얼었던 강물이 서해로 흘러들고 따뜻한 온풍을 따라 북한의 장산곶매가 남쪽으로 날아와 백령도에 둥지를 틀고 알을 낳습니다. 백령도의 바위에는 장산곶매뿐만 아니라 갈매기, 가마우지 등 다양한 종류의 새들이 집단적으로 살고 있어서 '새들의 아파트'라고 해도 과언이 아닙니다. 또한 봄이 되면 북쪽으로 갔던 물범들도 백령도를 다시 찾습니다. 해상의 남한과 북한의 대치 상황과는 무관하게 움직이는 자유로운 왕래가 생태계에는 국경이 없음을 새삼 깨닫게 해 줍니다.

43 ①

'이 섬은 지리적으로 고립되어 있고 사람들의 손길이 닿지 않아'에서 현재의 환경과 지리적 특성을 알 수 있습니다.

The current environment and geographical characteristics of the island can be guessed by the sentence '이 섬은 지리적으로 고립되어 있고 사람들의 손길이 닿지 않아'.

44 ④ 다큐멘터리는 전달하고자 하는 메시지가 있습니다. 그리고 그 메시지가 중심 내용입니다. '자유로운 왕래, 해상의 남한과 북한의 대치 상황과는 무관하게 움직이는 생태계에는 국경이 없음을 새삼 깨닫게 해 줍니다'에서 인간은 갈 수 없는 남한과 북한의 국경선을 자유롭게 오가는 생물들을 보면서 감동과 부러움을 느끼고 있습니다.

There is a message that the documentary intends to convey. That message is the main content. In '자유로운 왕래, 해상의 남한과 북한의 대치 상황과는 무관하게 움직이는 생태계에는 국경이 없음을 새삼 깨닫게 해 줍니다', the narrator feels impressive and also envies the creatures which pass the boarders of South Korea and North Korea and access the places which people cannot go to.

[45~46]

남자 : 여러분, 누구든지 갑자기 큰 사고가 나서 수혈을 받아야 할 급박한 상황에 처하게 될 수 있습니다. 하지만 피는 인공적으로 만들 수 있는 것도, 다른 것으로 대체할 수 있는 것도 아닙니다. 그렇다면 피는 어떻게 마련될까요? 네, 그렇습니다. 바로 헌혈입니다. 혈액은 장기간 보관이 불가능합니다. 그래서 꾸준한 헌혈이 필요합니다. 외국으로부터 혈액을 수입하지 않고 자급자족하기 위해서는 연간 300만여 명의 헌혈자가 필요합니다. 헌혈을 하지 않는 분들에게 왜 헌혈을 하지 않느냐고 질문했을 때 가장 많은 분들이 질병에 감염될 것 같다는 답을 해 주셨습니다. 하지만 헌혈에 사용되는 모든 도구들은 무균 처리를 하고 한 번 사용한 이후에는 폐기 처분하기 때문에 아무런 걱정을 하지 않으셔도 됩니다. 도리어 헌혈을 하게 되면 기본적인 혈액 검사로 건강검진의 효과도 볼 수 있습니다. 헌혈은 내 자신과 가족, 그리고 우리 이웃을 위한 사랑의 표현입니다.

45 ② 헌혈에 사용되는 모든 도구들은 한 번 사용한 이후에는 폐기 처분하기 때문에 아무런 걱정을 하지 않아도 된다고 설명하고 있습니다. 폐기 처분은 버려진다는 의미입니다.

It is explained that all instruments used for blood donation are discarded after being used once, so there is no need to worry. '폐기 처분' means being discarded and thrown away.

46 ② 헌혈이 필요한 이유, 안정성, 혜택을 설명하면서 마지막 문장에서 내 자신과 가족, 그리고 우리 이웃을 위한 사랑의 표현이라고 이야기하고 있습니다. 즉 협조와 참여를 요청하고 있습니다.

After explaining the reason why blood donation is needed, its safety and benefits, he is saying that blood donation is a kind of expression of love toward myself, my family, and my neighbors in the last sentence.

[47~48]

여자: 감독님 하면 오래전 만들어진 영화를 새롭게 재구성한 리메이크 영화를 떠올리게 되는데요. 그동안 제작하신 영화 중 절반 이상이 이번에 흥행하신 영화처럼 리메이크 영화입니다. 특별히 리메이크 영화에 관심을 가지신 이유가 궁금합니다.

남자: 제가 리메이크 한 영화들은 이전에 대중들의 사랑을 많이 받은 작품들입니다. 하지만 시간이 흐르면서 사람들의 기억 속에서 사라지고 있는 영화들이죠. 요즘 젊은 사람들은 많은 돈을 투자하여 홍보하고 자극적이고 화려하게 만든 블록버스터 영화에 익숙해 있습니다. 대중들이 내용보다는 시각적으로 자극을 받는 영화를 선호하게 만들지요. 영화가 예술이 아닌 상업의 도구가 되어 가고 있습니다. 그래서 이렇게 잊히는 좋은 이야기들을 다시 이 시대 젊은이들의 감성에 맞게 복원하여 전해 주고 싶었습니다. 이전 세대가 아름답게 여기던 것들을 전해 주는 것뿐만 아니라 이러한 영화의 흥행을 통해 상업화되어 가고 있는 영화 시장에 경종을 울리고 싶었습니다.

47 ④ 남자는 블록버스터 영화가 내용보다는 화려하고 시각적인 자극을 주고 있다고 말하고 있습니다. 즉 내용보다는 볼거리에 중점을 두고 있습니다.

The man is saying that blockbuster movies show a fancy and visual stimulus rather than focus on the story. Thus, it is focusing on visual attraction than the story.

48 ③

남자는 요즘 나오는 블록버스터 영화의 문제점과 이전 영화들의 장점을 이야기하면서 상업화되어 가고 있는 요즘 영화 시장에 경종을 울리고 싶다고 말하고 있습니다. '경종을 울린다'는 표현은 잘못된 일에 주의를 준다는 의미입니다. 즉 우려를 표현하고 있는 것입니다.

The man is saying that he wants to raise an alarm to the current movie market which is getting commercialized by talking about the problems of recent blockbuster movies and the strengths of old movies. The expression '경종을 울린다' means to give a warning to the wrong thing. Thus, he is expressing his concern.

[49~50]

여자: 요즘 한국 음식이 세계적으로 관심을 얻고 있는데요. 외국인인 여러분이 생각하는 대표적 한국 음식은 무엇입니까? 오늘은 김치를 잠깐 소개해 드리고자 합니다. 지금 보여 드리는 자료는 세계 5대 건강 음식입니다. 이 5가지 음식 중에 한국의 발효 음식이 포함되어 있습니다. 네, 바로 김치입니다. 다음 자료에서 보시는 것처럼 김치는 자연 발효 음식으로 각종 비타민과 유산균, 그리고 섬유질이 풍부하게 들어 있습니다. 그래서 김치는 혈당을 조절해 주고 소화 흡수를 촉진하며 항암효과가 있다고 합니다. 다음으로 이 사진들은 배추김치를 담그는 방법을 보여 주고 있습니다. 배추김치는 절인 배추에 각종 채소와 액젓, 그리고 고춧가루를 기본으로 넣는 것을 알 수 있습니다. 이러한 재료들은 김치의 맛을 더해 줄 뿐 아니라 영양소를 풍부하게 해 줍니다. 이렇게 만들어진 김치는 땅에 묻은 항아리에 보관하여 겨우내 조금씩 숙성시키면서 다양한 맛을 즐겼습니다. 자연에서 나온 가공하지 않은 재료를 가지고 자연 발효를 통해 숙성시키는 자연의 맛, 김치야말로 한국을 대표하는 음식으로 손색이 없을 것입니다.

49 ①

김치는 항암효과가 있다고 설명하고 있습니다. 항암은 암세포의 성장을 억제한다는 의미입니다.

She is explaining that Kimchi has an anti-cancer effect. Anti-cancer means inhibiting the growth of cancer-cells.

50 ②

여자는 청중인 외국인들에게 한국의 대표적 음식이 무엇인지 묻고 있습니다. 이후 세계 5대 건강 음식, 영양소, 효과, 재료, 보관 방법 등을 이야기하면서 김치가 한국의 대표적 음식인 이유를 설명하고 있습니다.

The woman is asking the foreigner audience what the most representative food of Korea is. After that, she talks about the five healthiest foods in the world, Kimchi's nutrition, health effects, ingredients and storage method, etc. to explain why Kimchi is the most representative food of Korea.

쓰기 영역

TOPIK II
한 권이면 OK

꼭 읽어 보세요!
쓰기 시험을 보기 위한 TIP

1. 자신의 등급에 맞게 전략 세우기

- 쓰기는 총 4문제가 출제되고 듣기와 연결되어 **50분 정도**의 시간이 주어집니다. 듣기를 정리하면서 5분 정도를 더 사용하게 되므로 이를 고려하여 시간을 잘 분배해야 합니다.
- 51, 52번은 문장 완성하기, 53번은 200~300자 설명문 쓰기, 54번은 600~700자 논설문 쓰기입니다.
- 51, 52번은 각각 10점씩 총 20점, 53번은 30점으로 중급을 대상으로 평가하는 문제이고, 54번은 50점으로 고급을 대상으로 평가하는 문제입니다.
- 중급을 목표로 하는 경우 반드시 51~53번을 잘 풀어 좋은 점수를 받아야 하며, 54번에서 어느 정도 추가로 점수를 받아야 합니다.
- 51, 52번 문제는 중급을 대상으로 하는 문제이지만 앞뒤 내용을 파악하여 써야 하기 때문에 의외로 시간이 많이 걸릴 수도 있습니다. 따라서 앞뒤 문장을 잘 파악한 후 적절한 문법을 사용해서 써야 합니다.
- 53번 문제는 주어진 자료를 사용하여 쓰는 설명문입니다. 가끔 어려운 어휘가 나오기도 하지만 주어진 자료를 잘 파악하여 수학 문제를 푸는 것처럼 차례차례 쓰면 좋은 점수를 받을 수 있습니다. 그렇기 때문에 글의 종류에 따라 사용되는 표현들을 미리 익혀 최대한 빠른 시간 안에 쓰십시오.

- 그래서 생각을 많이 해야 하는 **51, 52번 문제보다는 점수 비중이 높은 53번을 먼저** 쓰는 것이 좋습니다. 53번 → 51, 52번 → 54번 순서로 문제를 푸시기 바랍니다.
- 54번은 고급을 대상으로 평가하는 문제이지만 중급에 도전하는 학생이라고 해서 포기해서는 안 됩니다. 많은 점수를 받을 수는 없겠지만 얼마간 점수를 받을 수 있기 때문에 자신의 수준에 맞는 어휘와 문법으로 쓰시기 바랍니다.
- 고급에 도전하는 학생이라면 당연히 54번 문제를 잘 써야 합니다. 고급 수준의 어휘와 문법을 잘 사용해서 서론-본론-결론에 맞게 글을 쓰시기 바랍니다.
- 54번의 경우 새롭게 바뀐 35회 TOPIK 이전 고급 쓰기 기출문제를 참고하시면 좋습니다. 1~34회 기출 문제를 다운 받아 모범답안을 따라 쓰면서 충분히 연습하시기 바랍니다.

2. 글씨와 문체(종결표현)

- 쓰기는 먼저 **첫인상이 중요**합니다. 아무리 좋은 내용의 글을 썼다고 해도 채점자가 글씨를 잘 알아보지 못하면 좋은 점수를 받을 수 없습니다. 글씨를 예쁘게 써야 한다기 보다는 정확하게 알아볼 수 있도록 써야 한다는 것입니다. 시험 중에는 시간에 쫓기고 긴장이 되어서 글씨를 잘 쓸 수 없습니다. 평소에 정확하게 쓰는 연습을 많이 하시기 바랍니다. 글씨가 나쁜 학생이라면 **글씨는 좀 작게** 쓰는 것도 한 가지 방법이 될 수 있습니다.

— 문체(종결표현)의 경우 각 문제에 제시된 문체를 따라서 사용해야 합니다. **격식적인 문체를 사용**해야 하며, **51번과 52번은 각각 앞뒤 문장을 살펴보고 같은 형태의 문체를 사용**하시기 바랍니다. **53번과 54번의 경우에는 반드시 '-(ㄴ/는)다'를 사용**해야 합니다.

— 맞춤법은 기본입니다. 정확하게 써야 합니다. 발음대로 쓰지 말고 정확하게 쓰셔야 합니다.

— 쓰기는 기본적으로 구어체가 사용되면 감점을 받게 됩니다. 구어적인 어휘나 문법은 사용하지 마십시오.

3. 어휘와 문법 선택하기

— 각 문제에 맞는 수준의 어휘와 문법을 선택하십시오. **51~53번은 중급 수준, 54번은 고급 수준의 어휘와 문법을 사용**하시기 바랍니다.

— 굳이 어렵고 복잡한 문법을 사용할 필요는 없습니다. 중급과 고급에서 자주 사용되는 문법을 두세 개 정도를 사용한다고 생각하시면 됩니다. 53번과 54번의 경우 글의 종류에 따라 항상 사용되는 문법들이 있습니다. 이 문법들을 미리 파악하여 자주 연습하시기 바랍니다. 글의 종류에 따른 표현과 중요 문법을 이 책에 소개해 두었으니 몇 개를 선택하여 연습하시기 바랍니다.

4. 주어진 과제를 수행하기

— 첫인상이 가장 중요하다고 말한 바 있습니다. 첫인상은 글씨도 한몫을 하지만 더 중요한 것은 **문제에서 제시하고 있는 주제에 맞는 글을 쓰는 것**입니다.

— 51, 52번의 경우 앞뒤 문장과 문맥이 맞아야 하며, **53번의 경우** 주제에 맞는 글의 종류를 선택하여 글을 구성해야 합니다. 또한 **제시된 내용을 모두 사용**해야 합니다.

— **54번의 경우** 주제와 함께 두세 개의 질문이 나와 있는데 이 **질문에 대한 답을 반드시 모두** 써야 합니다. 질문의 순서대로 본론을 구성하면 논리적인 좋은 글을 쓸 수 있습니다.

— 주제와 관련이 없는 내용은 아무리 많이 써도 점수를 받을 수 없습니다. 도리어 전체적인 글의 구성을 무너뜨려 나쁜 인상을 줄 수 있습니다. 절대 관련 없는 내용을 적지 마시기 바랍니다.

— 또 한국에 대한 부정적인 관점이나 상식에서 벗어나는 내용도 나쁜 인상을 줄 수 있습니다. 자신의 세계관이 뚜렷하다고 해도 일반적인 상식에서 벗어나는 내용은 쓰지 마십시오.

1. Making a strategy to achieve the grade you are aiming

- In the writing test, you will be asked to solve four questions in total to solve in about 50 minutes, in connection with the Listening Test. You would likely use about 5 minutes to arrange the listening passage, so you need to allocate your time well considering this.
- You will be asked to complete the sentence in the blank in questions #51 and #52, write a description of 200 to 300 Korean characters in question #53, and write a persuasive essay of 600 to 700 Korean characters in question #54.
- Questions #51 and #52 are each worth 10 points, which is 20 points in total; question #53 is worth 30 points which has a difficulty level of TOPIK Grade 3-4, and question #54 is worth 50 points and has a difficultly level of TOPIK Grade 5-6.
- Students aiming for TOPIK Grade 3-4 should solve questions #51 to #53 well to get a high score, and should get some additional score from question #54.
- Questions #51 and #52 have a difficultly level of TOPIK Grade 3-4, but they may unexpectedly take long time to solve them as they are required to write after comprehending the preceding and following sentences of the blank. You should use proper grammar to write after comprehending the preceding and following sentences of the blank.
- In question #53, you will be asked to write a description by the using of the provided data. The data may often include difficult vocabulary, but you will be able to get a high score if you analyze the provided data well and describe them in order as if you solve a math problem. Therefore, you need to get familiar with the expressions used in each type of article and then write down the answer as quickly as possible.

- This is why it is recommended to solve question #53 first which is worth higher point than questions #51 and #52 which require a lot of thinking. You should solve questions in the order of #53 → #51, #52 → #54.
- Question #54 is of a difficultly level of TOPIK Grade 5-6, but students aiming at TOPIK Grade 3-4 should not give up this question. Though it's hard to get a high score, it's possible to get some scores, so write the answer by using the vocabulary and grammar on your level.
- Students aiming at TOPIK Grade 5-6 should definitely solve question #54 well. Write an essay with high-level vocabulary and grammar and in a structure of introduction-main body-conclusion.
- As for question #54, it is recommended to refer to the high-level writing questions of previous tests before the 35th TOPIK test having revised writing test. Practice enough by downloading the previous questions of 1st to 34th TOPIK test and dictating their sample answers.

2. Handwriting and style of writing (closing expressions)

- Making a good first impression is important in writing. No matter how good your writing is, you won't be able to get a high score if the examiner cannot read your handwriting. It means you need to write your answer neatly, rather than make a beautiful penmanship. During the test, you would be pressed for time and be nervous, so it may be hard to make neat handwriting. You need to often practice writing neatly. Students with bad handwriting should consider writing in small size.
- As for the writing style(closing expression), you should follow the style of writing presented in each

question to close your sentence. You should write in formal Korean language, and as for questions #51 and #52, you need to check the preceding and following sentences of the blank and to use the same style of writing. As for questions #53 and #54, you should make sure to use '-(ㄴ/는)다' in the closing sentence.
- Correct spelling is essential. You should spell each Korean word correctly. Do not write it as it sounds but use its accurate spelling.
- Basically, in the writing test, writing in spoken language will result in losing points. Do not use colloquial vocabulary or grammar in your writing.

3. Using the appropriate level of vocabulary and grammar

- Use the vocabulary and grammar of which level matches with each question. Use vocabulary and grammar of TOPIK Grade 3-4 level for questions #51 to #53, and those in TOPIK Grade 5-6 level for question #54.
- It is not necessary to use difficult and complex grammar in your answer. It needs to use only two or three grammar styles often used in the Korean language of which difficultly level of TOPIK Grade 3-4 level and Grade 5-6 level. As for questions #53 and #54, there are several grammar styles which are always used, depending on the type of article. You should get familiar with such grammatical uses and practice using them often. This book introduces expressions and important grammar for each type of article, so pick several of them and practice using them.

4. Performing the given task

- As mentioned before, making a good first impression is important in writing. Its first impression can be made by your handwriting penmanship, but how much your writing corresponds with the topic presented by the question is more influential to the first impression.
- For questions #51 and #52, your answer should correspond with the sentences and context which precede and follow the blank; and for question #53, you should select the type of article that best corresponds with the presented topic and organize your writing. Also, you should describe all of the provided contents.
- For question #54, two to three questions will be provided with the topic, so you need to answer all of these questions. If you organize your writing by structuring the answers to the questions in order and it would result in logical, good writing.
- Writing anything irrelevant to the topic would not allow you to get any points, no matter how much you write them. On the contrary, it may leave a bad impression as it breaks the structure of writing. Do not write anything irrelevant.
- Writing negatively on Korea or against common sense can also leave a bad impression. No matter how clear your point of view is, do not write anything against general common sense.

51-52

📖 유형분석

‘( )’ 괄호에 알맞은 문장을 넣는 문제입니다. **51번 문제는 광고문이나 안내문, 52번 문제는 설명문의 형식**으로 제시됩니다. 이 문제는 어휘나 단어보다 **내용을 먼저 파악**해야 하기 때문에 전체적인 흐름을 파악하지 못하면 어려운 문제가 될 수 있습니다. 따라서 ‘( )’ 괄호에 넣어야 할 문장을 만들 때는 다음의 두 가지 상황을 고려해야 합니다.

먼저 ‘( )’ 괄호 앞 문장과 뒤 문장의 내용을 충분히 이해해야 합니다. 앞뒤 문장의 내용에 답을 구성할 정보에 대한 힌트가 나와 있기 때문입니다. 또 하나는 **문장과 문장을 연결해 주는 ‘그리고, 그러나, 그런데, 그래서, 만일 등’과 같은 접속 부사**를 잘 살펴봐야 합니다. 이 접속 부사들이 앞뒤 문장과 어떤 상관관계(열거, 반대, 추가, 인과, 근거, 전환)를 갖는지 보여 주기 때문입니다. 또한 이와 같은 표현들은 뒤의 53, 54번 유형에서 답안을 작성할 때에도 유용하게 활용할 수 있으므로 꼭 알아 두는 것이 좋습니다.

※ 상관관계를 나타내는 표현
  열거: 앞뒤 문장의 의미가 같은 경우 - 그리고, 다른 하나는
  반대: 앞뒤 문장의 의미가 반대인 경우 - 그러나, 반대로, 그래도, 그런데, 만일
  추가: 앞뒤 문장이 추가적으로 의미를 더해주는 경우 - 또한, 게다가
  인과: 앞뒤 문장이 서로 원인과 결과인 경우 - 그래서, 따라서, 그러므로
  근거: 앞뒤 문장이 이유가 되는 경우 - 왜냐하면, 그래야, 그러니까
  전환: 뒤 문장이 다른 내용으로 바뀌는 경우 - 그런데, 한편

예를 들어 다음 페이지에 제시된 기출문제 51번의 경우 (㉠)의 앞 문장에는 공부를 마치고 고향으로 돌아간다는 문장이 나옵니다. 뒤 문장에는 책상, 의자, 컴퓨터, 경영학 전공책 등이 있다고 제시되어 있습니다. 그리고 (㉠) 앞에는 ‘그래서’라는 인과관계를 나타내는 표현이 나옵니다. 즉 고향으로 돌아가기 때문에 이제 이 물건들이 필요가 없으며 이 물건들을 정리하거나 팔려고 한다는 것을 유추해 볼 수 있습니다.

52번의 경우 (㉡)의 앞 문장에는 긍정적인 결과를 기대할수록 좋은 결과를 얻을 확률이 높다고 나와 있습니다. 그리고 (㉡) 앞에는 ‘반대로’라는 앞 문장과 대립되는 표현이 나옵니다. 즉 반대로 부정적인 생각을 하면 좋은 결과를 얻을 확률이 낮아진다는 말을 할 것이라는 것을 유추해 볼 수 있습니다.

You will be asked to create a sentence that best fits the parenthesis ‘( )’. You will be given an advertisement or informative notice in question #51, and a description in question #52. You need to comprehend its content rather than its vocabulary or words, so if you failed to grasp the overall flow, the questions would be difficult to solve. Therefore, you need to consider two things while creating a sentence that best fits the parenthesis ‘( )’.

First, you need to understand the preceding and following sentences of the parenthesis ‘( )’. This is because such sentences give a hint of what information should be included in your answer. Also, take a good look at the conjunctive adverbs which connect two sentences such as ‘그리고, 그러나, 그런데, 그래서, 만일’, etc. These conjunctive adverbs indicate how the preceding and following sentences are related to each other (listing, opposition, addition, cause and effect, ground, transition). Also, such expressions are useful while you write your answer in questions #53 and #54, so it's recommended to get familiar with them.

For example, in question #51 which appeared in the previous TOPIK test, presented in the next page, the preceding sentence of (㉠) states that the person will return to hometown after finishing studying. The following sentence states that ther person has a desk, a chair, a desktop computer, books on business administration, etc. Also, ‘그래서’, an expression indicating the cause and effect comes before (㉠). Thus, it can be guessed that the speaker doesn't need these things because of returning home, so the speaker intends dispose or sell these things.

In question #52, the sentence coming before (㉡) states that if you expect a positive result, you will have a higher probability of better result. Also, ‘반대로’, an expression indicating the following sentence are contrary to the preceding sentence comes before (㉡). Thus, it can be guessed that having negative thoughts may lower the probability of getting a good result.

51 빈 칸에 문장 채우기

'동아리 회원 모집, 중고 물품 판매'와 같은 광고, 이메일, 메모, 편지, 청첩장, 초대장과 같이 **일상생활 속에서 다른 사람에게 내용을 전달하는 글이 제시**됩니다. 먼저 **제목이나 배경을 보고 글의 종류를 파악해** 두는 것이 좋습니다. 제목이나 배경에는 이 글을 쓴 이유나 목적이 직접적으로 나와 있는 경우가 많습니다.

문장을 구성할 때는 중급 어휘나 표현을 사용해야 감점을 받지 않습니다. 또한 '-아/어요'와 같은 격식적이지 않은 표현을 쓰면 감점이 됩니다. 글에 제시된 종결표현 '-ㅂ/습니다'를 사용하십시오.

An article is given, which conveys information to others in daily life such as advertisement, e-mail message, memo, mail letter, wedding invitation and other invitation like 'Invitation of new members of club', 'Used goods for sale'. First, it is recommended to comprehend the type of article by checking its title or background. The reason or purpose of this article is often directly mentioned in its title or background.

When composing a sentence, you should use vocabulary or expressions of TOPIK Grade 3-4 level to avoid losing points. Also, use of informal expressions such as '-아/어요' will result in losing points. You should use '-ㅂ/습니다', as shown in the closing statement provided in the article.

52 빈 칸에 문장 채우기

인간관계나 사회생활, 세계관과 관련된 교훈에 대한 글이 제시됩니다. 또는 **일상생활에서 접할 수 있는 과학지식이나 상식**과 관련된 내용이 나올 수도 있습니다. 그러므로 이러한 주제와 관련된 어휘와 표현들을 알아 두면 좋습니다.

51번과 마찬가지로 문장을 구성할 때는 중급 어휘나 표현을 사용해야 감점을 받지 않습니다. 또한 제시된 종결표현 '-ㅂ/습니다, -아/어요'를 사용하면 감점이 됩니다. 문어적 표현 '-(ㄴ/는)다'를 사용하시기 바랍니다.

You will be given a message of lesson about human relationship, social life, or view on the world. It may also be about scientific knowledge or common knowledge which can be easily found in daily life. Therefore, you should be familiar with the vocabulary and expressions related to such topics.

Like in question #51, you should use vocabulary or expressions in TOPIK Grade 3-4 level to avoid losing points when composing a sentence. Also, use of the provided expressions such as '-ㅂ/습니다, -아/어요' will result in losing points. Write in a literary style such as '-(ㄴ/는)다' to close a sentence.

51-52

🔍 문제분석

※[51~52] 다음을 읽고 ㉠과 ㉡에 들어갈 말을 각각 한 문장으로 쓰십시오.
각 10점

51

> ### 무료로 드립니다
>
> 저는 유학생인데 공부를 마치고 다음 주에 고향으로 돌아갑니다. 그래서 지금 (㉠   ). 책상, 의자, 컴퓨터, 경영학 전공 책 등이 있습니다. 이번 주 금요일까지 방을 비워 줘야 합니다. (㉡   ). 제 전화번호는 010-1234-5678입니다.

※ 정리-물건 소개, 연락 요청-연락처

52

> 어려운 일이 생겼을 때 그 일을 대하는 우리의 태도는 크게 두 가지이다. (㉠   ). 다른 하나는 어려워서 불가능하다고 포기하는 것이다. 그런데 긍정적인 결과를 기대할수록 좋은 결과를 얻을 확률이 높다. 반대로 (㉡   ). 그러므로 우리는 시련이나 고난이 닥쳤을 때일수록 더욱 긍정적으로 생각할 필요가 있다.

※ '하나는-다른 하나는', 긍정적 관점-'반대로'-부정적 관점

<TOPIK 35회 쓰기 [51]>
- 유학생 international student
- 경영학 business administration
- 비우다 empty/vacate

<TOPIK 37회 쓰기 [52]>
- 불가능하다 impossible
- 포기하다 give up
- 긍정적 positive
- 확률 probability
- 시련 hardship
- 고난이 닥치다 encounter hardship

51

'중고 물품'을 무료로 주겠다는 광고문입니다. 광고문은 '광고를 낸 이유'를 먼저 파악하는 것이 좋습니다. '지금' 다음 (㉠)에는 고향으로 돌아가기 때문에 자신이 쓰던 물건을 '정리하려고/드리려고'와 같은 내용을 쓸 수 있습니다. 그리고 (㉡)은 금요일까지 방을 비워야 하기 때문에 '언제까지 연락주세요'와 같은 내용을 쓸 수 있습니다. 그러므로 정답은 다음과 같습니다.

㉠ 그동안 사용했던 제 물건을 정리하려고 합니다
㉡ 그러니까 물건이 필요하신 분들은 금요일 전까지 연락해 주시기 바랍니다

52

(㉠)은 바로 앞에 있는 '두 가지'란 단어를 알면 '하나는, 다른 하나는'의 열거하는 표현이 사용됨을 알 수 있습니다. (㉡) 앞에는 '반대로'가 있으므로 대립되는 내용이 나옵니다. 하나는 긍정적인 내용이고 하나는 부정적인 내용입니다. (㉠)에는 긍정적인 내용이, (㉡)에는 부정적인 내용이 필요합니다. 그러므로 정답은 다음과 같습니다.

㉠ 하나는 아무리 어려워도 절대 포기하지 않는다
㉡ 부정적인 생각을 하면 좋은 결과를 얻을 확률이 낮다

It is an ad that informs some 'used goods' will be given free of charge. As for ads, it is recommended to comprehend '광고를 낸 이유'. In (㉠) which comes after '지금', you should write the speaker will 'dispose/ give away (정리하려고/드리려고)' own things, because of returning to hometown. Also in (㉡), you can write '언제까지 연락주세요', because it is required to vacate the room by Friday. Therefore, the appropriate answer is as follows:

If you understand the meaning of '두 가지' which comes before (㉠), then it can be guessed that an expression used for listing things such as '하나는', '다른 하나는', etc. should be used in (㉠). Because '반대로' comes before (㉡), you could write a sentence which is contrary to the preceding sentence. One is of a positive content and the other is of negative content. In (㉠), it needs a positive content, and in (㉡), it needs a negative content. Therefore, the appropriate answer is as follows:

※[51~52] 다음을 읽고 ㉠과 ㉡에 들어갈 말을 각각 한 문장으로 쓰십시오.

각 10점

51

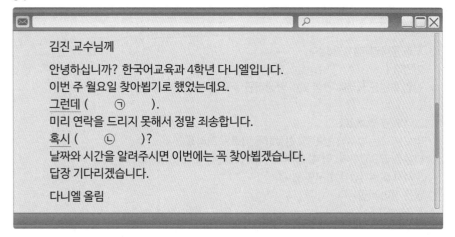

* 교수님 professor
* 찾아뵙다 visit

52

    하루는 이 세상에 사는 누구에게나 주어지는 일정한 시간이다. 그런데 어떤 사람은 잠자기 전에 또는 아침에 일어나서 하루의 일정을 계획하지만 (㉠   ). 그러나 하루하루가 모여서 역사가 되듯이 계획성 있는 하루하루가 모여서 개인의 능력이 되기도 하고 (㉡   ). 그러므로 행복한 미래는 주어지는 게 아니라 만들어진다는 것을 잊어서는 안 될 것이다.

* 일정하다 regular/certain
* 일정 schedule
* 계획성 planning
* 주어지다 be given

51

이 문제는 그림을 통해 이메일 쓰기라는 것을 알 수 있습니다. (㉠) 뒤에 미리 연락드리지 못한 것, 그리고 '월요일에 찾아뵙기로 했었는데요. 그런데'라고 말하는 것으로 보아 약속을 지키지 못한 것을 알 수 있습니다. (㉡) 앞에 '혹시'가 있으므로 '다시 만날 수 있는 시간'을 묻는다는 것을 알 수 있습니다. 그러므로 정답은 다음과 같습니다.

㉠ 월요일에 찾아뵙지 못했습니다
㉡ 다른 날 언제 시간이 괜찮으십니까

52

이 문제는 누구에게나 주어지는 '하루'에 대한 글입니다. (㉠) 앞에 '-지만'이 있다는 것은 앞의 내용과 대립되는 내용이 나와야 한다는 것입니다. (㉡) 앞에 '-기도 하다'의 표현은 열거의 표현으로 '-기도 하고 -기도 하다'처럼 사용됩니다. 그러므로 정답은 다음과 같습니다.

㉠ 어떤 사람은 계획 없이 하루를 시작한다
㉡ 행복한 미래가 되기도 한다

Through the image in this question, it can be guessed that the passage is about writing an e-mail message. Through the expressions '미리 연락드리지 못한 것', and '월요일에 찾아뵙기로 했었는데요, 그런데' which come after (㉠), it can be guessed that the speaker couldn't keep the promise. As '혹시' comes before (㉡), it can be guessed that the speakers asks '다시 만날 수 있는 시간'. Therefore, the appropriate answer is as follows:

This question shows an essay on '하루' given to anybody. The face that '-지만' comes before (㉠) means that the following content should be contrary to the preceding content. The expression '-기도 하다' which comes before (㉡) is used for listing things and its complete form is usually '-기도 하고 -기도 하다'. Therefore, the appropriate answer is as follows:

🖱 연습문제

※[51~52] 다음을 읽고 ㉠과 ㉡에 들어갈 말을 각각 한 문장으로 쓰십시오. 각 10점

51

노래 동아리 '행복'입니다.
이번에 (㉠   ).
신입 회원은 노래에 관심 있는 학생이면 누구나 가입할 수 있습니다.
(㉡   )?
그래도 괜찮습니다.
악보를 보는 법부터 천천히, 친절하게 가르쳐 드리겠습니다.
다음주 금요일까지 '행복' 홈페이지 cafe. sejong.com/happy로
오셔서 회원가입을 하시면 됩니다.
많은 참여 바랍니다.

모 집

㉠	
㉡	

52

　살아가면서 가족, 친구 또는 동료들과 많은 문제로 화를 내면서 말다툼을 해 본 적이 있을 것이다. 그런데 (㉠   ). 그래서 말다툼을 하기 전에 오해가 생길 만한 일이 있었는지 내가 무슨 실수를 했는지 생각해 봐야 한다. 물론 (㉡   ). 하지만 아무리 화가 나더라도 천천히 숨을 쉬면서 생각해 보는 습관을 갖는다면 말다툼을 줄일 수 있을 것이다.

㉠	
㉡	

가입하다 join | **악보** music note | **홈페이지** web site | **참여** participation | **말다툼** argument | **오해** misunderstanding | **실수** mistake | **숨을 쉬다** take a breath/breathe | **습관** habit

📖 유형분석

53 자료를 참고하여 200~300자 글쓰기

제시된 자료를 참고하여 글을 완성하는 문제입니다. **그동안 출제된 유형은 일반적으로 글을 전개하는 방법에 따라 정의, 비교, 분석, 분류로 나뉩니다.**

정의는 어떤 개념이나 용어의 뜻을 명확하게 규정하는 것.
비교는 두 가지 이상의 대상에 대하여 공통점과 차이점을 밝히는 것.
분석은 어떤 개념이나 대상을 자세하게 나누어 그 특성을 밝히는 것.
분류는 비슷한 특징을 갖는 대상을 일정한 기준에 따라 묶거나 나누어서 설명하는 것입니다.

※ 기출문제: 글의 종류와 주제
　　TOPIK 35회: 원형 그래프를 보고 30대와 60대가 '필요하다고 생각하는 공공시설'에 대한 설문 조사를 비교하여 쓰기
　　TOPIK 36회: '1인 가구 증가 원인'에 관한 정보를 보고 원인-현황을 분석하여 쓰기
　　TOPIK 37회: '대중매체'를 분류해 놓은 표를 보고 쓰기

글의 전체적인 구성은 '도입-전개-마무리'의 세 부분으로 나누어 구성하면 됩니다.

먼저 '도입'은 전체 **글이 어떤 주제로 쓰여 있는지 소개하는 문장**입니다. 그래서 먼저 **문제 안에서 중심 주제를 나타내는 단어나 문장을 찾아야 합니다.** 주로 문제 지문이나 표 안에 제시되어 있는 경우가 많습니다. 이런 경우 그 문장을 그대로 쓰면 됩니다. 만일 그러한 문장이 없다면 중심 주제를 나타내는 단어를 간단하게 설명하면 됩니다.

두 번째, '전개'는 **본론으로 주어진 자료를 정리하여 옮기어 적습니다.** 주어진 자료는 문장의 형태가 아니기 때문에 **글의 유형에 따라 적절한 문법을 사용**해야 합니다. 주어진 자료를 순서대로 잘 정리해야 하는데 이 경우 '첫째-둘째-셋째', '먼저-다음으로-마지막으로', '먼저-반면에' 등과 같은 표현을 사용하는 것이 좋습니다.

세 번째, '마무리'는 **전체적인 내용을 정리하는 부분**으로 자신의 생각을 써야 합니다. 전체적인 내용을 정리하는 내용으로 쓰되 **지나치게 개인적인 생각이나 의견, 관련 없는 내용은 쓰면 안 됩니다.** 앞으로의 전망이나 전체 내용을 한 문장으로 정리하여 쓰는 것이 좋습니다.

You will be asked to refer to the provided materials to write an article. The type of this question which has been presented in the previous tests is generally divided into definition, comparison, analysis and classification, according to the method of article development.

'Definition' means to expressly define the meaning of a certain concept or term.
'Comparison' means to classify two or more objects in detail and to clarify their characteristics.
'Analysis' means to classify a certain concept or object in detail and to clarify its characteristics.
'Classification' means to group or divide several objects having similar characteristics according to a certain standard, and to describe them.

The overall structure of article should be in three parts of '도입-전개-마무리(introduction-main body-conclusion)'.

First, the 'introduction' part is the part to introduce the topic of article. Therefore, you should find the word or sentence which describes the main topic in the question. It often appears in the passage or table provided in the question. In that case, you can copy that sentence. If such a sentence doesn't appear, you can simply describe the word that indicates the main topic.

Second, in the 'main body' part, you should sort and transcribe the provided material. Such material is not in the form of sentence, so you should use appropriate grammar, according to the type of article you are writing. It needs to arrange the provided material in sequence; in this case, it is recommended to use the expressions such as '첫째-둘째-셋째', '먼저-다음으로-마지막으로', '먼저-반면에', etc.

Third, the 'conclusion' part is the ending part of the overall content, so you should write your idea. You can summarize the overall content, but should not write too subjective idea or opinion, or anything irrelevant. It is recommended to summarize and write its future prospect or the overall content in a single sentence.

이미 주어진 자료만 잘 정리하여도 200~300자를 쓸 수 있기 때문에 '도입'과 '마무리'가 지나치게 길어지는 것은 좋지 않습니다. 따라서 **지나친 부연 설명이나 부정적이거나 주관적인 생각이 들어가지 않는 것이 좋습니다.**

전체적으로 글을 쓸 때는 **문어적 표현을 사용**해야 합니다. '(이)랑', '-아/어 가지고' 등과 같은 구어 문법을 사용하지 마십시오. 종결 표현도 '-ㅂ/습니다', '-아/어요'를 사용하면 안 됩니다. 반드시 '-(ㄴ/는)다'와 같은 문어적 표현을 사용하십시오. 또한 '이/가, 은/는, 을/를' 등과 같은 조사도 꼭 써야 합니다.

어휘와 문법은 가능하면 '중급 상(4급)'에 가까운 표현을 사용하면 좋습니다. 하지만 어휘는 제시된 자료에 있는 것을 충실히 사용하면 되고 문법은 글의 유형에 맞는 문법을 미리 공부해서 사용하면 되기 때문에 부담을 줄일 수 있습니다.

※ 채점 기준 및 주의 사항 Scoring Criteria and Notes

구분 Classification	채점 근거 Scoring Criteria	점수 구분 Scoring Categories		
		상	중	하
내용 및 과제 수행(7점) Content and Task Performance	과제의 충실한 수행, 주제와 관련된 내용, 내용의 다양성 Faithful performance of task, Topic-related content, Diversity of content	6~7	3~5	0~2
글의 전개 구조 (7점) Structure of Article Development	글의 구성, 단락구성, 담화표지 사용 Composition of writing, Composition of paragraphs, Use of discourse markers	6~7	3~5	0~2
언어사용 (8x2=16점) Usage of Language	다양한, 적절한, 정확한 문법과 어휘 사용, 문어체 사용 Use of various, appropriate, accurate grammar and vocabulary, Use of literary style	7~8 (x2)	4~6 (x2)	0~3 (x2)

총점 30점 중 14점은 '내용 및 과제 수행, 글의 전개 구조'이고, 16점은 '언어사용'입니다. 좋은 점수를 받기 위해서는 먼저 내용 및 과제 수행, 글의 전개 구조가 좋아야 합니다. 문법과 어휘 영역을 다루는 '언어사용'이 50%정도의 비중이지만 내용 및 과제 수행, 글의 전개 구조가 기본이 되지 않으면 '상' 그룹에 포함되기 힘듭니다. '상' 그룹에 들어가면 어느 정도 오류가 있어도 기본 점수가 높기 때문에 좋은 점수를 받을 수 있습니다.

It is possible to write an article in 200 to 300 Korean characters by just arranging the provided material, so it's not good to make the '도입' and '마무리' part too long. Therefore, you should not include excessive additional details, or negative or subjective ideas.

In general, you should write in literary style. Do not use colloquial grammar such as '(이)랑', '-아/어 가지고', etc. Also, do not use '-ㅂ/습니다' or '-아/어요' for closing sentence. Be sure to use literal grammar such as '-(ㄴ/는)다'. Also, be sure to use postpositions such as '이/가', '은/는', '을/를', etc.

It is recommended to use vocabulary and grammar used in 'TOPIK Grade 4' level, if possible. However, you could use the vocabulary which appears in the material, and can study, in advance, grammar which corresponds with each article type, in order to lighten your burden.

Out of total 30 points, 14 points are for '내용 및 과제 수행 글의 전개 구조' and the remaining 16 points are for '언어 사용'. To get a high score, first of all, the content of article, task performance, and structure of article development should be good. The score for '언어 사용', which evaluates the grammar and vocabulary, may take 50% of total score, but it will be hard to be included in 'excellent' group if your writing lacks basic quality in the content of article, task performance, and development structure of article you are writing. Once your article is included in the 'excellent' group, you can get a high score as a high basic score is guaranteed even though there are some errors.

♻ 글의 종류에 따른 표현

1. 정의를 나타낼 때 자주 사용하는 표현

표현	예문
x(이)란 y다.	도시란 일정한 지역의 정치, 경제, 문화의 중심이 되는 곳으로 많은 사람들이 사는 지역이다.
x(이)란 y을/를 말한다(이른다).	출산율이란 한 여자가 평생 낳을 것으로 예상되는 평균 출생아 수를 말한다.
x(이)란 y(으)로 정의한다. 　　　 y(이)라고 정의할 수 있다.	사회란 다양한 사람들이 일정한 질서 속에서 사회적 관계를 갖는 공동체로 정의한다. 예술이란 새로움을 추구하는 작업이라고 정의할 수 있다.

x : 정의 대상, y : 정의 내용

2. 비교를 할 때 자주 사용하는 표현
— 차이점 비교 표현

표현	예문
x은/는 ~다. 반면에 y은/는 ~다.	말은 시간적, 공간적 제약을 받는다. 반면에 글은 그러한 제약이 없다.
x은/는 ~(으)ㄴ/는 반면(데 반해) y은/는 ~다.	수입은 작년보다 크게 늘어난 반면 수출은 작년과 비슷한 수준이었다.
x이/가 ~(으)ㄴ/는 것과는 달리 y은/는 ~다.	최근 몇 년 사이에 모바일 쇼핑이 급격히 증가한 것과는 달리 PC 쇼핑은 줄어들고 있다.

x, y : 비교 대상

— 공통점 비교 표현

표현	예문
x은/는 y와/과 마찬가지로(같이) ~다. y와/과 마찬가지로(같이) x도 ~다.	신문은 책과 마찬가지로 인쇄 매체의 한 종류이다. 책과 마찬가지로 신문도 인쇄 매체의 한 종류이다.
x와/과(이나) y은/는 ~다는 점에서 같다(동일하다, 비슷하다).	쓰레기 매립장과 원자력 발전소는 지역 주민들에게 고통을 주고 집값 하락에 영향을 주는 시설이라는 점에서 비슷하다.
x뿐만 아니라 y이/가(도) 공통적으로 ~다.	비만은 한국뿐만 아니라 전 세계가 공통적으로 고민하고 있는 문제이다.

x, y : 비교 대상

3. 분석

— 원인과 결과 표현

표현	예문
x(으)로 인해(서) y게 되었다(고 있다).	경제 성장으로 인해 여가 활동에 대한 관심이 증가하게 되었다.
x의 결과(로) y게 되었다.	남녀 역할 변화의 결과로 남자들의 가사 노동 시간이 늘어나게 되었다.
y의 원인으로 x을/를 들 수 있다.	저출산의 원인으로 육아, 교육비의 부담을 들 수 있다.

　x : 원인, 　y : 결과

— 설문 조사 결과 표현

표현	예문
조사 결과 x이/가 y(으)로 나타나다(조사되다).	조사 결과 10년 사이에 출산율이 10%나 감소한 것으로 나타났다.
조사 결과 a, b, c 순으로 나타나다(그 뒤를 잇다/따르다).	최근 자주 이용하는 쇼핑 장소를 조사한 결과, 인터넷 쇼핑이 가장 높았고 모바일 쇼핑, 대형마트 순으로 나타났다.

　x : 조사 대상, 　y : 조사 결과, 　a, b, c : 결과 항목

4. 분류

표현	예문
x은/는 y을/를 기준으로 크게 a, b, c(으)로 나뉜다(분류된다, 구분된다).	광고는 이익 여부를 기준으로 크게 상업 광고와 비상업 광고로 나뉜다.
x에는 a, b, c이/가 포함된다(들어간다, 속한다, 있다).	비상업 광고에는 공익 광고, 논설 광고, 정치 광고가 포함된다.

　x : 분류 대상, 　y : 분류 결과, 　a, b, c : 분류 항목

53

기출문제

※[53] 다음 그림을 보고 대중매체를 어떻게 나눌 수 있는지 200~300자로 쓰십시오. 30점

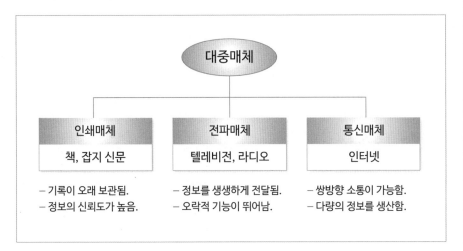

<TOPIK 37회 쓰기 [53]>
• 대중매체 mass media
• 인쇄 print/printing
• 전파 radio wave
• 통신 communication
• 기록 record
• 신뢰도 reliability
• 생생하다 vivid
• 오락적 entertaining
• 뛰어나다 outstanding/excellent
• 쌍방향 two-way direction
• 소통 communicate
• 다량 mass
• 생산하다 produce

53	아래 빈칸에 200자에서 300자 이내로 작문하십시오 (띄어쓰기 포함). (Please write your answer below; your answer must be between 200 and 300 letters including spaces.)

	대	중	매	체	란		많	은		사	람	에	게		대	량	으	로		정	보	와		생
각	을		전	달	하	는		수	단	을		말	한	다	.		이	러	한		대	중	매	체	에
는		다	양	한		양	식	이		있	는	데	,		표	현		양	식	을		기	준	으	로
나	누	면		크	게		인	쇄	매	체	,		전	파	매	체	,		통	신	매	체	이	다	.	인
쇄	매	체	는		책	이	나		잡	지	,		신	문		등	으	로		기	록	이		오	래
보	관	되	고		정	보	의		신	뢰	도	가		높	다	는		특	징	이		있	다	.
다	음	으	로		전	파	매	체	가		있	는	데		텔	레	비	전		라	디	오		등
이		이	에		속	한	다	.		정	보	를		생	생	하	게		전	달	하	고		오	락
성	이		뛰	어	나	다	는		특	징	을		가	진	다	.		마	지	막	으	로		인	터
넷	과		같	은		통	신	매	체	를		들		수		있	다	.		쌍	방	향		소	통
이		가	능	하	고		다	량	의		정	보	를		생	산	한	다	는		특	징	이
있	다	.																					

이 문제의 유형은 '분류'입니다. 모범답안에서는 '대중매체'를 표현 양식에 따라 분류하고 그 특징을 설명하였습니다.

도입 부분에서는 글의 주제인 '대중매체'를 '(이)란 ~을/를 말한다'라는 표현으로 정의합니다. 제시된 문제에 대중매체에 대한 정보가 없지만 아래 분류된 요소에 대한 특징을 살펴보면 공통적으로 '정보'라는 단어가 들어가 있습니다. 이 단어를 힌트로 '대중매체'는 '정보를 전달하는 수단'이라는 것을 알 수 있습니다. 이를 참고하여 도입 부분의 첫 문장을 구성합니다. 두 번째 문장에서는 '을/를 기준으로 나누면 A, B, C(이)다'라는 표현으로 중심 주제를 분류하여 서술합니다. '표현양식' 대신 '방법, 수단, 도구'와 같은 단어를 사용할 수 있습니다.

전개 부분은 주어진 자료를 참고하여 분류된 A, B, C를 소개합니다.

A, B, C를 소개하는 표현은 다음과 같습니다.

☆ ┌ 'A은/는 a, b, c(으)로 구성된다'
   ├ '다음으로 B이/가 있는데 d, e, f이/가 이에 속한다'
   └ '마지막으로 h, i, j와/과 같은 C을/를 들 수 있다'

그리고 '-(ㄴ/는)다는 특징이 있다', '-(ㄴ/는)다는 특징을 가진다'라는 표현으로 각 분류된 요소의 특징을 설명합니다.

글의 길이나 유형의 특징 때문에 모범 답안에는 마무리 부분이 들어 있지 않습니다.

The type of this question is 'Classification'. The sample answer classifies '대중매체' according to its expression format and describes the characteristic of each.

In the introduction part, '대중매체', the topic of the article, is defined with the expression '(이)란~을/를 말하다'. The presented question does not include any information on mass media, but if you take a close look at the characteristics of each category listed below, you will see that all of them include the word '정보'. Through this word, it can be guessed that '대중매체' means '정보를 전달하는 수단'. By referring to this, you can compose the first sentence for the introduction part. For the second sentence, you can use the expression '을/를 기준으로 나누면 A, B, C (이)다' to categorize and describe the main topic. You could replace the word '표현양식' with '방법, 수단, 도구', etc.

In the main body part, A, B and C categorized in reference to the provided material are introduced.

The expressions which introduce A, B and C are as follows:

Then, the characteristics for each categorized element are explained by the expressions such as '- (ㄴ/는)다는 특징이 있다' or '- (ㄴ/는)다는 특징을 가진다'.

Due to the length of this writing and characteristic of such type of article, this sample answer does not include a conclusion part.

※[53] 최근 한국 사회에서는 출산율이 감소하고 있습니다. 다음 자료를 참고하여 출산율 감소의 원인과 현황을 설명하는 글을 200~300자로 쓰십시오. **30점**

출산율 감소의 원인	출산율의 현황
1. 여성의 사회 진출 증가 2. 양육비에 대한 부담 3. 결혼관의 변화	• 1984년 2.1명 ⇩ • 2014년 1.2명

※출산율 : 한 여자가 평생 낳을 것으로 예상되는 평균 출생아 수

- 출산율 birth rate
- 감소 decrease
- 원인 cause
- 현황 present condition/ current situation
- 평균 average
- 출생아 infant
- 진출 advance
- 양육비 child care expenses
- 결혼관 perspective of marriage

53

아래 빈칸에 200자에서 300자 이내로 작문하십시오 (띄어쓰기 포함).
(Please write your answer below; your answer must be between 200 and 300 letters including spaces.)

최근 한국 사회에서는 출산율이 계속 감소하고 있다. 출산율이란 한 여자가 평생 낳을 것으로 예상되는 평균 출생아 수를 말한다. 1984년 2.1명이었던 출산율은 꾸준히 감소하여 2014년에는 1.2명에 도달했다. 30년 사이에 0.9명이 감소한 것이다. 이러한 감소의 원인은 다음과 같다. 첫째 여성의 사회 진출 증가로 인한 출산율의 감소이다. 둘째, 양육비에 대한 부담으로 인한 출산율의 감소이다. 셋째, 결혼관의 변화도 출산율이 감소하는 데에 영향을 주었다. 이러한 원인으로 출산율은 앞으로도 지속적으로 감소할 것으로 예상된다.

이 문제의 유형은 '분석'으로서 출산율 감소에 대한 '원인-현황'을 쓰면 됩니다.

도입 부분에서는 제시된 문제에 있는 정보를 그대로 사용하여 첫 문장을 구성하고, '출산율'을 '(이)란 ~을/를 말한다'라는 표현으로 정의합니다.

전개 부분은 주어진 자료를 사용하여 설명하면 됩니다. 주어진 자료는 '원인-현황' 순이지만 글의 구성상 '현황'을 먼저 쓰고 그 '원인'을 적는 것이 좋습니다. '현황'을 나타내는 표현으로는 다음과 같은 표현이 있습니다.

☆┌ 'N이었/였던 N은/는 감소/증가하여 N에 도달하다/되다'
　└ '00년 사이에 N이/가 감소/증가하다'

그리고 원인을 '첫째, 둘째, 셋째(먼저, 다음으로, 마지막으로)'를 사용하여 순서대로 적습니다. 이때 '이러한 감소/증가의 원인은 다음과 같다'라는 표현으로 내용을 자연스럽게 연결하면 됩니다. 마무리로 앞으로의 전망을 쓰면 됩니다.

The type of this question is 'Analysis', so you need to write the 'cause-current situation' on the decrease of birth rate.

For the introduction part, compose the first sentence by using the information presented in the question, and define '출산율' by using expression '(이)란 ~을/를 말한다'.

For the main body part, use the provided material and describe them. The provided material shows its 'cause-current situation' in order, but in terms of the answer's structure, it is recommended to write the 'current situation' first and then its 'cause'. The expressions which describe the 'current situation' are as follows:

After that, write each cause in order by using '첫째, 둘째, 셋째 (먼저, 다음으로, 마지막으로).' In here, you can connect with the expression '이러한 감소/증가의 원인은 다음과 같다' naturally. For the conclusion, you can write its future prospect.

53

※[53] 다음 그래프를 보고, 성별에 따라 배우자에 대한 조건이 어떻게 다른지 비교하여 200~300자로 쓰십시오. **30점**

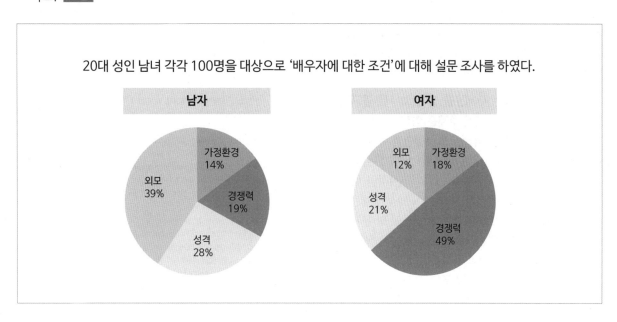

20대 성인 남녀 각각 100명을 대상으로 '배우자에 대한 조건'에 대해 설문 조사를 하였다.

53	아래 빈칸에 200자에서 300자 이내로 작문하십시오 (띄어쓰기 포함). (Please write your answer below; your answer must be between 200 and 300 letters including spaces.)

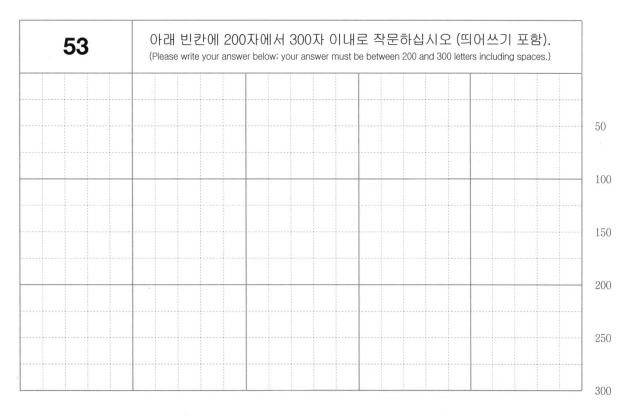

🔖 유형분석

54 주제에 맞게 자신의 생각을 600~700자로 쓰기

주제에 맞게 논리적으로 자신의 생각을 쓰는 문제입니다. 논리적으로 글을 쓰기 위해서는 **'서론-본론-결론'에 맞게 글을 구성**해야 합니다. 그러기 위해서는 **주제와 제시된 과제(질문)에 대한 파악**이 중요합니다.

먼저 **제시되어 있는 주제문을 잘 읽고 서론을 구성**해야 합니다. 그 후 **본론과 결론은 주제문 아래 제시된 두세 개의 과제(질문)가 요구하는 대답을 보충설명과 예를 통해 구성**하시면 됩니다. 이 과제(질문)에 대한 답이 본론과 결론을 구성합니다. 하지만 문제에서는 글의 전체적인 주제와 방향만을 제시할 뿐 과제(질문)에 대한 구체적인 내용을 제시해 주지는 않습니다. 그렇기 때문에 평소에 이 문제로 출제될 만한 주제들에 대해 관심을 갖고 정보를 수집해 놓을 필요가 있습니다. 출제될 만한 주제로는 '행복한 삶의 조건, 지도자로서 갖추어야 할 덕목 및 조건, 미래의 인재상, 대중매체의 올바른 기능, 직업 선택의 조건, 성공의 기준, 바람직한 인간관계, 경쟁의 효과, 토론의 중요성, 환경오염 등' 어느 정도는 추상적인 사회적 현상이 나올 확률이 높습니다. 그러므로 위와 같은 주제에 필요한 배경지식을 넓히고 관련 어휘를 알아 두면 쓰기에 많은 도움이 될 것입니다.

답안을 작성할 때는 유의할 것이 있습니다. 아무리 어휘 문법이 정확하고 내용이 좋더라도 **글의 내용이 주제와 관련이 없으면 높은 점수를 받을 수 없습니다.** 그리고 과제가 두 개면 두 개의 답, 세 개면 세 개의 답, **각각의 대답이 반드시 들어가야 합니다.** 또한 **내용이 바뀔 때마다 문단을 바꿔서 구성**해야 합니다. 서론 한 문단, 두세 개의 과제(질문)에 대한 답으로 구성한 본론과 결론을 두세 문단, 총 3~4개의 문단으로 구성하시기 바랍니다.

먼저 **서론에서는 전체적인 글이 어떤 주제로 진행되는지 알려주는 내용**이 들어가야 합니다. **본론을 구성할 때는 문제에 제시된 주제문을 참고**하면 좋습니다. 주제문은 전체 써야 할 글의 방향을 설명하고 있으며 필요한 어휘들을 소개해 주고 있기 때문에 이를 토대로 문장을 구성하면 됩니다. 첫 문장은 서론으로 전체적인 주제에 대해 관심을 갖도록 하는 내용을 씁니다. 두세 번째 문장은 주제에 대한 진행 상황이나 주제어에 대한 정의, 분석을 씁니다. 마지막 문장은 본론 부분을 소개하는 문장이나 질문으로 구성하면 좋겠습니다.

54

You will be asked to write your opinion logically about the provided topic. To write your answer logically, you should compose your article in the structure of 'introduction-main body-conclusion'. In order to do so, it is important to comprehend the topic and provided task(question).

First, you should read the topic sentence carefully and compose the introduction. After that, compose the main body and conclusion by writing the answer for the two to three questions which include additional explanation and examples. The answer to these questions will compose the main body and conclusion. However, the question provides only the overall topic and direction, not any more details of the question. This is why you need to gather information on the topic which are likely to be in the test questions, from time to time. The topic which is likely to be in the test questions may be an abstract social phenomenon such as 'conditions of living a happy life, virtues and conditions to become a good leader, talents needed for the future, proper function of mass media, conditions of selecting your job, criteria of success, desirable human relationship, effect of competition, importance of debate, environmental pollution, etc'. Therefore, expanding your background knowledge on the topics mentioned above and knowing the related vocabulary will help you to write your answer.

While writing your answer, there are several things you need to be careful. No matter how accurate your vocabulary and grammar are, and how good the content of your writing is, you cannot get a high score if the content of your writing is irrelevant to the topic. Moreover, you need to write an answer for each question; if you are given two tasks, write two answers; and if you are given three tasks, write three answers. Also, you need to change paragraphs when the content changes. Your writing should be composed of total three to four paragraphs; one paragraph for the introduction, and two to three paragraphs for the main body and conclusion which are composed of the answers to the provided two or three questions.

First, in the introduction, you should include what topic the overall article will be about. Then, when you compose the main body, it is recommended to refer to the provided topic sentence. The topic sentence describes how the whole article should be written and introduces the necessary vocabulary, so you should compose your sentences on the basis of these. For the first sentence as introduction, it needs to attract the interest in the overall topic. For the second and third sentences, it needs to write about the progress about the topic, or the definition and analysis on the topic word. For the last sentence, it is recommended to compose it by a sentence or question which introduces the following main body part.

본론은 제시된 두세 개의 과제(질문)를 읽고 그에 대한 대답으로 문장을 구성하면 됩니다. 먼저 질문에 대한 답을 쓰고 그에 대해 **보충설명과 예를 제시하여 논리적으로 설득력을 갖는 문장을 구성**해야 합니다. 내용을 구성할 때는 너무 개인적이거나 논리적이지 않은 내용이 들어가서는 안 됩니다. 일반적이고 충분히 설득력이 있는 내용이어야 합니다. 보충설명에는 여러 가지 방법이 있을 수 있습니다. 구체적인 사례를 들 수도 있고, 과학적 근거 제시, 신문기사의 인용, 속담 등을 사용하여 객관적인 설득을 할 수도 있고, 시대, 남녀, 연령 등을 통해 비교할 수도 있고, 세부적으로 분석을 하여 설명할 수도 있습니다. 그리고 **마지막 문장은 결론으로 본론의 두 문단의 내용을 간단하게 정리하거나 앞으로의 전망 등의 내용을 써서 마무리**하면 됩니다.

답안을 작성할 때는 문어적 표현을 사용해야 합니다. 구어 문법도 사용하지 마십시오. 종결 표현도 반드시 '-(ㄴ/는)다'와 같은 문어적 표현을 사용해야 합니다. 또한 '이/가, 은/는, 을/를' 등과 같은 조사도 꼭 써야 합니다.

어휘와 문법은 가능하면 고급 표현을 사용하면 좋습니다. 어휘는 주제와 관련된 표현들을 미리 익혀야 하고 문법과 표현은 고급에서 전형적으로 사용되는 문법을 알아 두어야 합니다.

※ 채점 기준 및 주의 사항 Scoring Criteria and Notes

구분 Classification	채점 근거 Scoring Criteria	점수 구분 Scoring Categories		
		상	중	하
내용 및 과제 수행(12점) Content and Task Performance	과제의 충실한 수행, 주제와 관련된 내용, 내용의 다양성 Faithful performance of task, Topic-related content, Diversity of content	12~9점 12~9 points	8~5점 8~5 points	4~0점 4~0 points
글의 전개 구조 (12점) Structure of Article Development	글의 구성, 단락 구성, 담화 표지 사용 Composition of writing, Composition of paragraphs, Use of discourse markers	12~9점 12~9 points	8~5점 8~5 points	4~0점 4~0 points
언어사용 (26점) Usage of Language(26 points)	다양한, 적절한, 정확한 문법과 어휘 사용, 문어체 사용 Use of various, appropriate, accurate grammar and vocabulary, Use of literary style	26~20점 26~20 points	18~12점 18~12 points	10~0점 10~0 points

총점 50점 중 24점은 '내용 및 과제 수행, 글의 전개 구조'이고, 26점은 '언어사용'입니다. 53번과 마찬가지로 좋은 점수를 받기 위해서는 먼저 내용 및 과제 수행, 글의 전개 구조가 좋아야 합니다. 문법과 어휘 영역을 다루는 '언어사용'이 50%정도의 비중이지만 내용 및 과제 수행, 글의 전개 구조가 기초가 되지 않으면 '상'그룹에 포함되기 힘듭니다. '상' 그룹에 들어가면 어느 정도 오류가 있어도 기본 점수가 높기 때문에 좋은 점수를 받을 수 있습니다.

For the main body part, you should read the presented questions and compose your sentences in response to them. First, write the answers to the questions and present their additional explanation and examples to compose a persuasive sentence. When you compose the contents, you must not include anything too personal or illogical contents. It should be general and persuasive. There are several ways to explain additionally. You could persuade objectively by providing detailed examples or scientific evidence, quoting a news article, or using a proverb; drawing a comparison between each era, gender, age, etc.; or making an analysis in detail and explain it. Then, as for the last sentence, it is recommended to finish your writing by simply summarizing the two paragraphs of the main body or writing its future prospect.

Write your answer in literary style. You should not use colloquial grammar. Be sure to also use literal expressions such as '-(ㄴ/는)다' to close your sentence. Also, be sure to use postpositions such as '이/가', '은/는', '을/를', etc.

It is preferable to use your vocabulary and grammar of advanced Korean expressions. You need to be familiar with the vocabulary related to the topic beforehand and grammar used in TOPIK Grade 5-6 level writing.

Out of total 50 points, 24 points are for '내용 및 과제 수행 글의 전개 구조' and the remaining 26 points are for '언어 사용'. To get a high score, first of all, the content of article, task performance, and structure of article development should be good. The score for '언어 사용', which evaluates the grammar and vocabulary, may take 50% of total score, but it will be hard to be included in 'excellent' group if your writing lacks basic quality in the content of article, task performance, and development structure of article you are writing. Once your article is included in the 'excellent' group, you can get a high score as a high basic score is guaranteed even though there are some errors.

문법과 표현	예문
A/V-(으)ㄴ 나머지	작은 이익을 얻는 데만 급급한 나머지 더 큰 것을 보지 못하는 경우가 많다.
A-(으)ㄴ 만큼 V-는 만큼	고령화로 인해 노인 인구가 급증하고 있는 만큼 다양한 노인 복지 정책이 마련되어야 할 것이다.
A/V-(으)ㄹ 수밖에 없다	정보화 사회에서 정보력이 부족한 사람은 다른 사람들보다 뒤처질 수밖에 없다.
A/V-(으)ㄹ지도 모르다	미래에는 다양한 목적에 맞는 로봇이 개발되어 인간을 대신하게 될지도 모른다.
A/V-(으)ㄹ지라도	아무리 좋은 제도를 만들었을지라도 효과를 거두지 못하면 아무 소용이 없다.
A/V-(으)리라는	대체 에너지의 개발로 미래의 에너지 부족 문제를 해결할 수 있으리라는 기대감이 커지고 있다.
A/V-(으)므로	어린 학생들은 혼자서 생각하는 능력을 키우는 것이 어려울 수 있으므로 여럿이 모여 생각을 나누는 토의와 토론이 필요하다.
A-냐에 따라(서) V-느냐에 따라(서)	앞으로 얼마나 노력하느냐에 따라서 일의 성공과 실패가 좌우된다.
A/V-다가는	계속 그렇게 주변 환경만을 탓하고 있다가는 앞으로 나아갈 수 없다.
A-다고 하더라도 V-ㄴ/는다고 하더라도 N(이)라고 하더라도	아무리 어렸을 때 외국어를 배우는 것이 효과적이라고 하더라도 조기 유학은 어린 아이들의 정서에 악영향을 미칠 우려가 있다.
A-다기보다는 V-ㄴ/는다기보다는	돈이 없어서 불행하다기보다는 돈이 많은 사람들과 비교하면서 상대적으로 불행하다고 느끼는 것이다.
N을/를 막론하고	문화는 어느 민족을 막론하고 각기 다른 특성을 가지고 있으므로 우열을 가릴 수는 없다.
N을/를 비롯해서	한국을 비롯해서 아시아의 여러 나라들이 호흡기 질환을 일으키는 미세 먼지에 대한 대책을 마련하기 위해 고심하고 있다.
N을/를 통해	정부는 다양한 규제 완화를 통해 경제 활성화를 위해 노력하고 있다.

54

🔍 문제분석

기출문제

※[54] 다음을 주제로 하여 자신의 생각을 600~700자로 글을 쓰십시오. 50점

> 현대 사회는 빠르게 세계화·전문화되고 있습니다. 이러한 현대 사회의 특성을 참고하여 '현대 사회에서 필요한 인재'에 대해 아래의 내용을 중심으로 자신의 생각을 쓰십시오.

> • 현대 사회에서 필요한 인재는 어떤 사람입니까?
> • 그러한 인재가 되기 위해서 어떤 노력이 필요합니까?

〈TOPIK 37회 쓰기 [54]〉
• 세계화 globalization
• 전문화 specialization
• 참고하다 refer
• 인재
  talented person/talent

아래 빈칸에 600자에서 700자 이내로 작문하십시오 (띄어쓰기 포함).
(Please write your answer below; your answer must be between 200 and 300 letters including spaces.)

서론

현대 사회는 과학 기술과 교통의 발달로 많은 변화를 겪고 있다. 그 결과 세계는 점점 가까워져 소위 지구촌 시대라고 불리게 되었다. 이와 함께 지식 생산이 활발해지고 각 영역에서의 경쟁이 치열해지면서 전문화의 중요성이 강조되었다. (이러한 사회에서는 어떠한 인재가 요구될까?) 첫번째 질문을 그대로

본론 ⇒ 첫번째 질문의 답

세계화가 되면서 우선 글로벌 마인드의 구축과 글로벌 인재로서의 역량을 키우는 것이 필요하다. 예전에는 국경이라는 테두리에서 국가 구성원으로서의 기본 자질을 갖추고 사회에서 요구하는 역량을 길러 사회 발전에 기여하는 인재가 요구되었다. 그러나 세계화 시대에는 기본적으로 세계 시민으로서의 역량과 자질을 갖추고 세계를 무대로 활동할 수 있는 인재가 필요하다.

⇒ 두번째 질문의 답

또한 과학 기술의 발달과 전문화가 심화되고 있는 상황에서 각자가 가진 능력을 최대한 발휘하여 경쟁력을 갖추려고 노력해야 한다. 과거에는 단순히 지식이나 기술을 습득하여 이를 활용하는 것만으로도 인재로서의 역량이 가능하였다. 그러나 대량의 정보 속에서 이를 선택하고 활용할 수 있는 지금은 지식의 융복합이나 자신만의 특성화 등을 통하여 전문성을 인정받음으로써 상대적인 경쟁력을 갖추어야 한다. 결론 이렇게 내적으로는 글로벌 마인드를 기르고 외적으로는 전문적인 자기 능력을 갖춰 시대의 변화에 발맞추어 나가야 한다.

50 / 100 / 150 / 200 / 250 / 300 / 350 / 400 / 450 / 500 / 550 / 600 / 650 / 700

이 문제는 '현대 사회에서 필요한 인재'라는 주제로 논리적인 글을 쓰는 것입니다. 주제문 아래 주제와 관련되어 두 가지 과제(질문)가 제시되어 있습니다. 먼저 '현대 사회에서 필요한 인재'는 어떤 사람인지, 그리고 '그러한 인재가 되기 위해서는 어떤 노력이 필요한지'입니다. 기출문제 모범 답안에서는 다음과 같이 내용을 정리하고 있습니다.

먼저 첫 문장은 현대 사회가 변화하는 이유로 과학 기술과 교통의 발달을 들고 있습니다. 중심 주제를 직접 제시하기 이전에 관심을 끄는 문장을 사용했습니다. 그리고 '그 결과' 현대 사회는 세계화, 전문화되고 있다는 주제문의 내용을 좀 더 자세히 제시했습니다. 그리고 서론의 마지막 문장에서는 '이런 사회에서는 어떠한 인재가 요구될까?'라는 질문을 통해 본론의 내용을 소개하고 있습니다.

본론에서는 문단을 바꾸고 본격적으로 과제(질문)에 대한 답을 제시합니다.

두 번째 문단 첫 문장에서는 첫 번째 질문의 답으로 '글로벌 인재로서의 역량을 키우는 것이 필요하다'고 말하고 있습니다. 그리고 그 이후 문장은 첫 문장의 부가적인 설명으로 예전에 필요했던 인재와 현재 필요로 하는 인재를 비교하여 설명하고 있습니다.

세 번째 문단도 첫 문장에서 두 번째 과제(질문)의 답으로 '각자가 가진 능력을 최대한 발휘하여 경쟁력을 갖추려고 노력해야 한다'고 말하고 있습니다. 이후 문장도 두 번째 문단처럼 과거와 현재에 필요한 노력을 비교하여 설명하고 있습니다.

마지막 문장은 결론으로서 본론 부분을 정리합니다. 모범 답안에서는 문단을 나누어 놓지 않았지만 문단을 나누어도 좋습니다.

You are asked to write a logical article on the topic '현대 사회에서 필요한 인재 (talents needed for the modern society)'. Two questions related to the topic are presented below the topic sentence. The questions ask 1) what kind of people are the '현대 사회에서 필요한 인재', and 2) '그러한 인재가 되기 위해서는 어떤 노력이 필요한지'. The sample answer to this question in previous tests organizes its content as follows:

First, the first sentence says that the reason why modern society is changing is the development of science technology and transportation. A sentence to attract a reader's attention has been used before the main topic is presented directly. After that, it provides a more detailed version of the topic sentence stating that '그 결과', the modern society is more globalized and specialized. Then, the last sentence of the introduction introduces the content of the main body part through a question '이러한 사회에서는 어떠한 인재가 요구될까?'.

The main body part presents the answers to the questions in a new paragraph.

As an answer to the first question, the first sentence of the second paragraph states that '글로벌 인재로서의 역량을 키우는 것이 필요하다'. Then, the sentences which follow are additional explanations of the first sentence which compares talents needed in the past with those needed today.

As an answer to the second question, the first sentence of the third paragraph also states that '각자가 가진 능력을 최대한 발휘하여 경쟁력을 갖추려고 노력해야 한다'. The following sentences also compare the efforts needed in the past with those needed today.

The last sentence summarizes the main body part as a conclusion. The paragraph has not been changed in the sample answer, but you may divide paragraphs if necessary.

소위 so-called | **지구촌** global village | **치열하다** intense | **글로벌 마인드** global mindset | **구축** build-up | **역량** competence | **테두리** edge | **자질** talent/quality | **기여하다** contribute | **심화되다** deepen/be intensified | **융복합** convergence | **발맞추다** keep pace

※ [54] 다음을 주제로 하여 자신의 생각을 600~700자로 글을 쓰십시오. **50점**

국가 지도가가 누가 되느냐에 따라 국민들의 삶의 질이 달라지기도 하고 국가의 국제적 위신이 달라지기도 합니다. 최근 세계정세의 흐름에 발맞추어 '이 시대가 원하는 국가 지도자'에 대해 아래의 내용을 중심으로 자신의 생각을 쓰십시오.

- 국가 지도자가 제일로 생각해야 하는 것은 무엇인가?
- 국가 지도자로서 경계해야 할 것은 무엇인가?

- 지도자 leader
- 삶 life
- 질 quality
- 위신 dignity
- 세계정세 world affairs
- 경계하다 beware

54 아래 빈칸에 600자에서 700자 이내로 작문하십시오 (띄어쓰기 포함).
(Please write your answer below; your answer must be between 200 and 300 letters including spaces.)

　국가 지도자는 한 나라와 그 나라 국민의 대표로서 많은 관심을 받기 마련이다. 안으로는 국민들의 삶의 질을 높여야 하고 밖으로는 국제적 경쟁력을 키워 나가야 한다. 그렇기 때문에 누가 국가 지도자가 되느냐에 따라 그 나라의 흥망성쇠가 좌우된다. 그렇다면 이 시대가 원하는 국가 지도자는 어떠한 사람이어야 할까?

　무엇보다 소통하는 사람이어야 한다. 현대 사회는 정치 이념과 관계없이 개인의 인권이 존중받는 시대가 도래했다. 이전처럼 국가 전체의 이익을 위해 인권을 무시하는 시대는 지났다. 그래서 국가 지도자는 국민들이 무엇을 원하는지 귀 기울이고 또 자신의 생각을 전달하고 설득하는 과정을 충분히 가져야만 한다. 이러한 점은 국제적인 관계에서도 마찬가지다. 자국의 이익만을 추구하는 것을 지양하고 소통을 통한 상생을 추구해 나가야 한다.

　권력에 대한 욕심은 높은 자리로 올라갈수록 커져 본질을 잊어버리게 만든다. 국가 지도자는 국민의 지지를 통해서만 그 지위를 유지할 수 있기 때문에 국가 지도자는 권력이 자신으로부터 시작되는 것이 아니라는 것을 잊지 말아야 한다. 예전 왕권 시대에서조차 왕의 권력은 백성으로부터 오기 때문에 백성을 하늘처럼 섬겨야 한다는 말이 있었다. 이렇듯 이 시대가 원하는 지도자는 자신이 갖고 있는 권력이 국민의, 국민에 의한, 국민을 위한 것임을 잊지 말고 소통에 힘써야 할 것이다.

이 문제는 '이 시대가 원하는 국가 지도자'라는 주제로 논리적인 글을 쓰는 것입니다. 주제문 아래 주제와 관련되어 두 가지 과제(질문)를 제시하였습니다. 먼저 '국가 지도자가 제일로 생각해야 하는 것'은 무엇인지, 그리고 '경계해야 할 것'은 무엇인지 묻고 있습니다. 제시된 모범 답안에서는 다음과 같이 글을 구성하고 있습니다.

먼저 첫 문장은 국가 지도자는 많은 관심을 받게 된다고 말하면서 중심 주제를 소개합니다. 그리고 주제문에 나와 있는 말을 가지고 지도자의 국가 안팎에서의 역할을 서술합니다. 그리고 서론의 마지막 문장에서는 '이 시대가 원하는 국가 지도자는 어떠한 사람일까?'라는 질문을 통해 본론 부분에서 서술할 내용을 소개합니다.

본론에서는 문단을 바꾸고 본격적으로 과제(질문)에 대한 답을 제시합니다.

두 번째 문단 첫 문장에서는 첫 번째 질문의 답으로 소통하는 사람을 들고 있습니다. 그리고 그 이후 문장은 첫 문장의 부가적인 설명으로 왜 그렇게 답했는지 그 이유를 과거의 상황과 비교하여 설명합니다. 또 주제문에서 국민과 국제적 관계, 두 가지를 제시한 것을 고려해 국제적인 관계에서도 소통이 필요하다는 것을 서술합니다.

세 번째 문단에서는 첫 번째, 두 번째 문장을 통해 두 번째 과제(질문)의 답으로 '권력에 대한 욕심'을 들고 있습니다. 이후 문장에서는 이전 왕권 시대와 비교하여 설명합니다.

마지막 문장은 결론으로서 본론을 정리합니다. 모범 답안에서는 문단을 나누어 놓지 않았지만 문단을 나누어도 좋습니다.

You are asked to write a logical article on the topic '이 시대가 원하는 국가 지도자'. Two questions related to the topic are presented below the topic sentence. The questions ask 1) what does '국가 지도자가 제일로 생각해야 하는 것', and 2) '경계해야할 것'. The sample answer to this previous question organizes its content as follows:

First, the first sentence introduces the main topic stating that a national leader gains much interest. Then, the next sentence describes a national leader's role inside and outside of the country by using the words mentioned in the topic sentence. After that, the last sentence of the introduction introduces what will be illustrated in the main body part through the question '이 시대가 원하는 국가 지도자는 어떠한 사람일까'.

The main body part presents the answers to the questions in a new paragraph.

As an answer to the first question, the first sentence of the second paragraph states that a national leader should be a communicator. Then, the next sentences are additional explanations of the first sentence which explains why such answer was made by comparing the current situation with the past situation. Also, it describes that good communication skills are needed in international relationships as well, considering that the topic sentence presented both '국민' and '국제적 관계'.

The first and second sentences in the third paragraph show the answer to the second question, which is '권력에 대한 욕심'. The following sentences compare the present political system with the previous monarch era.

The last sentence summarizes the body part as a conclusion. The paragraph has not been changed in the sample answer, but you may divide paragraphs if necessary.

경쟁력 competitiveness | 흥망성쇠 rise and fall | 좌우되다 be controlled | 소통하다 communicate | 정치이념 political belief | 존중받다 be respected | 도래하다 come | 인권 human rights | 귀(를) 기울이다 listen carefully | 설득하다 persuade | 추구하다 pursue | 지양하다 reject | 상생 coexistence/win-win | 지지 support | 백성 (a monarch's) people | 섬기다 serve

54

연습문제

※[54] 다음을 주제로 하여 자신의 생각을 600~700자로 글을 쓰십시오. 50점

　　사람들은 성공을 위해 열심히 뛰어가고 있습니다. 하지만 성공에 대한 정의는 사람들마다 다릅니다. '성공의 기준'에 대해 아래의 내용을 중심으로 자신의 생각을 쓰십시오.

• 성공의 기준은 무엇입니까?
• 성공하기 위해서는 무엇이 필요합니까?

| **54** | 아래 빈칸에 600자에서 700자 이내로 작문하십시오 (띄어쓰기 포함).
(Please write your answer below; your answer must be between 200 and 300 letters including spaces.) |

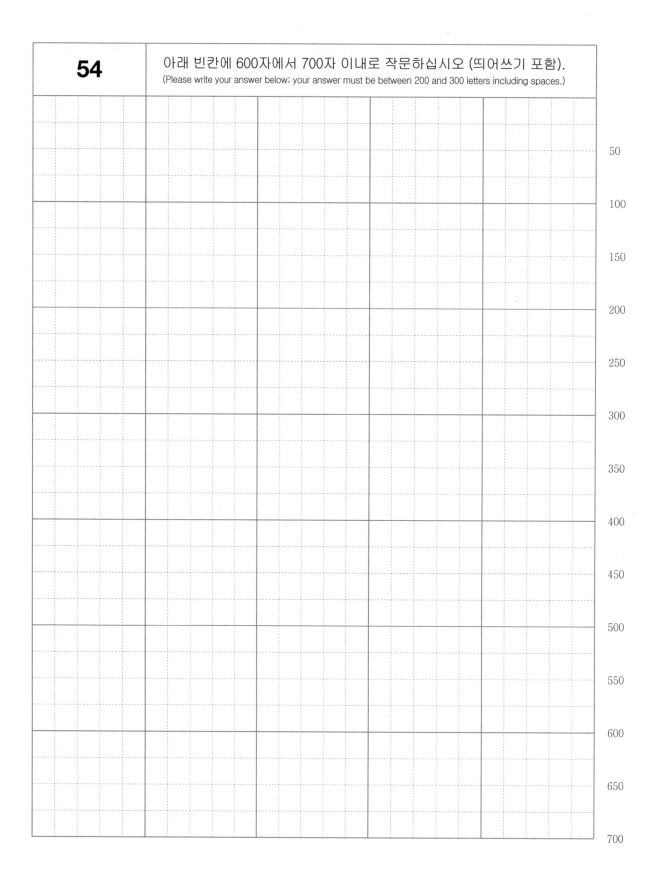

50

100

150

200

250

300

350

400

450

500

550

600

650

700

⟨ 쓰기 연습문제 정답 및 해설 ⟩

51

동아리 회원을 모집하는 광고문입니다. 광고문은 광고를 낸 이유나 목적을 이해하고 '모집 광고'인지 '안내 광고'인지 등을 파악해야 합니다. 이 문제는 제목이 '모집'이므로 회원 모집 광고라는 것을 알 수 있습니다. (㉠) 뒤에 신입 회원이 나오므로 (㉠)에는 신입 회원을 모집한다는 내용을 쓰면 됩니다. (㉡) 뒤에 그래도 괜찮다는 말을 보면 (㉡)에 노래를 못하거나 악보를 못 보냐는 질문이 들어가야 한다는 것을 알 수 있습니다. 그러므로 정답은 다음과 같습니다.

It is an ad for recruiting new members for the club. As for ads, you need to understand the reason or purpose of advertisement and comprehend whether it is a 'recruiting advertisement' or 'informative advertisement'. The title of this question is '모집', so it can be guessed this is a 'recruiting advertisement'. As '신입회원' comes after (㉠), so you should write about recruiting new members in (㉠). As '그래도 괜찮다' comes after (㉡), it can be guessed that you should write a question asking if you cannot sing or read music notes in (㉡). Therefore, the correct answer is as follows:

[모범답안]

㉠ 새로 신입 회원을 모집하려고(뽑으려고) 합니다
㉡ 노래를 잘 못하십니까
　 악보를 볼 줄 모르십니까

52

인간관계에 대한 글입니다. (㉠) 앞에서 많은 문제로 말다툼이 생긴다는 이야기를 하고 있습니다. 그리고 뒤에서는 오해나 실수가 있는지 생각해 보라고 말하고 있으므로 (㉠)에는 많은 문제나 말다툼이 오해나 실수 때문에 생긴다는 내용을 넣으면 됩니다. (㉡) 뒤에서 '하지만' 화가 나더라도 천천히 생각하는 습관을 가져야 한다고 말하고 있으며, 앞에는 '물론'이라는 표현이 있는 것으로 보아 (㉡)에는 화가 났을 때 생각을 하는 것이 어려운 일이라는 내용이 들어가야 한다는 것을 알 수 있습니다. 그러므로 정답은 다음과 같습니다.

It is about human relationship. Before (㉠), it is said that arguments occur due to many problems. Then the following suggests to think if you have any misunderstanding or mistake, so you should write that many problems or arguments occur due to misunderstanding or mistake. After (㉡), it is said that '하지만', you need to have a habit of thinking slowly even when you are angry, and through the expression '물론' comes before (㉡), it can be guessed that you should write that it is hard to think while you are angry. Therefore, the correct answer is as follows:

[모범답안]

㉠ 많은 문제들은 오해나 실수로 생긴다
㉡ 화가 날 때 (무엇을, 무엇인가를) 생각한다는 것이 쉬운 일은 아니다

53

이 문제의 유형은 '분석과 비교'로서 성인 남녀를 대상으로 '배우자의 조건'에 대한 설문 조사를 정리하면 됩니다. 두 종류의 대상과 각 대상별로 항목이 나뉘어 있어 복잡해 보이지만 대상에 따라 순서대로 세부 항목을 설명하면서 두 대상을 비교하면 됩니다.

먼저 문제에 사용된 문장을 그대로 사용하여 도입 부분을 구성합니다(다소 바꿔도 상관없지만 관계없는 다른 내용이 들어가지 않도록 주의해야 합니다).

The type of this question is 'Analysis' and 'Comparison', so you should summarize the results of the questionnaire research on '배우자의 조건' with male and female adults. It may seem complicated as the data include two targets and each target is divided into several categories, but you just need to describe detailed categories for each target in order and compare the two targets.

First, copy the sentence in the question and compose the introduction part. (The sentence may change, but it should not include anything irrelevant.)

전개 부분에서는 제시된 그래프의 순서에 따라 '남자-여자' 순서로 쓰고, 배우자의 조건인 네 가지 세부 항목을 %가 높은 것부터 차례대로 쓰면 됩니다. 이때 남자 부분과 여자 부분을 비교하는 표현으로 '반면에'를 적으면 좋습니다. 설문 조사 결과를 나타내는 표현인 '00%(으)로 나타나다', '00%을/를 차지하다', 'A, B, C 순으로 그 뒤를 잇다/따르다', '은/는 A을/를 N(으)로 꼽다'를 활용하여 쓰면 좋습니다.

마무리는 두 그래프 사이에 공통점과 차이점을 찾아 소개하고, '이상의 설문 조사를 통해'라는 표현과 함께 마지막 문장을 만들면 됩니다. 모범 답안은 다음과 같습니다.

In the development part, you can describe the data provided in the graphs in order of 'man-woman', and write the four detailed categories of qualification of a spouse in order from the highest percentage to the lowest percentage. In here, it is recommended to use '반면에', an expression which indicates comparison, Also, it is good to use expressions to describe the results of a questionnaire research, such as '00%(으)로 나타나다', '00%을/를 차지하다', 'A, B, C 순으로 그 뒤를 잇다/따르다' and '은/는 A을/를 N(으)로 꼽다'.

For the conclusion, you should find and introduce the similarities and differences between the two graphs, and create the last sentence with the expression '이상의 설문 조사를 통해'. The sample answer is as follows:

[모범답안]

> 이십대 성인 남녀를 대상으로 배우자의 조건에 대한 설문 조사를 실시하였다. 조사 결과 남자의 경우 외모가 39%로 가장 높게 나타났으며 성격은 28%, 경제력은 19%, 가정환경은 14% 순으로 그 뒤를 이었다. 반면에 여자는 경제력을 전체의 절반 수준인 49%로 가장 중요한 배우자의 조건으로 꼽았으며 성격이 21%, 가정환경이 18%, 외모가 12% 순으로 그 뒤를 따랐다. 남녀 모두 공통적으로 두 번째 조건을 성격으로 선택한 것으로 나타났다. 이상의 설문 조사를 통해 외모에 대한 조건이 남자가 여자보다 상대적으로 크다는 것을 알 수 있었다.

54

'성공의 기준'이라는 주제로 논리적인 글을 쓰는 문제입니다. 주제문 아래 주제와 관련되어 두 가지 과제(질문)가 제시되어 있습니다. 성공의 기준은 무엇인지, 그리고 성공하기 위해서 무엇이 필요한지 묻고 있습니다.

첫 문단에서는 본론에서 다루게 될 성공의 기준에 대해 간단히 소개하고, 두 번째 문단인 본론에서는 과제(질문)에 대한 답을 써야 합니다. 다음에서 제시하는 모범 답안과 같이 성공에 대한 사전적 의미로부터 시작하여 성공은 결과가 아닌 과정이 중요하다는 주장을 쓰고, 세 번째 문단에서는 성공하기 위해서는 자신에게 맞는 실현 가능한 목표를 세워야 한다는 방향으로 글을 전개해 나가는 것이 좋겠습니다. 이 때에는 자신의 주장을 뒷받침해 줄 수 있는 논리적 설명과 예를 써 주어야 합니다.

You are asked to write a logical article on the topic '성공의 기준'. Two questions related to the topic are presented below the topic sentence. The questions ask, 1) what is the criteria for success is, and 2) what is needed for success.

In the first paragraph, you should introduce the standards of success to be addressed in the main body part simply, and in the second paragraph, the main body part, you should write the answers to the questions. Like the sample answer as follows, you should develop your article by starting with the dictionary definition of success, stating your assertion that to make success, the process is more important than the outcome, and in the third paragraph, it's recommended to develop your article stating it needs to set a feasible goal for each person. In here, you need to write a logical explanation and examples to support your assertion.

[모범답안]

> 사람들은 성공을 위해 매일매일 끊임없이 어딘가로 뛰어가고 있다. 하지만 다른 사람들이 세워 놓은 기준을 자신의 기준으로 착각하고 따라가고 있을지도 모른다. 모든 사람의 외모가 다르듯이 능력이 다르고 환경이 다르다. 그렇기 때문에 같은 기준으로 살아갈 수 없다. 그렇다면 성공의 기준은 무엇이 되어야 할까?
> 성공이란 자신이 세워 놓은 목표를 달성하는 것을 말한다. 돈, 지위, 학위, 명예 등 사람들은 서로 다른 기준을 성공의 기준으로 제시한다. 그렇지만 이렇게 눈에 보이는 결과만을 성공의 기준으로 삼을 수는 없다. 과정을 통해서만 결과를 얻을 수 있기 때문이다. 그렇기 때문에 성공의 기준은 결과가 아닌 과정에서 찾아야 한다. 목표를 이루기 위한 과정 속에서 행복함을 누렸다면 목표 달성과 상관없이 그것은 곧 성공이라 말할 수 있는 것이다.
> 사람들마다 인생에서 얻고자 하는 기준이 다를 뿐만 아니라 능력과 환경도 가지각색이다. 그렇기 때문에 다른 사람과 비교하지 않고 자신의 능력과 환경을 고려하여 자신에게 맞는 실현 가능한 목표를 설정하는 것이 필요하다. 많은 사람들이 선택했다고 해서 그것을 자신의 목표로 설정하는 것은 바람직하지 못한 결정이다. 자신을 돌아보고 자신만의 기준을 세워 그것을 이루기 위해 한걸음씩 걸어 나가면서 행복을 찾는 것이야말로 성공이라 말할 수 있을 것이다.

읽기 영역

TOPIK II
한 권이면 OK

꼭 읽어 보세요!
읽기 시험을 보기 위한 TIP

1. 자신이 목표한 급에 따라 시간을 나누어 사용하기

- TOPIK II 읽기는 **70분 동안 50문제**를 풀어야 합니다. 듣기와 마찬가지로 3·4급 수준의 문항 25개 정도, 5·6급 수준의 문항 25개 정도가 출제되는데 1번부터 50번까지 순서대로 어려워집니다.

- 읽기의 경우 많은 학생들이 시간이 부족해서 시험을 망쳤다고 말합니다. 하지만 자신이 목표로 하는 급수에 맞추어 시간을 분배하면 시간을 충분히 사용할 수 있습니다.

- 3급을 목표로 한다면 읽기에서 40점 이상을, 4급에서는 50점 이상을 받아야 합니다. 즉 **3급에 도전하는 경우 25번 정도까지, 4급에 도전하는 경우 30번 정도까지는 풀어야** 합니다. 중급을 목표로 하는 경우 30번 이후 문제는 아무리 풀고 싶어도 어려워서 쉽게 풀 수 없습니다.

- 그렇기 때문에 **자신이 목표로 한 급수를 생각하면서 필요한 문제 수를 고려하여 시간을 사용**하시기 바랍니다.

- 절대로 70분 동안 50문제를 **모두 풀겠다는 욕심을 버리십시오**. 자신이 3급을 목표로 했다면 25번까지 충분한 시간을 가지고 문제를 풀고, 4급을 목표로 했다면 30번까지 충분한 시간을 가지고 문제를 푸시기 바랍니다.

- 고급에 도전하는 경우에는 중급 문제를 집중해서 빨리 풀고 고급 단계의 문제에 시간을 충분히 사용하시기 바랍니다.

- TOPIK은 선택지 ①②③④번이 25%씩 나옵니다. 그렇기 때문에 자신의 **수준에 맞는 문제를 확실하게 풀고 나머지는 자신이 선택한 답 이외에 적게 나온 번호를 골라 표시**하는 것이 좋습니다.

2. 문제 유형 파악해 두기

- 지문을 읽기 전에 먼저 전체 문제를 파악하고 있어야 합니다. TOPIK은 매회 같은 유형의 문제가 출제됩니다.

- 예를 들어 [9~12]번은 '글 또는 도표의 내용과 같은 것'을 고르는 문제가 나오고, [25~27]번은 '신문기사의 제목'을 보고 '가장 잘 설명한 것'을 고르는 문제가 나옵니다.

- 각 문제 유형들은 어느 정도 그 수준에 맞는 주제를 가지고 있습니다. 중급 단계의 문제는 일상적인 생활에서 접할 수 있는 주제가 나오는 반면 고급 단계로 갈수록 사회적인 주제나 과학적인 주제가 다루어집니다. 그렇기 때문에 고급 단계의 문제를 풀기 위해서는 최근 이슈가 되고 있는 사회적, 과학적 분야에 대한 어휘와 내용들을 알고 있어야 합니다. 시간을 내어 포털사이트에 올라오는 주요 뉴스들에 관심을 가지고 공부하시기 바랍니다.

3. 문제와 선택지를 먼저 파악하고 지문 읽기

— 지문을 읽기 전에 문제와 선택지 ①②③④를 먼저 봐야 합니다. 문제와 선택지를 먼저 보면서 무엇을 찾아야 하는지 미리 생각해 두고 지문을 읽으면 답을 빨리 찾을 수 있습니다.

— 그리고 선택지의 내용이 지문에 없는 경우 선택지 옆에 "x"로 표시해 두면 답을 빨리 찾는데 도움이 됩니다.

4. 빨리 훑어 읽기

— 처음에는 전체적으로 빠르게 훑어 읽으면서 문제에서 찾아야 하는 부분이 어디에 있는지 찾기 바랍니다.

— 지문을 읽을 때 **절대로 입으로 소리를 내는 것처럼 읽지 마십시오**. 평소에 한 글자 한 글자를 읽는 것이 아니라 **띄어쓰기나 문법 단위로 나누어 읽는 연습을** 하시기 바랍니다.

— 예를 들어 '나/는/ 오/늘/ 수/업/ 후/에/ 도/서/관/에/ 갈/ 생/각/이/다.'라는 문장을 한 글자씩 읽게 되면 17단계를 거쳐야 합니다. 다음과 같이 '나는/ 오늘/ 수업 후에/ 도서관에/ 갈 생각이다.'라고 띄어쓰기나 문법 단위로 읽으면 5단계만 거치면 되기 때문에 시간을 아낄 수 있습니다.

— 이러한 방법은 평소에 연습하지 않으면 안 됩니다. 습관이 들 수 있도록 평소에도 연습을 하시기 바랍니다.

5. 접속 부사가 있는 부분은 집중해서 읽기

— '순서대로 맞게 배열한 것 고르기', '괄호 안에 들어갈 내용 찾기', '제시된 문장이 들어갈 곳 찾기' 등에서는 접속 부사가 단서가 됩니다.

— '주제 찾기', '중심 생각 찾기'에서는 '하지만, 반면에, 따라서, 그러므로 등'의 **접속 부사가 나와 있는 문장에 주제나 중심 생각이 나올 확률이** 높습니다.

Tips for Reading Test

1. Distributing the testing time for target grade

- During the Listening Test of TOPIK, you will need to complete 50 questions in 70 minutes. Like the Listening Test, there are about 25 questions of TOPIK Grade 3-4 level and 25 questions in TOPIK Grade 5-6 level, and each question becomes harder and harder until you reach question #50.

- As for the reading test, many students say that they didn't do well on the test due to tight time. However, if you distribute the testing time according to the grade you are aiming, there will be enough time for you.

- For Grade 3, you need to get a score no less than 40 points, and for Grade 4, no less than 50 points. Thus, if you are challenging for Grade 3, you need to solve the questions up to #25, and for Grade 4, up to #30. Those who are aiming at Grade 3-4 would find the questions after #30 too difficult to solve, even if you want to solve them.

- Therefore, you need to distribute the testing time considering the number of questions according to the Grade you are aiming.

- You would rather not attempt to solve all 50 questions in 70 minutes. If you are aiming for Grade 3, you need to take enough time and solve the questions up to #25, and for Grade 4, take enough time and solve the questions up to #30.

- If you are challenging for Grade 5-6, you should concentrate and solve the Grade 3-4 level questions as quickly as possible and spend enough time solving the Grade 5-6 level questions.

- Each of the answer choices ①, ②, ③ and ④ takes 25% of the correct answers of TOPIK. Therefore, it is recommended to solve the questions which you think easy, and then for the rest of questions, mark the answer choice of which number has been less chosen.

2. Comprehending the type of question beforehand

- It is important to comprehend the type of overall questions before reading the passage. TOPIK issues the same type of questions in every test.

- For instance, questions [9-12] ask to choose '글 또는 도표의 내용과 같은 것(what corresponds with the article or chart)', and questions [25-27] ask to read the '신문기사의 제목(headline of a news article)' and choose '가장 잘 설명한 것(what describes it best)'.

- Each type of question has a topic that matches with the level of question in some extent. TOPIK Grade 3-4 questions have topics that can be encountered in everyday life, but as you go on to more difficult questions, social topics or scientific topics will be dealt. Therefore, you need to know the vocabulary and contents of social and scientific fields being hot issues recently. You should take your time to read the main news at portal sites and learn them with interest.

3. Understanding the question and answer choices before reading the passage

- Before reading the passage, you should check the question and answer choices ①, ②, ③ and ④ first. You should quickly find the correct answer by thinking of what to find while checking the question and the answer choices before reading the passage.
- Also, it would help you find the correct answer quickly if you mark "X" next to the answer choice of which content does not appear in the passage.

4. Reading the passage quickly

- First, you need to read the overall passage quickly and check where the part you need to find in the passage is located.
- When you read the passage, you must not speak out when reading it. You should practice reading the passage in the unit of space or grammar, not character by character.
- For instance, if you read the sentence '나/는/ 오/늘/ 수/업/ 후/에 /도/서/관/에/ 갈/ 생/각/이/다'. character by character, you need to go through 17 steps. You can save time by going through only 5 steps for the same sentence If you read it in the unit of space or grammar as follows: '나는/ 오늘/ 수업 후에/ 도서관에/ 갈 생각이다'.
- You won't be able to read like this unless you practice in everyday life. Please practice usually so that it can become your reading habit.

5. Concentrating on the part including conjunctive adverbs

- In questions which ask you to '순서대로 맞게 배열한 것 고르기(choose the correct order of the sentences)', '괄호 안에 들어갈 내용 찾기(choose the best content that fits the parenthesis)', '제시된 문장이 들어갈 곳 찾기(choose where the provided sentence fits)', etc., its conjunctive adverb is the clue.
- In questions which ask you to '주제 찾기(choose the topic)', or '중심 생각 찾기(choose the main idea)', the sentence which includes a conjunctive adverb such as '하지만', '반면에', '따라서', '그러므로', etc. is likely to show the topic or main idea.

1-2

✏️ 오늘의 어휘

대표	representative	명	나는 우리 반 대표로 반장이 되었다.
발표	presentation	명	나는 발표를 할 때 너무 긴장을 해서 걱정이다.
부서	department	명	우리 부서에서는 기획 업무를 맡고 있다.
일정	schedule	명	갑자기 내린 폭우로 여행 일정이 모두 취소되었다.
취소되다	be canceled	동	주연 배우가 사고가 나는 바람에 공연이 취소되었다.

🌱 오늘의 문법

A/V-아/어야	앞의 상황이 뒤에 오는 행동의 이유나 근거가 됨을 나타낸다. 앞의 상황이 뒤에 오는 행동의 필수적인 조건을 나타낸다. This expresses that the preceding situation is the reason of the following behavior. The preceding situation shows the essential condition of the following act. 예 학생증이 있어야 도서관에서 책을 빌릴 수 있다.
V-기로 하다	어떤 행위를 할 것을 결정하거나 약속함을 나타낸다. This expresses a decision or a promise to do a certain act. 예 우리는 주말에 극장에서 영화를 보기로 했다.
A-(으)ㄴ 탓에 V-는 탓에	앞의 상황으로 인해 부정적인 결과가 생겼을 때 사용한다. This is used when the preceding situation causes a negative effect. 예 어제 술을 많이 마신 탓에 오늘 일을 제대로 마치지 못했다.
V-는 대신(에)	앞의 행위를 뒤의 상황으로 대체하거나 보상함을 나타낸다. This expresses that the preceding behavior is replaced or compensated by the following situation. 예 주말에 근무를 하는 대신(에) 평일에 하루를 쉴 수 있다. 쌀이 떨어져서 밥을 먹는 대신(에) 빵을 먹기로 했다.
V-는 김에	앞의 행위를 하면서 그 일을 기회로 다른 일도 같이 하게 됨을 나타낸다. This expresses that an opportunity has been given to do other work while doing the preceding work. 예 시장에 가는 김에 내일 만들 김밥 재료도 사 왔다.

V:동사 동, A:형용사 형, N:명사 명

1-2

📖 유형분석

1~2 괄호에 들어갈 가장 알맞은 것 고르기

문장의 내용을 읽고 알맞은 문법과 표현을 찾는 문제입니다. 이 문제를 풀기 위해서는 **중급 수준의 문법과 표현을 정확하게 알고 있어야 합니다.** 지금까지 TOPIK에 많이 출제된 문법과 표현을 다음 페이지에 따로 정리해 두었으니 참고하시기 바랍니다. 또 아래와 같이 **함께 사용되는 문법과 표현**을 알아 두면 문제를 푸는 데 도움이 됩니다.

※ 함께 사용되는 문법과 표현
1) A/V-(으)ㄴ/는 탓에 ~ 안/못 A/V
2) A/V-(으)ㄴ/는 걸 보니 ~ A/V-(으)ㄹ 모양이다
3) A/V-아/어야 ~ A/V-(으)ㄹ 수 있다
4) A/V-(ㄴ/는)다면 ~ A/V-(으)ㄹ 것이다
5) A/V-아/어도 ~ A/V-아/어야 한다
6) A/V-았/었더라면 ~ A/V-았/었을 것이다

You will be asked to read a sentence and to choose the proper grammar or phrase. To solve this question, you need to know the grammar and expressions of TOPIK Grade 3-4 level accurately. For your reference, the grammar and expressions which have frequently appeared in previous TOPIK tests are separately listed in the next page. Also, It would be helpful to know the following grammar and expressions used together to solve the questions.

1-2

🔍 문제분석

기출문제

※[1~2] (   )에 들어갈 가장 알맞은 것을 고르십시오. 각 2점

1~2 아침에 일찍 (   ) 일곱 시 비행기를 탈 수 있다.
   ① 일어나야 ⎯ 조건   ② 일어나려고
   ③ 일어나며   ④ 일어나더니

<TOPIK 37회 읽기 [1]>

1~2

'아침 일찍 일어나다'는 '비행기를 탈 수 있다'의 조건이 되기 때문에 '-아/어야'가 사용됩니다. 따라서 정답은 ①입니다.

'아침 일찍 일어나다' is the condition of '비행기를 탈 수 있다', so '-아/어야' should be used. Therefore, the correct answer is ①.

샘플문제

※[1~2] (   )에 들어갈 가장 알맞은 것을 고르십시오. 각 2점

1~2 내일 민수 씨가 우리 부서 대표로 발표를 (   ).
   ① 해 버렸다   ② 하는 듯했다
   ③ 하기로 했다   ④ 하는 척했다

1~2

'내일'이라는 표현이 있기 때문에 종결 표현에 과거형은 사용할 수 없습니다. '-기로 하다'는 미래에 어떤 행위를 할 것을 결정, 결심하거나 약속함을 나타내기 때문에 사용할 수 있습니다. 따라서 정답은 ③입니다.

Because of the expression '내일', you cannot use past tense in closing expression. '-기로 하다' can be used as it indicates that the speaker has decided, made up mind or promised to do a certain action in the future. Therefore, the correct answer is ③.

♻ 중요 문법과 표현 1 (연결 표현)

: 지금까지 TOPIK에 출제된 중요 문법과 표현입니다.

The following are the key grammar and expressions which appeared in previous TOPIK tests.

분류	문법과 표현	예문
연결 표현	A/V-거나	스트레스를 받으면 운동을 하거나 청소를 해요.
	A/V-거든	고향에 도착하거든 이메일 보내 주세요.
	V-고 나서	주말에 청소를 하고 나서 요리를 했어요.
	V-느라고	친구들이랑 노느라고 숙제를 못 했어요.
	V-는 길에	집에 돌아오는 길에 과일 좀 사 오세요.
	V-는 대로 1	선생님이 가르쳐 주는 대로 공부하면 시험을 잘 볼 수 있어요.
	V-는 대로 2	수업이 끝나는 대로 바로 식당으로 오세요.
	A-(으)ㄴ 대신에, V-는 대신에	① 내가 한국어를 가르쳐 주는 대신에 너는 중국어를 가르쳐 줘. ② 오늘 수업을 안 하는 대신에 토요일에 수업을 합시다.
	A-(으)ㄴ 데다가, V-는 데다가	오늘은 비가 오는 데다가 바람까지 불어서 제대로 걸을 수가 없다.
	V-다 보면	김치가 처음에는 맵지만 먹다 보면 맵지도 않고 맛있을 거예요.
	A/V-더니	① 아침에는 날씨가 춥더니 오후가 되니 따뜻해졌어요. ② 매일 열심히 공부하더니 장학금을 받았군요. ③ 친구는 전화를 받더니 수업 중간에 나가 버렸어요.
	A/V-더라도	아무리 힘들고 지치더라도 포기하면 안 돼요.
	V-도록	① 밤이 늦도록 딸이 돌아오지 않아서 걱정이에요. ② 칠판에 글씨가 잘 보이도록 크게 써 주세요.
	A/V-든지	① 우산이 비싸든지 싸든지 무조건 사 오세요. ② 집에 가든지 도서관에 가든지 네 마음대로 해.
	V-듯이	그 사람은 돈을 물 쓰듯이 쓴다.
	A/V-아/어도	무슨 일이 있어도 오늘까지는 이 일을 꼭 끝내야 해요.
	A/V-았/었더라면	시험 준비를 열심히 했더라면 합격했을 텐데.
	V-(으)나 마나	선생님께 물어보나 마나 허락하지 않으실 거예요.
	V-(으)려고	친구 결혼식 때 입으려고 양복을 미리 사 두었다.
	V-(으)려다가	친구랑 밥 먹으러 가려다가 그냥 도서관에 가기로 했어요.
	V-(으)려면	한국어를 잘 하려면 열심히 공부해야 돼요.
	A/V-(으)ㄹ수록	한국어는 배우면 배울수록 재미있어요.
	V-(으)면서	저는 음악을 들으면서 공부를 해요.
	A/V-(으)ㄹ까 봐	대학교 입학시험에 떨어질까 봐 걱정이에요.
	A/V-(으)ㄹ 뿐만 아니라	내 친구는 운동도 잘할 뿐만 아니라 공부도 잘한다.
	A/V-(으)ㄹ 정도로	그 영화는 눈물이 날 정도로 슬펐지만 울지 않고 참았다.
	V-자마자	나는 방학을 하자마자 고향으로 돌아갈 생각이에요.

♻ 중요 문법과 표현 2 (종결 표현)

: 지금까지 TOPIK에 출제된 중요 문법과 표현입니다.

The following are the key grammar and expressions which appeared in previous TOPIK tests.

분류	문법과 표현	예문
종결 표현	A/V-거든요	배가 고파요. 아침부터 아무것도 안 먹었거든요.
	V-곤 하다	나는 시간이 나면 공원을 산책하곤 해요.
	A/V-기 마련이다	사람은 나이가 들면 누구나 늙기 마련이에요.
	V-기로 하다	이번 방학에는 친구와 함께 여행을 가기로 했어요.
	A/V-게 되다	다음 달에 미국으로 유학을 가게 되었어요.
	V-는 수가 있다	그렇게 공부를 안 하다가는 후회하는 수가 있어.
	A/V-던데요	어제 그 영화를 봤는데 엄청 재미있던데요.
	V-도록 하다	여러분, 지각하지 말고 일찍 오도록 하세요.
	V-아/어 있다	우리 교실 벽에는 세계지도와 시계가 걸려 있다.
	A/V-았/었으면 하다	대학교를 졸업하고 한국에서 직장을 구했으면 합니다.
	V-(으)려나 보다	하늘이 어두워지는 걸 보니 비가 오려나 봐요.
	V-(으)려던 참이다	저도 지금 막 가려던 참이었어요.
	A-(으)ㄴ 줄 모르다, V-는 줄 모르다	영미 씨가 한국어를 이렇게 잘하는 줄 몰랐어요.
	A-(으)ㄴ 걸요, V-는걸요	평소에는 몰랐는데 치마를 입으니 여성스러운걸요.
	A/V-(으)ㄹ 듯하다	오늘 일이 많아서 회식에 참석하지 못할 듯합니다.
	A/V-(으)ㄹ 리가 없다	등산을 싫어하는 다나카 씨가 산에 갈 리가 없어요.
	A-(으)ㄴ 모양이다, V-는 모양이다	수업 시간에 조는 걸 보니 피곤한 모양이에요.
	V-(으)ㄹ 뻔하다	아침에 급하게 뛰어오다가 넘어질 뻔했어요.
	A/V-(으)ㄹ 뿐이다	그는 아무 말도 없이 웃고만 있을 뿐이다.
	A/V-(으)ㄹ 수밖에 없다	그렇게 열심히 하는데 성공할 수밖에 없지요.
	V-(으)ㄹ걸 그랬다	돈이 있을 때 좀 아껴서 쓸걸 그랬어요.
	A/V-(으)ㄹ걸요	영미 씨는 감기에 걸려서 오늘 학교에 못 올걸요.
	V-(으)ㄹ까 하다	내일 친구랑 영화나 볼까 해요.
	A/V-(으)ㄹ지도 모르다	나도 모임에 가고 싶지만 일이 있어서 못 갈지도 몰라요.

1-2

🖱 연습문제

※[1~2] (　　)에 들어갈 가장 알맞은 것을 고르십시오. **각 2점**

1 어제 눈이 많이 (　　　) 여행 일정이 모두 취소되었다.

　　① 올 텐데　　　　　　　　　② 온 탓에

　　③ 올 만큼　　　　　　　　　④ 온 데다가

2 어제 백화점에서 옷을 (　　　) 신발도 샀다.

　　① 사길래　　　　　　　　　② 사느라고

　　③ 사는 대신　　　　　　　　④ 사는 김에

3-4

✏️ 오늘의 어휘

목적지	destination	명	손님을 목적지까지 안전하게 모셔다 드리겠습니다.
실수	mistake	명	실수로 어머니께서 아끼시는 그릇을 깨뜨렸다.
반드시	surely	부	지금은 헤어지지만 언젠가는 반드시 만나게 될 것이다.
아무리	however/no matter how	부	아무리 바빠도 부모님께 가끔 안부는 전해야 한다.
잘못	wrong/by mistake	부	버스를 잘못 타는 바람에 학교에 늦게 도착했다.
견디다	endure	동	힘들어도 참고 견디면 좋은 날이 올 거야.
도착하다	arrive	동	조금 전에 출발했으니까 곧 도착할 거예요.
서두르다	hurry/rush	동	이 시간에는 길이 막힐 테니까 서둘러야 해요.
연락하다	contact/call	동	급할 때에 연락할 수 있는 전화번호를 써 주세요.
참다	bear/persevere	동	병원에 다 왔으니 조금만 참으세요.

🪣 오늘의 문법

A-(으)ㄴ 척하다 V-는 척하다	어떤 상황처럼 보이게 하려고 거짓으로 행동함을 나타낸다. This expresses that someone makes a false behavior to make it look like a different situation. 예 친구가 준 선물이 마음에 들지 않았지만 좋아하는 척했다.
V-자마자	앞의 행위가 끝나고 바로 뒤의 행위가 이루어질 때 사용한다. This is used when a certain behavior follows immediately after the preceding behavior is done. 예 숙제가 끝나자마자 바로 텔레비전을 켰다.
A/V-더라도	앞의 상황이 어렵거나 힘들지만 뒤의 상황에는 전혀 영향을 주지 않음을 나타낸다. This expresses that the preceding situation is hard or difficult, but it doesn't affect the following situation mentioned at all. 예 태풍이 불더라도 오늘 시험은 반드시 봐야 한다.
A-(으)ㄴ 법이다 V-는 법이다	앞의 상황이 발생하는 것이 당연함을 나타낸다. This expresses it is natural that the preceding situation occurs. 예 사람은 나이가 들면 누구나 늙는 법이다.

3-4

📖 유형분석

3~4 밑줄 친 부분과 의미가 비슷한 것 고르기

밑줄 친 부분의 문법과 표현의 의미가 비슷한 것을 찾는 문제입니다. 대부분 **문장 중간에 오는 연결 표현과 문장 마지막에 오는 종결 표현이 한 문제씩 출제**되고 있습니다. 중급 수준의 문법을 잘 알아 두어야 정답을 찾기가 쉽지만, 그렇지 않을 경우에는 **밑줄 친 부분의 앞뒤 표현의 의미를 통해서 문법의 의미를 유추**할 수도 있습니다. 지금까지 많이 출제된 문법과 표현을 다음 페이지에 따로 정리해 두었으니 참고하시기 바랍니다.

You will be asked to choose grammar or expression of similar meaning to the underlined part. Usually, one question will ask you to choose a connecting expression that comes in the middle of sentence, and the other question will ask you to choose a concluding expression that comes at the end of sentence. You would be able to choose the correct answer easily if you know the grammar of TOPIK Grade 3-4 level well; otherwise, the meaning of grammar in the underlined part can be inferred through the meaning of the preceding and following expressions. For your reference, the grammar and expressions which have frequently appeared in previous TOPIK tests are separately listed in the next page.

3-4

🔍 문제분석

기출문제

※[3~4] 다음 밑줄 친 부분과 의미가 비슷한 것을 고르십시오.
각 2점

3~4 후배가 한 잘못을 알고 있었지만 미안해할까 봐 <u>모르는 척 했다.</u>

① 모르는 체했다   ② 모르는 듯했다
③ 모르는 편이다   ④ 모르기 마련이다

〈TOPIK 37회 읽기 [4]〉

3~4
'알고 있지만 거짓으로 모르는 것처럼 행동하다'라는 뜻을 가진 종결 표현 '-(으)ㄴ/는 척하다'가 나왔습니다. 이 종결 표현과 비슷한 표현은 '-(으)ㄴ/는 체하다'이므로 정답은 ①입니다.

The expression '-(으)ㄴ/는 척하다' which means '알고 있지만 거짓으로 모르는 것처럼 행동하다' is used as the closing form. The expression similar to this is '-(으)ㄴ/는 체하다', so the correct answer is ①.

샘플문제

※[3~4] 다음 밑줄 친 부분과 의미가 비슷한 것을 고르십시오.
각 2점

3~4 목적지에 <u>도착하는 대로</u> 반드시 가족들에게 연락해 주세요.

① 도착하더니   ② 도착하면서
③ 도착한다면   ④ 도착하자마자

3~4
'앞의 동작이 끝난 후에 바로 뒤의 행동을 하다'라는 뜻을 가진 연결 표현 '-는 대로'가 나왔습니다. 이 연결 표현과 비슷한 표현은 '-자마자'이므로 정답은 ④입니다.

The expression '-는 대로' which means '앞의 동작이 끝난 후에 바로 뒤의 행동을 하다' appeared to link the phrases. The expression similar to this is '-자마자,' so the correct answer is ④.

♻ 비슷한 문법과 표현

: 지금까지 TOPIK에 출제된 중요 문법과 표현입니다.

The following are the key grammar and expressions which appeared in the previous TOPIK tests.

분류	문법과 표현	예문
연결 표현	A/V-고 V-(으)ㄴ 채	눈을 감고 노래를 불렀다. 눈을 감은 채 노래를 불렀다.
	A/V-기 때문에 V-느라고	친구의 고민을 들어 주었기 때문에 숙제를 못 했다. 친구의 고민을 들어 주느라고 숙제를 못 했다.
	V-는 길에 V-다가	학교에 가는 길에 편의점에 들렀다. 학교에 가다가 편의점에 들렀다.
	A/V-아/어 봐야 A-다고 해도, V-ㄴ/는다고 해도	지금 출발해 봐야 제시간에 도착할 수 없다. 지금 출발한다고 해도 제시간에 도착할 수 없다.
	V-(으)ㄴ 탓에 V-는 바람에	늦잠을 잔 탓에 수업에 지각을 하고 말았다. 늦잠을 자는 바람에 수업에 지각을 하고 말았다.
	A/V-(으)면 A/V-거든	피곤하면 오늘은 일찍 들어가서 쉬어라. 피곤하거든 오늘은 일찍 들어가서 쉬어라.
	A/V-(으)ㄹ 뿐만 아니라 A-(으)ㄴ 데다가, V-는 데다가	내 친구는 얼굴도 예쁠 뿐만 아니라 성격도 좋아요. 내 친구는 얼굴도 예쁜 데다가 성격도 좋아요.
	V-(으)ㄹ 정도로 V-(으)ㄹ 만큼	그녀는 눈이 부실 정도로 아름다웠다. 그녀는 눈이 부실 만큼 아름다웠다.
종결 표현	A/V-기를 바라다 A/V-았/었으면 하다	내년에도 건강하고 행복한 해가 되기를 바랍니다. 내년에도 건강하고 행복한 해가 되었으면 합니다.
	A-다고 생각하다, V-ㄴ/는다고 생각하다 A-(으)ㄴ 셈 치다, V-는 셈 치다	이제 가면 언제 올지 모르니 저를 없다고 생각하세요. 이제 가면 언제 올지 모르니 저를 없는 셈치세요.
	V-(으)려고 하다 V-(으)ㄹ 참이다	그렇지 않아도 지금 너한테 전화하려고 했어. 그렇지 않아도 지금 너한테 전화 할 참이었어.
	A/V-(으)ㄴ가/나 보다 A-(으)ㄴ 모양이다, V-는 모양이다	책이 많은 걸 보니 책을 좋아하나 봐요. 책이 많은 걸 보니 책을 좋아하는 모양이에요.
	A-(으)ㄴ 척하다, V-ㄴ/는 척하다 A-(으)ㄴ 체하다, V-ㄴ/는 체하다	나는 헤어진 남자친구를 보고 못 본 척했어요. 나는 헤어진 남자친구를 보고 못 본 체했어요.
	A/V-(으)ㄹ 수밖에 없다 A/V-지 않을 수 없다	어제 잠을 못 잤으니 잠이 올 수밖에 없지요. 어제 잠을 못 잤으니 잠이 오지 않을 수 없지요.

3-4

※[3~4] 다음 밑줄 친 부분과 의미가 비슷한 것을 고르십시오. 각 2점

3 아무리 어렵고 <u>힘들지라도</u> 잘 참고 견뎌야 합니다.

① 힘들수록   ② 힘들다니

③ 힘들더라도   ④ 힘들었더라면

4 일을 서둘러서 처리하면 실수를 <u>하는 법이다.</u>

① 할 것 같다   ② 하는 듯하다

③ 할 리가 없다   ④ 하기 마련이다

5-8

✏️ 오늘의 어휘

사용	usage	몡	이곳은 전자제품 사용을 제한하고 있습니다.
이상	abnormality/disorder	몡	제품에 이상이 생기면 언제든지 교환해 드립니다.
지식	knowledge	몡	학교에서는 지식 이외에도 많은 것을 배울 수 있다.
간직하다	keep	동	나는 너와의 추억을 소중하게 간직하고 있다.
놓치다	miss/lose	동	집으로 가는 막차를 놓쳐서 택시를 탔다.
늘리다	increase/expand	동	학교는 학생을 위해 체육 시설을 늘렸다.
보관하다	keep/store	동	귀중한 물건은 개인이 따로 보관해 주십시오.
복용하다	take	동	약품을 복용할 때에는 의사나 약사와 상의하십시오.
상의하다	discuss/consult	동	나는 앞으로의 계획에 대해서 부모님과 상의하였다.
썩다	rot/decompose	동	음식이 썩지 않도록 냉장고에 보관해 주십시오.
책임지다	take responsibility for	동	그 일은 제가 책임지고 하겠습니다.

🌱 오늘의 문법

A/V-(으)면 되다	어떤 조건이나 기준에 맞으면 문제가 없음을 나타낸다. This expresses that there are no problem if it satisfies the conditions or standards. 예 명동으로 가려면 4호선을 타고 명동역에서 내리면 돼요.
V-는 데(에)	어떤 행위를 하는 경우를 뜻하며 뒤에는 방법이나 조건이 제시된다. This means doing a certain behavior; and its method or condition follows it. 예 살을 빼는 데(에)는 식사량을 줄이는 게 도움이 된다.
V-는 동안	앞의 행위가 지속되는 시간을 나타낸다. This expresses the time which the preceding behavior lasts. 예 친구를 기다리는 동안 휴대 전화로 게임을 했다.

📖 유형분석

광고나 안내문을 읽고 무엇에 대한 글인지 고르는 문제입니다. 핵심적인 표현들을 찾아 무엇에 대한 내용인지 파악해야 하는데, 특히 **다른 글씨보다 굵거나 크게 쓴 부분이 핵심 표현이 될 확률이 높습니다.** 핵심 표현은 기본적인 의미도 알아야 하지만 문장이나 문맥 안에서 조금 다른 의미로 사용되기도 하기 때문에 어떤 의미로 쓰이는지를 파악해서 답을 찾아야 합니다.

You will be asked to read an ad or informative notice and to choose what it is about. You need to find the key expressions and to comprehend what the article is about; especially, the part where the letters are bolder or bigger is likely to be the key expression. It is important to know the basic meaning of the key expression, but it may be used in a different meaning in the sentence or context, so you should comprehend what it means in the sentence and choose the correct answer.

5~7 광고를 보고 무엇에 대한 글인지 고르기

5번 문제는 보통 일상생활에서 많이 쓰이는 사물을 고르는 문제가 출제됩니다. 아래에 제시된 기출문제의 예와 같이 **핵심 단어를 중심으로 해당되는 사물을 찾아야 합니다.**

> 예 새롭다, 세상, 읽다, 눈 ⇨ 신문 / 신선도, 온도, 조절하다 ⇨ 냉장고 /
> 깨끗하다, 풀리다, 닦이다 ⇨ 휴지

6번은 제시된 광고 문구를 읽고 해당되는 장소를 고르는 문제입니다. **핵심 단어를 중심으로 알맞은 장소를 골라야 합니다.** 아래에 제시된 기출문제의 핵심 단어와 정답을 참고하십시오.

> 예 아프다, 참다, 수술 ⇨ 병원 / 흐리다, 보이다 ⇨ 안경점 /
> 소중하다, 배달하다 ⇨ 우체국

7번은 **보통 기업이나 단체가 공공의 이익을 목적으로 한 광고**가 나오는데, 이를 읽고 알맞은 제목을 고르는 문제입니다. 아래에는 선택지에 많이 출제되는 어휘를 정리한 것입니다.

> ※ 출제 가능 어휘: 소개, 정보, 계획, 관리, 활동

In question #5, you will be asked to choose a thing which is often used in daily life. You need to choose such thing based on the key words, as seen in the following examples which appeared in the previous tests.

In question #6, you will be asked to read the provided ad copy and choose the appropriate place. You need to choose the most appropriate place based on the key word. Read the following key words and correct answers of the previous tests for your reference.

In question #7, an advertisement made by companies or organizations for public interests is usually shown, and you will be asked to read it and to choose the appropriate title. The following is the vocabulary which frequently appears in the answer choices.

8 안내문 읽고 무엇에 대한 글인지 고르기

주의 사항이나 안내 사항에 대한 문장을 읽고 제목을 고르는 문제입니다. 지금까지 **상품이나 의약품 등에 대한 주의 사항, 문의 방법에 대한 안내 등에 대해 출제**되었습니다. 아래에는 선택지에 많이 출제되는 어휘를 정리한 것입니다.

> ※ 주요 어휘
> 1) 상품, 제품 + 구입, 문의, 설명, 안내 ⇨ 제품 문의, 상품 구입
> 2) 교환, 구입, 모집, 문의, 보관, 사용, 신청, 이용, 환불 + 방법
> ⇨ 문의 방법, 신청 방법
> 3) 교환, 구입, 모집, 사용, 상품, 신청, 이용, 재료, 제품 + 안내
> ⇨ 상품 안내, 모집 안내
> 4) 문의, 안내, 유의, 주의 + 사항 ⇨ 주의 사항, 안내 사항
> 5) 내용, 상품, 제품, 특징, 효과 + 소개 ⇨ 상품 소개, 내용 소개

You will be asked to read a sentence of a precaution or informative notice and to choose the appropriate title for it. So far, the questions have provided precautions or method of inquiry, etc., of products or medical supplies. The following is the vocabulary which frequently appear in the answer choices.

5-8

🔍 문제분석

기출문제

※ [5~8] 다음은 무엇에 대한 글인지 고르십시오. 각 2점

5~7

쉿!

상대방 **목소리**까지 **들립니다**.
공공장소에서는 작은 소리도 **소음**일 수 있습니다.

① 전화 예절   ② 식사 예절   ③ 건강 관리   ④ 안전 관리

※ '소리'와 관련된 예절

8

• **시원한** 장소에 **보관**하십시오.
• **사용** 후 뚜껑을 꼭 **닫으십시오.**

① 주의 사항   ② 재료 안내   ③ 구입 방법   ④ 제품 문의

〈TOPIK 36회 읽기 [7]〉
• 상대방 the other/counterpart
• 들리다 hear
• 공공장소 public place
• 소음 noise
• 예절 etiquette
• 안전 safety

5~7

공공장소에서의 주의사항입니다. 핵심 단어로는 '목소리, 들리다, 공공장소, 소음' 등이 해당되므로 이와 관련된 내용은 ①의 '전화 예절'입니다.

It is a sign posted at a public place. Its key words are '목소리', '들리다', '공공장소', '소음', so the answer choice related to these is '전화 예절' in the answer choice ①.

〈TOPIK 37회 읽기 [8]〉
• 뚜껑 lid/cover

8

핵심 단어를 먼저 찾으면 '보관하다, 사용, 닫다'입니다. 따라서 '보관하는 방법'이나 '보관할 때 주의해야 할 사항'에 대한 내용이므로 답은 ①의 '주의 사항'이 됩니다.

If you find the key words first, they are '보관하다, 사용, 닫다'. Therefore, it is about 'how to store something' or 'directions of storage,' so the correct answer is '주의사항' in the answer choice ①.

※[5~8] 다음은 무엇에 대한 글인지 고르십시오. 각 2점

5~7

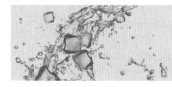

시원한 회오리바람!
당신의 여름을 책임집니다.

① 컴퓨터　　② 가습기　　③ 세탁기　　④ 에어컨

8

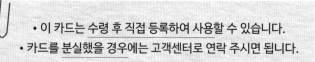

• 이 카드는 수령 후 직접 등록하여 사용할 수 있습니다.
• 카드를 분실했을 경우에는 고객센터로 연락 주시면 됩니다.

① 주의 사항　② 이용 방법　③ 사용 문의　④ 신청 안내

• 회오리 whirlwind/tornado
• 가습기 humidifier
• 세탁기 washing machine

5~7

핵심 단어로는 '시원하다, 바람, 여름' 등이
해당됩니다. 따라서 이와 관련된 전자제품
은 ④의 '에어컨'이 정답입니다.

Its key words are '시원하다', '바람', '여름'.
Therefore, the answer choice related to
this is '에어컨' in answer choice ④.

• 수령 receipt
• 등록하다 register
• 분실하다 lose (something)
• 고객센터 customer service center
• 문의 inquiry
• 안내 guide

8

핵심 단어로는 '카드, 수령, 사용하다, 분실
하다' 등입니다. 따라서 카드를 이용하는 방
법에 대해서 이야기하고 있으므로 정답은
②입니다.

Its key words are '카드', '수령', '사용하다',
'분실하다'. Therefore, it is about how to
use a credit card, so the correct answer
is ②.

5-8

※ [5~8] 다음은 무엇에 대한 글인지 고르십시오. 각 2점

5

엄마의 사랑처럼
따뜻함을 오래오래 간직합니다.

① 믹서기　　　　② 보온병　　　　③ 선풍기　　　　④ 텔레비전

6

놓치면 후회되는 반값 할인!
당신의 지식 창고를 늘려 드리겠습니다.

① 서점　　　　② 식당　　　　③ 대사관　　　　④ 미술관

7

마시는 데 5분
버리는 데 1초
썩는 데는 20년 걸립니다.

① 건강 관리　　　② 환경 문제　　　③ 안전 관리　　　④ 상품 소개

8

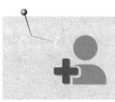

- 지시된 복용법과 용량을 정확히 지키셔야 합니다.
- 복용하는 동안 몸에 이상이 나타나면 약사나 의사와 상의하십시오.

① 교환 안내　　　② 제품 설명　　　③ 주의 사항　　　④ 구입 방법

믹서기 mixer | 보온병 thermos | 선풍기 fan | 반값 half-price | 창고 warehouse | 지시되다 be instructed | 복용법 usage (of medicine) | 용량 dosage | 정확히 accurately | 제품 product | 주의 caution/precaution | 구입 purchase

9-12

✏️ 오늘의 어휘

개성	character	명	나는 개성 있는 옷차림이 좋다.
계기	chance/opportunity	명	월드컵을 계기로 축구에 대한 관심이 많아졌다.
고민	worry/trouble	명	나는 고민이 생기면 친구들에게 이야기한다.
대상	subject/target	명	20대 남녀 500명을 대상으로 설문 조사를 하였다.
무료	free of charge	명	구청에서 어려운 이웃들에게 무료로 식사를 제공한다.
상담	consulting/counselling	명	선생님은 학생들과 진로 상담을 할 계획이다.
제한	limit	명	이곳은 흡연 제한 구역입니다.
주제	topic	명	지금 건강이라는 주제로 강의를 하고 있다.
개최하다	hold	동	우리나라는 올림픽을 성공적으로 개최했다.
밀집되다	be concentrated	동	서울은 인구가 밀집되어 있는 도시이다.
참가하다	participate	동	이번 행사에는 부모님들도 함께 참가합니다.
해결하다	solve	동	나는 친구의 고민을 해결해 주었다.
자연스럽다	natural	형	외국인인데 한국어 발음이 자연스럽다.

🌱 오늘의 문법

N밖에	다른 가능성이 없이 그것만을 선택함을 나타낸다. 뒤에는 부정 표현이 온다. This expresses that there are no other options but to choose a certain thing. A negative expression follows. 예 지금 가지고 있는 돈이 만 원밖에 없어요.
A/V-(으)면	뒤에 오는 문장에 대한 조건이나 가정을 나타낸다. This expresses a condition or an assumption of the sentence which follows. 예 주말에 시간이 나면 전화해 주세요.
A/V-게 되다	어떤 상황이 외부의 영향에 의해서 바뀜을 나타낸다. This expresses that a certain situation iss changed due to external influences. 예 한국에 살면서 매운 김치도 먹게 되었어요.

9-12

📖 유형분석

9 안내문의 내용과 같은 것 고르기

안내문을 보고 내용과 같은 것을 고르는 문제입니다. 먼저 **제목을 보고 전체적으로 무엇에 대한 안내문인지 파악**합니다. 그러고 나서는 글 안의 내용을 중심으로 선택지와 비교해 가면서 관련이 없는 내용을 하나씩 지워 가며 정답을 찾는 것이 좋습니다. **특히 안내문 안에 있는 추가로 표기된 '( )' 괄호의 내용이나 '※' 참고표의 내용**을 중점적으로 살펴봐야 합니다. 기간이나 시간, 요금과 관련된 안내가 많이 나오므로 숫자를 주의해서 살펴봐야 합니다. 아래에 많이 출제되는 어휘를 제시하고 있으니 참고하십시오.

※ 주요 어휘와 문법
1) 출제 가능 어휘
   - 기간, 일시: 평일, 주말, 내내
   - 시간, 일시: 오전, 오후
   - 장소, 곳: 실내, 실외
   - 비용: ~료, ~비, 무료, 유료, 할인, 세일
   - 대상: 이하, 이상, 미만, 초과, 연령
   - 기타: 단, 다만, 문의, 접수, 신청, 연락
2) 출제 가능 문법
   : N만, N밖에, A/V-(으)면, A/V-(으)ㄹ 수 있다/없다, N을/를 통해서

10 도표의 내용과 같은 것 고르기

먼저 **제목과 항목을 보고 무엇에 대한 도표인지 파악**해야 합니다. 보통 도표는 막대형과 원형이 나오는데, 도표의 수치와 선택지에 제시된 문장을 비교해 가면서 내용이 일치하지 않는 것들을 하나씩 지워 가면 정답을 찾을 수 있습니다. 이 문제에는 아래와 같은 비교에 사용되는 표현이 많이 나옵니다.

※ 비교 표현: N보다 더, N에 비해서, N에 비하면, N(으)로 인해서

11~12 글의 내용과 같은 것 고르기

정보 전달을 목적으로 하는 글을 읽고 같은 내용을 고르는 문제입니다. **전시회나 공연, 행사 등과 관련해서 안내하거나 공지하는 글이 자주 출제**되고, 이외에도 설문 조사 결과나 새로운 정보를 전달하는 글이 출제됩니다. 이 문제는 제시된 글을 순서대로 읽으면서 선택지가 맞는지 틀리는지를 판단해야 합니다. 글의 내용과 선택지를 잘 비교해 가며 관련이 없는 내용을 하나씩 지워 나가야 합니다. 그리고 선택지의 문장에 사용되는 표현들은 위의 글에 나온 표현을 그대로 사용하는 경우가 많지 않기 때문에 유사한 어휘들을 알고 있어야 같은 의미를 찾아낼 수 있습니다.

9

You will be asked to read an informative notice and to choose what matches with it. First, you should read the title and comprehend what it informs about. After that, you should compare the content of the article with the answer choices, and exclude the irrelevant contents one by one to choose the correct answer. In particular, you need to focus on the content in the parenthesis '( )' or the reference table next to '※' additionally marked in the notice. It usually shows the duration, time or charge, so you should read the numbers carefully. For your reference, the following is the vocabulary which frequently appears in the answer choices.

10

First, you should read the title and items and comprehend what it is about. Generally, the charts are either a bar type or pie type, and you should find the correct answer while comparing the numbers in the chart with the sentences in the answer choices, and exclude the irrelevant contents one by one. In this question, expressions which indicate comparison as follows frequently appear.

11~12

You will be asked to read an article of which purpose is to convey information and then to choose what matches with it. The questions have usually provided guidance or announcement related to exhibitions, performances, events, etc., and also have provided results of a questionnaire research or an article conveying new information. For this question, you need to read the provided article in order and to judge whether each answer choice is true or false. While reading the article in order, you need to judge whether each relevant answer choice is right or wrong. You should compare the contents of the article with the answer choices properly and exclude each answer which is irrelevant to the article one by one. Also, the answer choices hardly use the exactly same expressions used in the passage above, so knowing the similar vocabulary would help you to find the same meaning.

9-12

🔍 문제분석

기출문제

※[9~12] 다음 글 또는 도표의 내용과 같은 것을 고르십시오. 각 2점

9

제10회 가을 사진전

국내 유명 작가 9인의 사진 전시회가 열립니다.
가족을 주제로 한 개성 있는 작품을 만나 볼 수 있습니다.

◉ 전시 기간: 2014년 11월 3일(월) ~ 11월 12일(수)
◉ 관람 시간: 10:00 ~ 18:00 (주말 오후 4시 작가와의 대화)
◉ 관람료: 5,000원
※ 가족 사진을 가지고 오시면 무료로 입장할 수 있습니다.

서울전시관

① 여러 나라 작가가 이번 전시회에 참여한다. X
② 이 전시회에 가면 가을에 대한 사진을 볼 수 있다. X
③ 가족 사진을 들고 가면 관람료를 내지 않아도 된다.
④ 작가와의 대화는 전시회 기간 동안 날마다 진행된다. X

※ 내용과 관계없는 것은 'X'
　① 국내 유명 작가　② 가족에 대한 사진　④ 주말 오후 4시

10

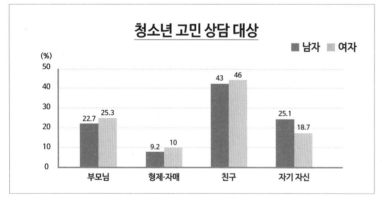

① 남녀 모두 부모님보다 친구에게 고민 상담을 많이 한다.
② 남녀 모두 형제와 자매에게 고민 상담을 가장 많이 한다. X
③ 혼자서 고민을 해결하는 청소년은 여자보다 남자가 더
　적다. X 남자>여자
④ 부모님에게 고민을 말하는 청소년은 남자보다 여자가 더
　적다. X 여자>남자

<TOPIK 36회 읽기 [9]>
• 사진전 photo exhibition
• 국내 domestic
• 유명 작가 famous author
• 전시회가 열리다 an exhibition is held
• 작품 work
• 관람 see/watch
• 입장하다 enter
• 참여하다 participate

9
이 글은 사진 전시회 안내 글입니다. '※' 참고표에 가족 사진을 가지고 오면 입장료가 무료라고 했으므로 관람료 5,000원을 내지 않아도 됩니다. 따라서 정답은 ③입니다.

It is an informative notice of a photo exhibition. The reference next to '※' states that the admission is free if you bring your family photo, which means you do not need to pay 5,000 Korean won for admission. Therefore, the correct answer is ③.

<TOPIK 36회 읽기 [10]>
• 청소년 teenager

10
이 도표는 '청소년 고민 상담 대상'이 누구인지를 남녀 비율로 나타낸 것입니다. 남녀 모두 친구(남 43%, 여 46%)에게 고민 상담을 가장 많이 하고 있으므로 ①이 정답입니다.

The chart shows the percentage of whom teenagers want for counselling, by gender. Both genders mostly have counselling with their friends about their trouble (male 43%, female 46%), so ① is the correct answer.

11~12

> 아침신문사에서는 오는 12월 20일에 한국어 말하기 대회를 개최한다. 이 대회는 <u>한국에 사는</u> 외국인 대학생을 대상으로 하며 주제는 '나와 한국'이다. 참가를 원하는 사람은 <u>발표할 내용을 원고지 10장 정도</u>의 글로 써서 12월 5일까지 <u>이메일로 보내면</u> 된다. 예선은 원고 심사로 대신하며 <u>본선 참가자는 홈페이지를 통해 공지할 예정이다.</u>

① 대회에서 발표할 <u>원고의 양은 제한이 없다.</u> X
② <u>외국에서 살고 있는</u> 사람도 참가할 수 있다. X
③ 본선 참가자는 홈페이지에서 확인할 수 있다.
④ 신청자는 <u>신문사에 가서 원고를 제출하면</u> 된다. X

※ 내용과 관계없는 것은 'x'
　① 원고지 10장 정도 ② 한국에 사는 ④ 이메일로

샘플문제

※ [9~12] 다음 글 또는 도표의 내용과 같은 것을 고르십시오. [각 2점]

9

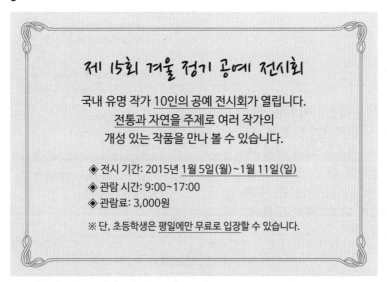

제 15회 겨울 정기 공예 전시회

국내 유명 작가 <u>10인</u>의 공예 전시회가 열립니다.
전통과 자연을 주제로 여러 작가의
개성 있는 작품을 만나 볼 수 있습니다.

◈ 전시 기간: 2015년 <u>1월 5일(월)~1월 11일(일)</u>
◈ 관람 시간: 9:00~17:00
◈ 관람료: 3,000원

※ 단, 초등학생은 <u>평일에만</u> 무료로 입장할 수 있습니다.

① 이번 겨울 정기 공예 전시회는 개인전이다.
② 전시회는 일주일 동안 전통과 관련해서 진행된다.
③ 이 전시회에서는 겨울에 대한 공예 작품을 볼 수 있다.
④ 초등학생들은 언제나 관람료를 내지 않고 들어갈 수 있다.

<TOPIK 37회 읽기 [11]>
• 발표하다 announce
• 원고지 manuscript paper
• 예선 qualifying competition
• 원고 manuscript
• 심사 evaluation
• 본선 final competition
• 공지하다 notice/announce

11~12
이 글은 '한국어 말하기 대회'에 대한 내용입니다. 글의 마지막 문장에 '본선 참가자는 홈페이지를 통해 공지할 예정이다'라고 했으므로 ③이 정답입니다.

It is about 'Korean language speech contest.' The last sentence of the article says that '본선 참가자는 홈페이지를 통해 공지할 예정이다', so ③ is the correct answer.

• 정기 regular
• 공예 crafts
• 전통 tradition
• 전시 display/exhibition
• 관람료 admission
• 평일 weekdays
• 개인전 private exhibition
• 관련하다 be related
• 언제나 all the time/always

9
이 글은 전시회 안내 글입니다. 전시 기간은 1월 5일부터 1월 11일까지 일주일 동안이고, 전통과 자연을 주제로 열린다고 했으므로 정답은 ②입니다.

It is an exhibition guide. The exhibition period is one week from January 5th to 11th and its topic is tradition and nature, so the correct answer is ②.

10

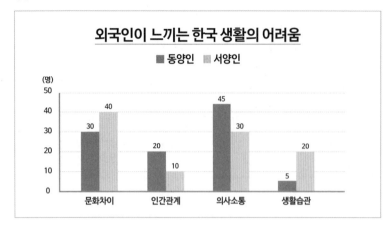

① 동서양 모두 문화가 달라서 생기는 불편함은 크지 않다.
② 인간관계로 인한 어려움은 서양인이 동양인보다 더 심하다.
③ 서양인은 생활습관 보다는 언어 교류에 더 어려움을 느낀다.
④ 동양과 서양의 외국인 모두 의사소통에 어려움이 제일 많다.

11~12

최근 동대문역사문화공원 주변에 동대문디자인플라자(DDP)가 들어섰다. 이 일대는 동대문 의류 상가와 봉제, 의류, 패션 관련 산업이 밀집된 지역이다. 서울의 대표 관광 명소인 동대문은 DDP가 들어서면서 공연과 전시, 상업, 관광과 숙박 등의 복합 문화 공간이 될 예정이다. 이곳은 주변 지역 활성화와 도시 환경 개선의 계기가 되고 '패션 문화 관광지구'로 본격 개발될 것으로 보인다.

① 이곳에서 패션 관련 디자인을 공부할 수 있다.
② DDP가 들어서면서 주변 지역도 활성화될 것이다.
③ 동대문 일대에는 공연 관련 산업이 밀집되어 있다.
④ 도시환경 개선을 위해 서울 주변 지역을 개발 중이다.

• 문화차이 cultural difference
• 인간관계 human relationship
• 의사소통 communication
• 생활습관 life habit
• 동서양 the East and West
• 불편함 inconvenience
• 동양인 easterner/Asian
• 서양인 westerner • 심하다 severe
• 언어 교류 linguistic exchange

10
이 도표는 '외국인이 느끼는 한국 생활의 어려움'에 대한 내용을 조사한 것입니다. 동양인은 의사소통→문화차이→인간관계→생활습관 순으로 어려움을 느끼는 것으로 조사되었습니다. 서양인은 문화차이→의사소통→생활습관→인간관계 순으로 나타났습니다. 따라서 서양인은 생활습관보다는 언어 교류(의사소통)로 인해서 더 어려움을 느끼고 있으므로 정답은 ③입니다.

The chart shows the result of a survey on '외국인이 느끼는 한국 생활의 어려움'. It was researched that Asian foreigners feel difficult in the order of communication, cultural difference, human relationship and lifestyle. And western foreigners feel difficult in the order of cultural difference, communication, lifestyle and human relationship. Therefore, western foreigners feel difficult in linguistic exchange (communication) than Korean lifestyle, so the correct answer is ③.

• 들어서다 enter   • 일대 whole area
• 의류 상가 shopping arcade for clothing
• 봉제 sewing
• 패션 산업 fashion industry
• 관광 명소 tourist attraction
• 상업 commerce
• 숙박 accommodation
• 복합 문화 공간 cultural complex
• 활성화 activation
• 관광지구 tourist district
• 본격 in earnest
• 개발되다 be developed

11~12
동대문디자인플라자(DDP)가 동대문 일대의 주변 지역을 활성화시키고 환경을 개선시키는 계기가 되었다고 했으므로 정답은 ②입니다.

It states that Dongdaemun Design Plaza(DDP) provided motivation to revitalize the surrounding area of Dongdaemum and to improve its environment, so the correct answer is ②.

9-12

연습문제

※[9~12] 다음 글 또는 도표의 내용과 같은 것을 고르십시오. 각 2점

9

제 12회 온주 불꽃 축제
◈ 일시: 2015년 10월 3일(토) 19:00~22:00
◈ 장소: 온주 해수욕장
◈ 대상: 전 연령 가능
◈ 참가비: 무료
◈ 문의 방법: 전화 (☎ 038-123-9876)
※ 자세한 내용은 홈페이지를 참고하시기 바랍니다.

① 불꽃 축제는 주말에 이틀 동안 개최된다.
② 아이들은 위험해서 축제에 참가할 수 없다.
③ 온주에 사는 사람들만 무료로 축제를 볼 수 있다.
④ 축제에 대한 내용은 인터넷을 통해서도 확인할 수 있다.

10

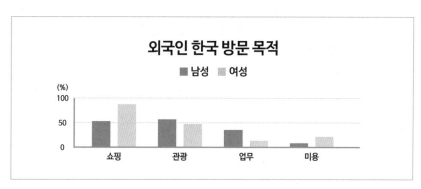

① 남녀 모두 한국에 관광하러 가장 많이 온다.
② 남성은 관광보다는 일을 하러 한국에 더 많이 온다.
③ 관광으로 방문하는 외국인은 남성이 여성보다 더 많다.
④ 여성은 미용보다 업무 때문에 한국을 더 많이 방문한다.

불꽃 flame | **축제** festival | **해수욕장** beach | **전 연령** all ages | **가능** possibility | **참가비** entry fee | **참고하다** refer to | **방문** visit |
목적 purpose | **관광** sightseeing | **업무** business/work | **미용** beauty care

11

서울의 한강에 '한강공원 여름 캠핑장'이 개장되어 많은 시민들이 도심에서 캠핑을 즐길 수 있다. 한강 여름 캠핑장은 여름이면 캠핑장에 쌓이는 쓰레기로 눈살을 찌푸리게 하는 경우가 많았다. 이런 부정적인 이미지를 버리기 위해 전시 및 체험 행사 등 다양한 프로그램을 개발하여 새로운 캠핑 문화를 보여 주고 있다. 캠핑장은 여름철 오후 3시부터 다음날 오전 11시까지 이용할 수 있다. 예약은 홈페이지에서 할 수 있으며, 대여품, 이벤트 및 프로그램 안내 등 각종 정보도 확인할 수 있다.

① 캠핑장 예약은 인터넷 또는 전화로 할 수 있다.
② 한강 공원에서 사계절 모두 캠핑을 할 수 있게 되었다.
③ 다양한 프로그램을 체험할 수 있는 한강공원 캠핑장이 개장되었다.
④ 한강에 쌓이는 쓰레기로 인해 도심에서 캠핑을 즐길 수 없게 되었다.

12

마음의 병이 있는 사람들이 낯선 사람을 만나서 자신의 속마음을 이야기하고 치료 받는 것은 쉽지 않은 일이다. 최근 말로 표현해 내기 어려운 감정들을 그림이나 색으로 표현해서 마음을 치료하는 방법이 이용되고 있다. 색을 이용한 치료는 자기의 감정이 자연스럽게 나타나기 때문에 증상을 치료하여 없애는 것이 아니라 병의 원인을 찾아내어 치료해 주는 것이라 할 수 있다. 이렇게 정신과 치료를 목적으로 음악이나 향기, 미술 등을 이용하는 경우가 많아지고 있다.

① 말로 표현하기 어려운 감정은 그림이나 색으로 표현할 수 있다.
② 색을 이용한 치료는 병의 원인보다는 증상을 치료하는 방법이다.
③ 인간의 마음을 치료하기 위해서는 잘 모르는 사람들을 만나야 한다.
④ 마음의 병이 있는 사람들은 그림이나 색으로 자신의 감정을 표현한다.

개장되다 be opened | 도심 downtown | 캠핑을 즐기다 enjoy camping | 쌓이다 be piled up | 체험 행사 experience event | 눈살을 찌푸리다 frown | 대여품 rental items | 이벤트 event | 낯설다 be unfamiliar/strange | 속마음 (innermost) mind | 치료 cure/treatment | 표현하다 express | 감정 emotion/feelings | 증상 symptom | 없애다 get rid of/remove | 정신과 psychiatric clinic | 향기 scent | 미술 art

13-15

✐ 오늘의 어휘

규칙	rule	명	사람들은 정해진 규칙에 맞게 행동해야 한다.
능률	efficiency	명	스트레스가 많이 쌓이면 일의 능률이 떨어진다.
반면	whereas/on the other hand	명	그는 운동은 잘하는 반면에 공부에는 취미가 없다.
위반	violation	명	지난달 교통 신호 위반으로 벌금 10만원을 냈다.
축소	reduction	명	회사 규모 축소로 인해 많은 사원들이 퇴직을 했다.
판매	sale	명	우리 회사는 광고를 통해서 판매를 증가시켰다.
억지로	by force	부	나는 먹고 싶지 않은 밥을 억지로 먹었다.
도입되다	be introduced	동	새로 나온 휴대 전화에 신기술이 도입되었다.
우려하다	concern/worry	동	최근 개발로 인한 환경 파괴를 우려하고 있다.
종사하다	be engaged in	동	우리 부모님은 시골에서 농업에 종사하고 계신다.
표시하다	show/express	동	나는 여행 가고 싶은 곳을 지도에 표시했다.
특별하다	special	형	그는 동물들에게 특별한 애정을 가지고 있다.

🌱 오늘의 문법

V-기 위해(서)	뒤의 내용을 하는 목적을 나타낸다. This expresses the purpose of the following content. 예 나는 부모님을 기쁘게 해 드리기 위해(서) 열심히 공부했다.
N(이)라도	어떤 상황을 가정했을 경우 뒤 상황과 상관없음을 나타낸다. This expresses that an assumed situation has nothing to do with the following situation. 예 힘든 여행이라도 너만 간다면 같이 갈게.
N에 의하면	뒤 내용에 대한 근거를 나타낼 때 사용한다. This is used to describe the reason of the following content. 예 뉴스에 의하면 노인 인구가 점점 증가하고 있다고 한다.
A/V-건 A/V-건	서로 반대되는 두 개의 상황과는 상관이 없다는 것을 나타낼 때 사용한다. '-든 -든'으로 바꿔 쓸 수 있다. This is used to indicate that the subject has nothing to do with the two other situations which are contrary to each other. 예 내일 네가 산에 가건 안 가건 (상관없이) 나는 등산할 생각이야.

📖 유형분석

13~15 순서대로 맞게 배열한 것 고르기

네 개의 문장을 순서에 맞게 배열하는 문제입니다. 각 **문장의 제일 앞에 오는 단어나 표현이 순서를 찾는 가장 중요한 단서가 됩니다.** '그중 하나가, 그 때문에, 이는, 그러자, 이것이, 이렇게' 등과 같은 표현들은 앞 문장에 그 문장과 의미상 이어질 수 있는 주요 표현이므로 이러한 표현들 위주로 순서를 맞춰야 합니다.

문제는 첫 문장을 잘 찾아야 합니다. **첫 문장에는 주로 글 전체의 주제를 나타내는 일반적인 문장이** 옵니다. 순서가 배열된 선택지에는 첫 문장이 2개로 나누어 제시되기 때문에 **첫 문장을 찾기 힘들 때에는 선택지에서 단서를 찾으면 됩니다.** 두 번째 문장부터는 첫 번째 문장에 대한 구체적인 설명, 이유 설명, 반대 내용 제시 등의 문장이 옵니다. 이때에는 앞서 제시한 '그중 하나가, 그 때문에, 이는, 그러자, 이것이, 이렇게'와 같은 표현들이 많이 사용되므로 **문장 앞에 오는 표현들**을 통해 앞과 뒤의 짝을 하나씩 찾다 보면 순서에 맞게 배열할 수 있을 것입니다. 아래에 있는 많이 출제되는 표현을 참고하십시오.

※ 중요 표현

1) 추가: 또는, 또한, 그리고, 게다가
2) 반대: 하지만, 그런데, 반대로, 반면, 그러나, 오히려
3) 이유: 왜냐하면, 그렇기 때문에
4) 결과: 그래서, 그러니까, 따라서, 그러므로

You will be asked to arrange four sentences in sequence. The most important clue to find the correct sequence is the very first word or expression in each sentence. Expressions such as '그중 하나가, 그 때문에, 이는, 그러자, 이것이, 이렇게', etc. are the key conjunctive expressions which link the sentence and its preceding sentence in terms of meaning, so you need to put the sentences in sequence on the basis of such expressions.

For this question, you need to find the first sentence exactly. The first sentence is usually a general sentence which expresses the topic of the overall article. If you have trouble finding the first sentence, you should find the clue in the answer choices because the first sentence is divided into two in the answer choices. The following sentences are detailed descriptions, explanations of reasons, or objections to the first sentence. In here, expressions such as '그중 하나가, 그 때문에, 이는, 그러자, 이것이, 이렇게' are often used, so if you find a pair of sentences linked together by these expressions which come first in the sentence, you would be able to arrange the sentences in sequence by coupling the pairs. For your reference, the following is the expressions which frequently appear in the tests.

13-15

🔍 문제분석

기출문제

※[13~15] 다음을 순서대로 맞게 배열한 것을 고르십시오. 각 2점

13~15

> (가) 정부는 이러한 규칙 위반을 줄이기 위해 '착한 운전 마일리지 제도'를 실시할 예정이다.
>
> (나) 이는 교통 규칙을 잘 지키는 운전자에게 벌점이 아니라 상점을 주는 방식이다.
>
> (다) 하지만 벌점 제도가 있어도 규칙 위반은 크게 줄어들지 않고 있다.
>
> (라) 보통 운전자들이 교통 규칙을 위반하면 벌점을 받게 된다.

① (가) – (다) – (라) – (나)   ② (가) – (나) – (다) – (라)
③ (라) – (가) – (다) – (나)   ④ (라) – (다) – (가) – (나)

〈TOPIK 36회 읽기 [14]〉
• 정부 government
• 줄이다 reduce
• 착하다 good
• 마일리지 제도 mileage system
• 벌점 demerit point
• 상점 store/shop
• 방식 method

13~15

첫 문장은 전체 글의 문제를 제기하는 내용이 나타나는 문장인 (라)입니다. 다음으로 이어질 문장은 벌점 제도를 시행한 후의 결과에 대한 내용인 (다)가 올 수 있습니다. 이어서 '이러한 규칙 위반'이 들어가 있는 (가)가 오고 다음으로 '이는'으로 시작하는 (나)가 올 수 있습니다. 따라서 정답은 ④입니다.

The first sentence should be (라) which presents the problem that the article will address. The next sentence should be (다) which is about the result of implementing the demerit point system. (가) which includes '이러한 규칙 위반' should come next, and then (나) which begins with (나) should follow. Therefore, the correct answer is ④.

※[13~15] 다음을 순서대로 맞게 배열한 것을 고르십시오. 각 2점

13~15

> (가) 정부는 <u>이 같은</u> 폐비닐을 수거하는 캠페인을 벌일 예정이다.
>
> (나) <u>이렇게</u> 모아진 비닐은 발전소 등의 보조연료로 사용될 수 있다.
>
> (다) <u>또한</u> 판매한 수익금으로 어려운 이웃도 도울 수 있다.
>
> (라) 라면이나 과자 봉지와 같은 일상에서 버려지는 폐비닐이 문제가 되고 있다.

① (가) - (다) - (라) - (나)   ② (가) - (나) - (다) - (라)
③ (라) - (가) - (나) - (다)   ④ (라) - (다) - (가) - (나)

- 비닐 plastic/vinyl
- 수거하다 collect
- 캠페인을 벌이다 conduct a campaign
- 모아지다 be gathered(collected)
- 발전소 power station
- 보조연료 auxiliary fuel
- 판매하다 sell
- 수익금 profits
- 봉지 bag
- 일상 daily life
- 버려지다 be disposed

13~15

첫 문장은 전체 글의 <u>문제</u>를 제기하는 내용이 나타나는 문장인 (라)입니다. 따라서 이어질 문장은 앞 문장을 받는 '이 같은 폐비닐'이 들어가 있는 (가)입니다. 다음으로 이어질 문장도 앞 문장을 받는 '이렇게 모아진 비닐'로 시작하는 (나)입니다. (나)에서 효과를 소개하고 있기 때문에 이어질 문장은 다른 효과를 설명하면서 '또한'으로 시작하는 (다)가 됩니다. 따라서 정답은 ③입니다.

The first sentence should be (라) which presents the problem that the article will address. Therefore, the following sentence should be (가) which includes '이 같은 폐비닐' that is connected to its preceding sentence. The next sentence should be (나) which includes '이렇게 모아진 비닐' that is also linked to its preceding sentence. As (나) introduces the effect, so the following sentence should be (다) which begins with '또한' and describes its another effect. Therefore, the correct answer is ③.

13-15

연습문제

※[13~15] 다음을 순서대로 맞게 배열한 것을 고르십시오. 각 2점

13

> (가) 그 때문에 시험 보는 날이 생일이라면 그 날은 미역국을 먹지 않는다.
> (나) 한국에서는 시험 보기 전에 수험자에게 주는 특별한 선물이 있다.
> (다) 시험에 잘 붙는다는 의미가 있는 떡이나 엿이 그것이다.
> (라) 반대로 시험에 미끄러져 떨어지는 것을 의미하는 미역국은 먹지 않는다.

① (나) - (다) - (라) - (가)　　　② (나) - (가) - (라) - (다)
③ (다) - (가) - (라) - (나)　　　④ (다) - (라) - (나) - (가)

14

> (가) 그 동안은 할인 판매가 가능하도록 해서 사실상 효과가 없었기 때문이다.
> (나) 이는 10년 전부터 도입되어 시행되어 왔으나 앞으로 보다 강화될 예정이다.
> (다) 도서정가제는 책에 정가를 표시하고 그 가격으로 팔도록 하는 제도이다.
> (라) 하지만 할인율 축소로 인한 소비자들의 부담이 많아질 것을 우려하는 목소리도 적지 않다.

① (가) - (라) - (다) - (나)　　　② (가) - (다) - (라) - (나)
③ (다) - (가) - (라) - (나)　　　④ (다) - (나) - (가) - (라)

15

> (가) 판매원, 승무원 등 서비스 직종에 종사하는 사람들을 감정노동자라고 부른다.
> (나) 그런데 연구에 의하면 이렇게 억지로 웃는 사람들은 일의 능률이 떨어진다고 한다.
> (다) 반면 진심에서 나오는 웃음은 기분을 좋게 만들고 업무에도 좋은 영향을 끼친다고 한다.
> (라) 고객을 상대해야 하는 이런 감정노동자들은 좋건 싫건 미소를 지어야 할 때가 많다.

① (가) - (나) - (라) - (다)　　　② (가) - (라) - (나) - (다)
③ (라) - (가) - (나) - (다)　　　④ (라) - (나) - (가) - (다)

미역국 Miyeok-guk (Korean seaweed soup) | 수험자 examinee | 시험에 붙다 pass the exam | 엿 Yeot (Korean taffy) | 미끄러지다 slip | 사실상 practically/actually | 효과 effect | 강화되다 be strengthened(reinforced) | 도서정가제 fixed book pricing scheme | 정가 fixed price | 제도 system | 할인율 discount rate | 부담 burden | 판매원 salesperson | 승무원 staff/crew | 진심 sincerity | 감정노동자 emotional laborer | 웃음 laughter | 영향을 끼치다 affect | 상대하다 deal with | 미소를 짓다 smile

16-18

✏️ 오늘의 어휘

흔히	commonly	부	서울 명동에서는 외국인을 흔히 볼 수 있다.
발생하다	occur/happen	동	지난 주말에 지하 노래방에서 화재가 발생했다.
설레다	flutter	동	내일 여행을 갈 생각을 하니 마음이 설렌다.
시들다	wither/fade	동	오랫동안 꽃에 물을 주지 않아서 시들어 버렸다.
싱싱해지다	become fresh	동	채소에 물을 뿌렸더니 금방 싱싱해졌다.
움직이다	move	동	그는 너무 힘들어서 조금도 움직일 수 없었다.
전달하다	convey/pass	동	내가 쓴 편지를 그녀에게 직접 전달했다.
흡수되다	be absorbed	동	이 옷은 땀이 잘 흡수되도록 만들어졌다.
강력하다	powerful	형	그는 자신의 의견을 강력하게 주장했다.
뚜렷하다	be clear	형	나는 첫사랑의 기억이 아직도 뚜렷하다.
자상하다	considerate	형	우리 아버지는 자상하고 인자하신 분이다.
신경(을) 쓰다	care about		부모들은 자식들 교육에 신경을 많이 쓴다.

🍹 오늘의 문법

N에 대한	앞의 것을 뒤 내용의 대상으로 함을 나타낸다. '에 관한'으로 바꿔 쓸 수 있다. This expresses that what is mentioned before is the main subject of the following content. This can be replaced with '에 관한'. 예 정부 관계자들은 고령화 문제에 대한 해결책을 제시했다.
V-다(가) 보면	앞의 행위를 계속해서 하면 뒤의 결과가 나올 것임을 나타낸다. This expresses that continuing the action mentioned before will lead to the following result. 예 지금은 힘들겠지만 열심히 살다(가) 보면 익숙해질 거예요.
V-(으)려면	앞의 행위를 하고 싶으면 뒤의 조건을 만족해야 함을 나타낸다. This expresses that in order to do the action mentioned before, the condition which follows needs to be satisfied. 예 책을 빌리려면 학생증이 있어야 해요.

16-18

📖 유형분석

16~18 괄호에 들어갈 내용으로 가장 알맞은 것 고르기

전체 글의 내용을 파악하고 '( )' 괄호 안에 들어갈 내용을 찾는 문제입니다. 먼저 '( )' 괄호가 있는 문장의 앞뒤 문장에 집중해서 읽어야 합니다. 하지만 짧은 글이기 때문에 전체 내용을 대략적으로라도 이해해야 '( )' 괄호 안에 들어갈 내용을 찾을 수 있습니다.

글의 뒷부분에 '( )' 괄호가 나올 때는 전체 내용을 요약하거나 결론을 설명하는 등의 내용이 주로 나옵니다. 따라서 '그래서, 그러니까, 따라서, 그러므로'와 같은 접속 부사가 많이 쓰입니다. 그리고 **중간에 '( )' 괄호가 나올 때는 이유를 설명하거나 반대 의견을 나타내는 내용**이 주로 오기 때문에 '하지만, 그런데, 반면' 등과 같은 **접속 부사**가 많이 쓰입니다. 따라서 '( )' 괄호가 있는 문장의 처음에 나오는 단어나 표현을 중심으로 그 문장 전체가 나타내는 중심 의미를 파악해야 합니다. 따라서 아래와 같은 중요 표현을 알아 두면 도움이 됩니다.

※ 중요 표현

　1) 추가: 또는, 또한, 그리고, 게다가
　2) 반대: 하지만, 그런데, 반대로, 반면, 그러나, 오히려
　3) 이유 설명: 왜냐하면, 그렇기 때문에
　4) 결과, 결론: 그래서, 그러니까, 따라서, 그러므로

You will be asked to read the article and to choose the best phrase that fits the parenthesis '( )'. First, you need to focus on the preceding and following sentences of the parenthesis '( )'. However, as it is a short text, you need to understand the overall content even roughly to choose the best phrase that fits the parenthesis '( )'.

If the parenthesis '( )' comes at the end of the article, the phrase which fits should summarizes the whole content or describes the conclusion. Therefore, conjunctive adverbs such as '그래서, 그러니까, 따라서, or 그러므로' are often used. Also, if the parenthesis '( )' comes in the middle of article, the phrase which fits the parenthesis usually explains the reason or the opposition, so conjunctive adverbs such as '하지만, 그런데, 반면', etc. are often used. Therefore, you need to comprehend the main idea of the whole sentence including the parenthesis '( )' on the basis of its first word or expression. Therefore, it would be helpful to know the key expressions used together as follows.

16-18

🔍 문제분석

기출문제

※[16~18] 다음을 읽고 (   )에 들어갈 내용으로 가장 알맞은 것을 고르십시오. 각 2점

16~18

> 집에서 채소를 보관하다 보면 채소가 쉽게 시든다. 채소가 시드는 이유는 (   ) 때문이다. 그래서 채소는 시간이 갈수록 시들시들 말라간다. 시든 채소를 살리려면 50도의 뜨거운 물에 넣어 씻으면 된다. 그러면 순간적으로 충분한 물이 흡수되면서 채소가 다시 싱싱해진다.

① 수분이 점점 빠져나가기   ② 세균이 갑자기 많아지기
③ 호흡이 갈수록 느려지기   ④ 씻을 때 뜨거운 물로 씻기

※ '시들다'는 수분과 관련 있는 단어

샘플문제

※[16~18] 다음을 읽고 (   )에 들어갈 내용으로 가장 알맞은 것을 고르십시오. 각 2점

16~18

> 모두가 명절을 설레며 기다리는 것은 아니다. 최근 명절이 되기 전부터 가사 노동에 대한 스트레스로 인해 두통, 소화 불량, 복통 등의 증상이 나타나는 주부들이 늘고 있다. 이 같은 명절증후군은 주부들에게만 집중된 집안일의 부담 때문에 발생한다. 따라서 일을 (   ) 것이 좋다.

① 계획을 세워서 하는   ② 긍정적인 마음으로 하는
③ 가족들이 골고루 분담하는   ④ 명절되기 전에 다 끝내 놓는

<TOPIK 37회 읽기 [17]>
• 채소 vegetable   • 보관하다 store
• 시들시들 slightly withered
• 말라가다 get dry
• 순간적 momentary
• 충분하다 enough
• 수분이 빠져나가다 dry up
• 세균 virus   • 호흡 breath

16~18

채소가 쉽게 시드는 이유를 묻고 있습니다. 그 이유는 마지막 문장을 보면 '충분한 물이 흡수되면서 다시 싱싱해진다'고 했으므로 수분과 관계된 내용임을 알 수 있습니다. 따라서 ①이 정답입니다.

It is asking why vegetables wither so easily. It can be guessed that the reason has something to do with water because it is said in the last sentence that '충분한 물이 흡수되면서 다시 싱싱해진다'. Therefore, the correct answer is ①.

• 가사 노동 house chores
• 두통 headache
• 소화 불량 indigestion
• 복통 stomachache • 늘다 increase
• 명절증후군 holiday stress syndrome
• 집안일 housework • 긍적적 positive
• 골고루 evenly
• 분담하다 divide/share

16~18

'(   )' 괄호 앞에 명절증후군의 원인이 나옵니다. '(   )' 괄호가 들어간 문장은 '따라서'가 있으므로 명절증후군을 해결하기 위한 방법을 제시하고 있는 것을 알 수 있습니다. 명절증후군의 발생 원인은 '주부들에게만 집중된 집안일의 부담 때문'이기 때문에 해결 방법은 '일을 골고루 분담하는 것'입니다. 따라서 답은 ③입니다.

The cause of festive day stress syndrome comes before the parenthesis '(   )'. The sentence which includes the parenthesis '(   )' includes '따라서', so it can be guessed that it is about how to solve festive day stress syndrome. The cause of festive day stress syndrome is '주부들에게만 집중된 집안일의 부담 때문', so its solution is '일을 골고루 분담하는 것'. Therefore, the correct answer is ③.

16-18

🖱 연습문제

※[16~18] 다음을 읽고 (   )에 들어갈 내용으로 가장 알맞은 것을 고르십시오. `각 2점`

16

요즘 미디어를 통해 뇌에 좋은 음식에 대한 정보를 흔히 접할 수 있다. 그러나 그런 정보는 과학적으로 밝혀지지 않은 경우가 많다. 뚜렷한 증거도 없는 이런 정보에 신경을 쓰면서 (   ) 오히려 뇌에 더 많은 스트레스를 주게 된다. 따라서 특별한 음식에 가치를 두기보다는 음식을 골고루 섭취하는 것이 뇌 건강에 더 좋다.

① 미디어를 신뢰하지 않으면　　　　② 무리하게 체중을 줄이면
③ 특정 음식만을 골라 먹으면　　　　④ 적당한 휴식을 취하지 않으면

17

목구멍은 식도와 기도로 나뉜다. 기도는 공기를 폐로 전달하고 식도는 음식을 소화 기관인 위로 전달한다. 이때 식도는 위쪽에서부터 차례로 근육을 움직이면서 음식을 아래쪽으로 내려 보내는 운동을 한다. 이 운동은 매우 강력하기 때문에 우리는 (   ) 소화를 할 수 있는 것이다.

① 근육이 발달해도　　　　② 운동을 하지 않아도
③ 공기가 식도로 들어가도　　　　④ 똑바로 서 있지 않아도

18

이야기를 할 때 사람마다 각기 다른 목소리의 톤과 높이를 가진다. 권위적이고 위엄 있는 목소리를 가진 사람이 있는가 하면 자상하고 부드러운 목소리를 가진 사람도 있다. 그런데 이러한 목소리의 차이가 (   ) 중요한 요인이 된다는 연구 결과가 나왔다. 한 유명한 정치인은 권위적이고 강인한 인물로 평가 받아 왔다. 그러나 병으로 인해 목소리가 변하기 시작한 이후 인자하고 따뜻한 이미지로 대중들의 인식을 바꿔 놓았다.

① 인상을 결정하는 데　　　　② 외모를 평가하는 데
③ 정치인을 선택하는 데　　　　④ 개인의 성격을 바꾸는 데

미디어 media | **뇌** brain | **접하다** encounter | **증거** evidence | **밝혀지다** be found | **가치를 두다** put value | **섭취하다** take | **신뢰하다** trust | **무리하다** overwork | **체중을 줄이다** lose weight | **특정** certain | **골라 먹다** picky in food choice | **적당하다** suitable/appropriate | **휴식을 취하다** take a rest | **목구멍** throat | **식도** throat/esophagus | **기도** airway | **나뉘다** be divided | **폐** lung | **소화 기관** digestive organ | **위** stomach | **근육** muscle | **내려 보내다** lower/let down | **톤** tone | **권위적** authoritative/bossy | **위엄 있다** be dignified | **강인하다** tough | **인물** character | **인자하다** benevolent | **대중** public | **인상** impression | **평가하다** evaluate

19-20

✏️ 오늘의 어휘

유기농	organic	명	요즘 유기농 식품들이 인기를 끌고 있다.
친환경	eco-friendly	명	그는 친환경 재료로 주택을 지었다.
드디어	finally	부	드디어 기다리던 방학이 되었다.
무조건	unconditional	부	그는 내 말을 듣지도 않고 무조건 화부터 냈다.
어쩌면	perhaps	부	어쩌면 그 말이 모두 거짓말일지도 몰라.
오히려	rather	부	그는 자기가 잘못해 놓고 오히려 나에게 화를 냈다.
고려하다	consider	동	성인이 되면 다른 사람의 감정도 고려해야 한다.
생산하다	produce	동	이 텔레비전은 우리 공장에서 생산하는 제품이다.
인식되다	be recognized	동	역사가 잘못 인식되지 않도록 바른 교육이 이루어져야 한다.
진행하다	proceed	동	이곳에서는 장애인을 위한 특별한 행사를 진행하고 있다.
향상시키다	improve	동	나는 말하기 능력을 향상시키기 위해 노력하고 있다.
신선하다	fresh	형	주말에는 등산을 하면서 신선한 공기를 마시곤 한다.
주목을 받다	get attention		이 영화는 세계인의 주목을 받고 있는 작품이다.

🥤 오늘의 문법

V-(으)ㅁ으로(써) N(으)로(써)	앞의 행위가 어떤 일을 하는 데 방법 또는 수단이 됨을 나타낸다. This expresses that the behavior mentioned before is the method or means to do a certain thing. 예 세계 곳곳을 여행함으로(써) 다양한 경험을 쌓을 수 있다.
A/V-거나	나열되는 상황 중에서 어떤 것이든 선택함을 나타낸다. This expresses choosing any of the listed situations. 예 시간이 나면 친구를 만나거나 운동을 한다.

19-20

📖 **유형분석**

글을 읽고 물음에 답하는 문제입니다. 글을 읽기 전에 19번의 선택지부터 확인하는 것이 좋습니다. 그러고 나서 글 전체를 읽으면서 대략적인 내용을 파악해야 합니다. 20번 문제는 선택지와 글의 내용을 비교해 가면서 문제를 푸는 것이 효율적입니다.

You will be asked to read the article and answer the questions. It is recommended to check the answer choices of question #19 before reading the article. After that, you should read the whole article and comprehend the overall content. As for question #20, it is efficient to compare the answer choices with the article's content while solving the question.

---

19 괄호 안에 들어갈 알맞은 것 고르기

'( )' 괄호 안에 들어갈 표현을 찾는 문제입니다. 따라서 **앞뒤 문장에 특히 주의를 집중해서 보면 답을 쉽게 찾을 수 있습니다.** 앞 문장과 반대, 대조의 이야기가 나오는 경우에는 '그러나, 하지만, 그런데, 반면(에), 오히려' 등이, 앞 문장에 내용을 추가시키는 경우에는 '또는, 또한, 그리고' 등이, 전체 내용의 결과나 대안이 나오는 경우에는 '그러므로, 따라서' 등이 나옵니다. 이 밖에도 다양한 **접속 부사**가 나올 수 있습니다.

※ 중요 표현
1) 추가: 또는, 또한, 그리고, 게다가
2) 반대: 하지만, 그런데, 반대로, 반면, 그러나, 오히려, 뜻밖에
3) 결과: 그래서, 그러니까, 따라서, 그러므로
4) 기타: 어쩐지, 도대체, 저절로, 무조건, 일부러, 차라리, 수시로, 드디어, 도저히, 어쨌든

You will be asked to find the best expression that fits the parenthesis '( )'. Therefore, you should choose the correct answer easily by focusing especially on the preceding and following sentences of the parenthesis '( )'. If the sentence is opposed or contrary to the preceding sentence, '그러나, 하지만, 그런데, 반면(에) or 오히려' should fit in; if some content is added to the preceding sentence, '또는, 또한' or '그리고' should fit in; ad if it shows the result or alternative of the overall content, '그러므로, 따라서', etc. should fit in. In addition, other various conjunctive adverbs may also appear in the answer choices.

---

20 글의 내용과 같은 것 고르기

전체적인 내용을 잘 읽고 같은 내용을 찾아야 합니다. 글을 순서대로 읽으면서 해당되는 선택지가 맞는지 틀리는지를 판단해야 합니다. 글의 내용과 선택지를 잘 비교해 가며 관련이 없는 내용을 하나씩 지워 나가야 합니다. 그리고 선택지의 문장에 사용되는 표현들은 위의 글에 나온 표현을 그대로 사용하는 경우가 많지 않기 때문에 **유사한 어휘들을 알고 있어야 같은 의미를 찾아낼 수 있습니다.**

You will be asked to read the overall content and to choose the answer choice that matches with it. While reading the article in sequence, you need to determine whether each relevant answer choice is right or wrong. You should compare the contents of the article with the answer choices properly and exclude each answer which is irrelevant to the article one by one. Also, the answer choices rarely use the exactly same expressions as those used in the passage above, so it would be helpful to know similar vocabulary to find the same meaning.

19-20

기출문제

※[19~20] 다음을 읽고 물음에 답하십시오. **각 2점**

> 한 과학자가 개인의 사회 공헌도에 대한 연구를 했다. 개인이 쏟을 수 있는 힘의 크기는 구성원의 수가 많아질수록 늘어날 것이라고 기대하고 연구를 진행했다. 하지만 연구 결과는 예상과 달랐다. 그룹의 구성원 수와 그들이 쏟아 부은 힘의 크기는 반비례했다. (   ) 2명으로 이루어진 그룹이 잠재적인 기대치를 가장 많이 사용한 것으로 나타났다.

19 (   )에 들어갈 알맞은 것을 고르십시오.
① 드디어   ② 오히려   ③ 어쩌면   ④ 반드시

20 이 글의 내용과 같은 것을 고르십시오.
① 구성원의 수가 많을수록 개인의 공헌도는 낮아졌다.
② 연구 결과는 처음에 예상했던 것과 유사하게 나타났다. X
③ 이 연구는 사회가 개인에게 미치는 영향에 대한 것이다. X
④ 2명으로 이루어진 그룹은 개인적인 노력을 하지 않았다. X

※ 내용과 관계없는 것은 'X'
② 반비례(반대)
③ 개인의 사회 공헌도
④ 2명일 때: 가장 많이 힘을 쏟아 부음

〈TOPIK 36회 읽기 [19~20]〉
• 공헌도 contribution
• 쏟다 spill
• 구성원 member
• 기대하다 anticipate
• 예상 expectation
• 반비례하다 be in inverse proportion
• 잠재적 potential
• 기대치 expectation
• 반드시 surely
• 유사하다 similar

19
연구 전 기대와 다르게 연구 결과는 '( )'괄호 뒤에 나온 2명으로 이루어진 그룹이 잠재적인 기대치가 가장 많았습니다. 즉 '예상과 달리'라는 의미를 지닌 표현인 '오히려'가 가장 알맞습니다. 따라서 ②가 답입니다.

Unlike expectation before the research, the result shows that the group composed of two people which comes after the parenthesis '( )' showed the most potential expectation. Thus, the expression '오히려' which means '예상과 달리' is the best answer. Therefore, the correct answer is ②.

20
연구 결과 구성원 수와 사회에 쏟는 힘의 크기는 반비례한다고 했으므로 ①이 정답입니다.

The research result shows that the number of people and the amount of energy spent to the society are in inverse proportion, so ① is the correct answer.

※[19~20] 다음을 읽고 물음에 답하십시오. 각 2점

　　최근 비료, 농약 등의 화학물질을 사용하지 않고 생산한 친환경 유기농 식품의 수요가 늘어나고 있다. 화학적 약품을 사용하지 않음으로써 화학물질의 잔류 문제는 해결할 수 있다. (　　　　　) 세균 등에 의해 오염될 위험은 높아질 우려가 있다. 따라서 신선한 유기농 농산물을 섭취할 경우에도 깨끗이 씻어서 먹어야 한다.

---

19 (　　　)에 들어갈 알맞은 것을 고르십시오.

① 반면　　　② 마침　　　③ 끝내　　　④ 하필

20 이 글의 내용과 같은 것을 고르십시오.

① 생산성을 위해 화학적 약품의 사용이 증가하고 있다.
② 친환경 유기농 식품도 무조건 안심하고 먹으면 안 된다.
③ 유기농 식품이라도 화학물질이 남아 있을 가능성이 있다.
④ 화학물질을 사용한 식품도 잘 씻으면 유기농 식품과 비슷하다.

- 비료　fertilizer
- 농약　pesticide
- 화학물질　chemical substance
- 식품　food product
- 수요가 늘어나다　demand increase
- 잔류　current
- 오염되다　be polluted/contaminated
- 위험　danger/risk
- 우려가 있다　apprehensive/concerned
- 깨끗이　cleanly
- 마침　just in time
- 끝내　eventually/never
- 하필　of all things
- 생산성　productivity
- 안심하다　be relieved
- 가능성　possibility

19

'(　)' 괄호가 있는 문장의 앞 문장은 유기농 식품의 장점에 대한 내용이지만 '(　)' 괄호가 있는 문장은 유기농 식품의 위험성에 대한 내용이 나옵니다. 따라서 앞과 뒤에 반대의 내용이 나오므로 ①이 정답입니다.

The preceding sentence of the sentence which includes the parenthesis '(　)' is about the advantages of organic food, but the sentence which includes the parenthesis '(　)' is about the danger of organic food. Therefore, the preceding and following content are contrary to each other, so ① is the correct answer.

20

화학물질을 사용하지 않은 유기농 식품은 세균 등에 의해 오염될 위험이 높아질 우려가 있다고 깨끗이 씻어 먹어야 한다고 했습니다. 따라서 ②가 정답입니다.

It says that organic food to which chemical substance is not applied may have a high risk of being contaminated by germs, etc., so you need to wash them cleanly before eating them. Therefore, ② is the correct answer.

19-20

※[19~20] 다음을 읽고 물음에 답하십시오. 각 2점

기부는 여태껏 어려운 이웃에게 돈을 기부하거나 봉사활동을 하는 것으로만 인식되어 왔다. 하지만 최근 새로운 기부 형태로 개인이 가지고 있는 재능이나 전문 능력을 이웃에게 나눠주는 재능 기부가 주목받고 있다. 금전 기부는 일회성으로 그칠 수 있고 봉사활동은 개인의 차이를 세세히 고려하지 않고 이루어진다. (   ) 재능 기부가 기부를 받는 사람에게 맞춤형 기부를 제공한다는 점에서 더 효과적일 수 있다.

19 (   )에 들어갈 알맞은 것을 고르십시오.
① 반드시　　　　　② 오히려　　　　　③ 드디어　　　　　④ 게다가

20 이 글의 내용과 같은 것을 고르십시오.
① 돈을 기부하는 방식은 계속 이어질 가능성이 높다.
② 새로운 기부의 등장으로 봉사활동이 줄어들고 있다.
③ 재능 기부는 개인의 차이를 고려하여 이루어지고 있다.
④ 재능 기부는 자신의 능력을 향상시키는 데 효과적이다.

기부 donation | **여태껏** until now | **봉사활동** volunteer activity | **재능** talent | **전문 능력** professional ability | **금전** money | **일회성** disposable | **그치다** stop | **차이** difference | **제공하다** provide | **맞춤형 기부** personalized donation | **세세히** in detail | **효과적** effective | **게다가** besides | **이어지다** be connected/continued | **등장** appearance

21-22

✏️ 오늘의 어휘

방안	way/measure	명	이 문제를 해결할 구체적인 방안을 마련해야 한다.
의지	will	명	담배를 끊기 위해서는 강한 의지가 필요하다.
지속적	continuous	명	정부는 경기 회복을 위해 지속적으로 노력하고 있다.
거두다	achieve/gain	동	우리 팀은 이번 대회에서 좋은 성적을 거두었다.
떠올리다	recall	동	그의 얼굴을 떠올리면 나도 모르게 미소를 짓게 된다.
마련하다	prepare	동	그는 결혼해서 살 집을 미리 마련해 두었다.
예방하다	prevent	동	은행은 범죄를 예방하고자 CCTV를 설치했다.
잠재우다	control	동	정부는 새로운 정책으로 소비자들의 불만을 잠재웠다.
제기하다	raise/bring up	동	피해자 가족은 사고 처리에 대한 의문을 제기했다.
지도하다	instruct	동	그는 학생들에게 글쓰기를 지도하고 있다.
불필요하다	unnecessary	형	나는 이사를 가기 위해 불필요한 물건들을 정리했다.
화려하다	luxurious	형	서울 한강의 야경은 화려하다.
비난을 받다	be blamed		그 배우는 잘못된 행동으로 시청자들에게 비난을 받았다.

☕ 오늘의 문법

V-아/어 놓다	어떤 행위를 끝내고 나서 그 결과가 유지될 때 사용한다. This is used when a certain action is done and its result is maintained. 예 방학 때 고향에 돌아가기 위해서 비행기 표를 미리 예약해 놓았다.
A/V-아/어야	뒤의 상황이 이루어지기 위해서는 앞의 조건이 필요함을 나타낸다. This expresses that the preceding conditions are needed for the following situation to be done. 예 학생증이 있어야 도서관에서 책을 빌릴 수 있다.

21-22

📖 유형분석

사회적으로 이슈가 되고 있는 어느 정도 가벼운 화제가 주로 나옵니다. 전문가가 일반적인 사실을 전달하면서 개인적인 의견을 전달하기도 합니다. 그리고 때로는 문제를 제기하거나 자신의 주장을 표현하기도 합니다. 그러므로 글을 읽을 때에는 **필자가 전달하고 싶은 내용이 무엇인지 어떤 의도로 이 글을 썼는지에 집중해서 글을 읽어야 합니다.**

A rather light topic being a social issue mainly appear in these questions. An expert will convey general facts and may also convey his/her personal opinion. Also, the expert might raise an issue or express his/her assertion. Therefore, you need to focus on what the author intends to convey and what the intention of writing this article is while reading it.

---

21 괄호 안에 들어갈 알맞은 것 고르기

'( )' 괄호에 들어갈 **속담이나 관용어를 고르는 문제입니다.** 보통 속담을 고르는 문제는 '( )' 괄호의 앞이나 뒤에 속담의 의미에 대해 서술하고 있습니다. 따라서 '( )' 괄호의 앞뒤 문장을 잘 읽어야 하며, 의미가 서술되지 않을 경우에는 문맥을 통해 알맞은 표현을 골라야 합니다. 아래에는 **많이 출제되는 관용어와 속담**을 정리하였습니다.

You will be asked to choose a proverb or an idiom which best fits the parenthesis. In the question which asks you to choose the best proverb, the content before and after the parenthesis '( )' describes the meaning of the proverb. Therefore, you need to carefully read the sentence before and after the parenthesis '( )'; and if such content does not describe the meaning of the proverb, you should choose the best expression on the basis of its context. The following are idioms and proverbs which frequently appear in the tests.

※ 중요 관용어와 속담 (단어장에 따로 정리해 두었으니 참고하시기 바랍니다.)

신체 관련 관용어	눈살을 찌푸리다, 눈 밖에 나다, 눈 감아 주다, 콧등이 시큰해지다, 입 밖에 내다, 입을 모으다, 혀를 차다, 귀가 솔깃하다, 고개를 젓다, 골치가 아프다, 머리를 맞대다, 어깨를 으쓱거리다, 가슴이 뜨끔하다, 가슴을 치다, 등을 돌리다, 손을 벌리다, 손사래를 치다, 무릎을 치다, 발목을 잡히다, 발 벗고 나서다
기타 관용어	가닥을 잡다, 갈피를 못 잡다, 기승을 부리다, 골탕을 먹다, 말꼬리를 흐리다, 몸 둘 바를 몰라 하다, 물불을 가리지 않다, 맥이 빠지다, 바가지를 긁다, 발등에 불이 떨어지다, 시치미를 떼다, 실마리를 찾다, 줄행랑을 놓다, 진땀을 빼다, 찬물을 끼얹다, 하늘을 찌르다, 한술 더 뜨다, 허리띠를 졸라매다, 환심을 사다, 활개를 치다
자주 쓰이는 속담	가는 날이 장날이다, 갈수록 태산이다, 길고 짧은 건 대 봐야 안다, 그림의 떡, 금강산도 식후경, 개구리 올챙이 적 생각 못 한다, 누워서 침 뱉기, 땅 짚고 헤엄치기, 떡 줄 사람은 생각지도 않는데 김칫국부터 마신다, 뛰는 놈 위에 나는 놈 있다, 밑 빠진 독에 물 붓기, 배보다 배꼽이 더 크다, 사공이 많으면 배가 산으로 간다, 소 잃고 외양간 고친다, 소귀에 경 읽기다, 수박 겉 핥기, 세 살 버릇 여든까지 간다, 천리 길도 한 걸음부터다, 친구 따라 강남 간다, 하나를 보면 열을 안다

---

22 글의 중심 생각 고르기

이 문제는 글의 중심 생각을 고르는 문제입니다. 보통은 **글의 중간 부분이나 끝부분에 필자의 중심 생각이 들어있는 경우가 많으므로 이 부분에 유의하여 글을 읽어야 합니다.** 필자는 자신의 의견을 이해시키기 위해 먼저 일반적인 이론이나 실험 결과, 또는 실례를 들어 설명합니다. 그러고 나서 뒷부분에 '따라서, 그러므로, 그렇기 때문에' 등과 같은 접속 표현을 사용하여 자신의 중심 생각을 정리하여 전달하고 있습니다. 따라서 접속 표현 뒤에 나오는 문장을 주의 깊게 봐야 합니다.

You will be asked to choose the main idea of the article. Generally, the author's main idea is often in the middle or end of the article, so you should read these parts carefully. The author will explain by quoting general theories, experiment results, or actual cases in order to make the readers understand the author's assertion. After that, conjunctive expressions such as '따라서, 그러므로, 그렇기 때문에', etc. are used in the latter part to summarize and convey the author's main idea. Therefore, you need to read the sentence after the conjunctive expression carefully.

기출문제

※[21~22] 다음을 읽고 물음에 답하십시오. 각 2점

> 운동선수가 실수에 대한 부담감을 가지게 되면 경기에서 좋은 성적을 거두기가 어렵다. 그렇기 때문에 감독은 선수를 지도할 때 실수를 떠올리게 하는 <u>직접적인 말</u>을 (　　　　　) 않아야 한다. 예를 들어 스케이트 선수들은 넘어지면 안 된다는 부담감이 크다. <u>그러므로</u> 감독은 선수에게 넘어지지 말라는 <u>말 대신에</u> 중심을 잡고 스케이트를 타라고 주의를 주는 것이 좋다.

21 (　　　　　)에 들어갈 알맞은 것을 고르십시오.

① 입 밖에 내지　　　　② 눈 감아 주지

③ 한술 더 뜨지　　　　④ 귓등으로 듣지

※관용어의 의미

② 눈 감아 주다(모르는 척하다)

③ 한술 더 뜨다(앞의 것보다 더 심한 정도로)

④ 귓등으로 듣다(주의 깊게 듣지 않는다)

22 이 글의 <u>중심 생각</u>을 고르십시오.

① 감독은 선수가 실수를 반복하지 않도록 지도해야 한다.

② 감독은 선수를 지도할 때 언어를 신중하게 선택해야 한다.

③ 선수는 넘어져도 몇 번이고 다시 일어나려는 의지가 있어야 한다.

④ 선수는 긍정적인 생각을 해서 경기에 대한 부담감을 없애야 한다.

<TOPIK 37회 읽기 [21~22]>

- 부담감 burden
- 경기 game
- 감독 coach
- 직접적 direct
- 스케이트 skate
- 넘어지다 fall down
- 중심을 잡다 keep one's balance
- 주의를 주다 warn
- 반복하다 repeat
- 선택하다 choose

21

이 글은 운동선수를 지도하는 방법에 대해 이야기하고 있습니다. '(　)' 괄호 앞에 '실수에 대한 직접적인 말을'이 있고 뒤에는 '않아야 한다'가 있으므로 '(　)' 괄호에 들어갈 표현은 '말을 하다'와 비슷한 의미인 '입 밖에 내다'라는 표현이 와야 합니다. 의미를 모르더라도 '말'과 관련된 표현은 ①밖에 없습니다.

It is about how to coach an athlete. '실수에 대한 직접적인 말을' comes before the parenthesis '(　)' and '않아야 한다' comes after the parenthesis '(　),' so the expression '입 밖에 내다' which has the similar meaning to '말을 하다' should be in the parenthesis '(　)'. Even though you don't understand its meaning, only ① shows the expression related to '말'.

22

글의 마지막에 '그러므로'가 이끄는 문장을 잘 읽어야 합니다. 넘어지지 말라는 말 대신 주의를 주는 것이 좋다고 했으므로, 이는 운동선수가 부담감을 갖지 않도록 말을 할 때 조심해서 해야 함을 의미합니다. 따라서 정답은 ②입니다.

You should read the last sentence in the article, which is led by '그러므로'. It states that giving a warning is better than saying not to fall down, which means the coach needs to be careful when talking to an athlete, so he/she does not feel burdened. Therefore, ② is the correct answer.

※[21~22] 다음을 읽고 물음에 답하십시오. 각 2점

> 최근 한 카드사의 고객 개인 정보가 유출된 사건이 발생하였다. 이는 카드사의 관리가 제대로 이루어지지 않았기 때문인 것으로 나타났다. 이에 정부는 개인 정보를 보호하는 법을 내놓았다. 하지만 이미 문제가 발생한 후에 시민들의 불만을 잠재우기 위한 식의 대책은 (   )라는 비난을 받고 있다. 따라서 앞으로는 문제가 발생하기 전에 미리 막을 수 있는 방안을 마련해 놓아야 할 것이다.

21 (   )에 들어갈 알맞은 것을 고르십시오.
① 땅 짚고 헤엄치기
② 불난 집에 부채질하기
③ 쓰면 뱉고 달면 삼키기
④ 소 잃고 외양간 고치기

22 이 글의 중심 생각을 고르십시오.
① 정부는 강한 법을 만들어야 한다.
② 문제가 생기기 전에 예방해야 한다.
③ 고객을 위한 서비스를 개선해야 한다.
④ 시민들의 불만을 해결하기 위해 노력해야 한다.

- 카드사 credit card company
- 고객 client/customer
- 개인 정보 personal information
- 유출되다 be leaked
- 사건 case/incident
- 제대로 properly
- 보호하다 protect
- 법을 내놓다 propose a law bill
- 불만 complaint
- 대책 measure
- 미리 in advance
- 막다 block/stop

21
이 글은 카드사 고객의 개인 정보 관리에 대해 이야기하고 있습니다. '( )' 괄호 앞에 '이미 문제가 발생한 후에' 어떤 대책을 내놓은 것에 대해 '비난을 받고 있다'고 했습니다. 따라서 이미 일이 발생한 후에는 후회해도 소용이 없음을 나타내는 ④가 정답입니다.

It is about managing personal information of the credit card company's customers. Before the parenthesis '( )', it states that the company is '비난을 받고 있다' for taking a certain measure '이미 문제가 발생한 후에'. Therefore, the correct answer is ④, which indicates it is useless to regret after things have already happened.

22
글의 마지막에 '따라서'가 이끄는 문장을 잘 읽어야 합니다. 문제가 발생하기 전에 미리 막아야 함을 말하고 있으므로 ②가 정답입니다.

You should read the last sentence of the article carefully, which is led by '따라서'. It states that the company needs to prevent any problems before they occur, so ② is the correct answer.

21-22

※[21~22] 다음을 읽고 물음에 답하십시오. **각 2점**

> 최근 과자의 과대 포장이 문제가 되고 있다. 과자의 양에 비해 포장지의 크기가 너무 크다는 것이다. 또한 두세 번의 불필요한 포장으로 과자 상자를 크게 보이게 하는 효과를 주어 소비자들을 속이고 있다는 것이다. 과자 업체의 잘못이 가장 크지만 소비자들도 이러한 사태를 (   ) 계속 화려한 포장에 속아서 물건을 고르게 되고 기업들의 과대 포장도 계속될 것이다. 따라서 소비자들은 이러한 문제를 지속적으로 제기할 필요가 있다.

21 (   )에 들어갈 알맞은 것을 고르십시오.
① 등을 돌리면
② 코가 납작해지면
③ 간이 콩알만 해지면
④ 강 건너 불 보듯 하면

22 이 글의 중심 생각을 고르십시오.
① 물건을 고를 때 신중하게 골라야 한다.
② 크고 화려한 포장일수록 내용물도 좋다.
③ 소비자를 속이는 기업의 물건은 사면 안 된다.
④ 소비자들은 과대 포장 문제에 대해 건의해야 한다.

과대 포장 over-packaging | **포장지** wrapper | **상자** box | **소비자** consumer | **속이다** cheat | **업체** company | **사태** situation | **내용물** content | **건의하다** suggest

23-24

✏️ 오늘의 어휘

감시	surveillance	명	최근 감시 카메라 설치가 확대되고 있다.
살림	housekeeping	명	그녀는 직장을 그만두고 집에서 살림만 한다.
세월	time	명	오랜 세월이 지났지만 그의 모습은 그대로였다.
욕심	greed/ambition	명	그는 현재에 만족하지 못하고 항상 다른 것에 욕심을 낸다.
그제야	only when	부	아버지는 딸의 전화를 받고 그제야 안심이 되었다.
때때로	sometimes	부	바쁘게 살고 있지만 때때로 옛날 생각이 난다.
아예	never	부	나는 중국어를 아예 못 한다.
여전히	still	부	그는 여전히 멋있고 당당해 보였다.
되풀이하다	repeat	동	단어는 되풀이해서 외워야 잊어버리지 않는다.
떠오르다	rise/come across one's mind	동	옛 고향에 오니 어린 시절 추억이 떠오른다.
각박하다	hard-hearted	형	요즘은 세상이 각박해서 옆집에 누가 사는지도 모른다.
소홀하다	neglectful	형	이 공사장은 안전 관리가 소홀해서 사고가 많다.
철없다	immature	형	철없던 어린 시절의 행동들이 부끄럽게 느껴졌다.
고개를 숙이다	bow one's head		벼는 익을수록 고개를 숙인다는 속담이 있다.

🪣 오늘의 문법

A/V-고 해서	앞의 상황은 뒤의 행위를 하게 되는 여러 개의 이유 중 하나임을 나타낸다. This expresses that the situation mentioned before is one of the several reasons for the following behavior. 예 너무 피곤하고 해서 일찍 들어가 쉬려고 해요.
V-자	앞의 행위가 끝나고 바로 뒤의 행위가 이어짐을 나타낸다. This expresses that the next action follows immediately after the preceding one is completed. 예 수업이 끝나자 학생들이 모두 식당으로 뛰어갔다.
A/V-(으)ㄹ 뿐이다	앞의 상황 말고는 다른 선택의 여지가 없음을 나타낸다. This expresses that there is no other choices than the preceding situation. 예 지금은 학생이니까 열심히 공부할 뿐이다.
N 만에	시간 명사와 함께 쓰여, 그 시간이 지나고 어떤 행위를 할 때 사용한다. This is used with a noun that indicates a certain time, which indicates that a certain action is performed after such time passes. 예 고향에 돌아온 지 1년 만에 결혼을 했다.

23-24

글의 종류는 수필이기 때문에 이야기의 주인공은 나 자신이 됩니다. '나'를 중심으로 전체 이야기를 파악하고 **내가 처해 있는 상황과 배경을 잘 이해해야 합니다.**

The article is an essay, so the main character is the author himself/herself. You need to comprehend the overall story on the basis of 'me' and understand the situation and background that 'I' am in.

23 밑줄 친 부분에 나타난 나의 심정 고르기

'필자 자신이 느끼는 감정이 무엇인지를 고르는 문제입니다. 먼저 전체적인 글의 흐름을 파악해야 합니다. 또한 **밑줄 친 부분의 의미만으로는 '나의 심정'을 고를 수 없기 때문에 앞뒤 문장의 의미도 같이 이해해야 합니다.** 보통 밑줄 친 부분의 앞에 원인이나 이유가 나오므로 그 상황을 잘 이해하고 분석해야 합니다. 밑줄 친 부분의 의미를 잘 모르더라도 앞의 상황이나 문장을 통해서 그 의미를 유추할 수도 있습니다. 다음과 같은 **감정 관련 어휘**를 참고하십시오.

※ 감정 관련 어휘: 곤란하다, 속상하다, 답답하다, 억울하다, 섭섭하다, 창피하다, 당황하다, 황당하다, 서운하다, 안타깝다, 서럽다, 흐뭇하다, 설레다, 억울하다, 허무하다, 혼란스럽다, 불만스럽다, 실망스럽다

You will be asked to choose what the 'author' is feeling. First, you need to understand the context of the whole article. Also, you need to understand the meaning of the preceding and the following sentences as well, because you won't be able to choose 'how I am feeling' on the basis only on the meaning of the underlined part. Generally, its reason or cause comes before the underlined part, so you need to understand and analyze the situation properly. Even if you do not know what the underlined part means, it can be guessed by the preceding situation or sentence. The following is vocabulary related to emotion, for your reference.

24 글의 내용과 같은 것 고르기

단어 하나하나의 의미를 파악하는 데 신경 쓰지 말고 글의 전체 흐름을 위주로 이해해야 합니다. 글을 흐름에 따라 읽으면서 해당되는 선택지가 맞는지 틀리는지를 판단해야 합니다. 글의 내용과 선택지의 문장의 순서가 같지 않을 수도 있으므로 글의 내용과 선택지를 잘 비교해 가며 관련이 없는 내용을 하나씩 지워 나가야 합니다. 그리고 선택지의 문장에 사용되는 표현들은 위의 글에 나온 표현을 그대로 사용하는 경우가 많지 않기 때문에 **유사한 어휘들을 알고 있어야 같은 의미를 찾아낼 수 있습니다.**

Instead of focusing on comprehending the meaning of each word, you should understand the overall flow of the passage. While reading the overall contents by following its flow, you need to determine whether each relevant answer choice is right or wrong. As the content of the passage and the order of the sentences in the answer choices may not match, you should compare the contents of the article with the answer choices properly and exclude each answer which is irrelevant to the article one by one. The answer choices hardly use the exactly same expressions as those used in the passage above, so it would be helpful to know the similar vocabulary to find the same meaning.

23-24

🔍 문제분석

기출문제

※[23~24] 다음을 읽고 물음에 답하십시오. **각 2점**

> 정신없이 세 아이를 키우면서 내가 미처 생각하지 못한 것이 있었다. 그것을 깨닫게 된 것은 얼마 전 세 딸을 목욕시키면서였다. 나는 늘 그랬듯이 씻기기 편한 막내부터 씻겨 욕실에서 내보냈고 그 다음에는 둘째를 씻겼다. 그러고 나서 첫째를 씻기려고 하는데 아이가 고개를 푹 숙인 채 앉아서 꼼짝도 하지 않았다. 내가 몇 번이나 좋은 말로 타이르자 그제야 "왜 내가 항상 마지막이야?"라고 울먹이며 말했다. <u>순간 머리를 한 대 얻어맞은 것 같았다.</u> 어린이집에 보내려고 옷을 입히고 머리를 빗겨 줄 때 항상 "동생들 하고 나서 해 줄게."라고 하며 첫째를 기다리게 했던 나의 모습이 떠올랐다.

23 밑줄 친 부분에 나타난 <u>나의 기분</u>으로 알맞은 것을 고르십시오.

① 답답하다   ② 서운하다
③ 당황스럽다   ④ 불만스럽다

※ 첫째 아이의 행동과 말은 예상할 수 없었던 것이다.

24 이 글의 내용과 같은 것을 고르십시오.
① 나는 첫째부터 목욕시키려고 했다.
② 첫째는 늘 동생에게 양보해야 했다.
③ 첫째는 자신의 마음을 자주 표현했다.
④ 나는 첫째가 씻지 않으려고 해서 화를 냈다.

⟨TOPIK 37회 읽기 [23~24]⟩
- 정신없이 in a hurry
- 키우다 raise
- 미처 not yet
- 씻기다 wash
- 막내 youngest brother/sister
- 꼼짝하지 않다 do not budge
- 타이르다 persuade
- 울먹이다 about to cry
- 얻어맞다 get hit
- 입히다 dress/put clothes on someone
- 빗기다 comb (one's hair)
- 모습 figure
- 당황스럽다 be embarrassed
- 불만스럽다 be unsatisfied
- 양보하다 make a concession/give way

23

밑줄 친 부분의 '머리를 한 대 얻어맞은 것 같았다'는 실제로 맞았다는 의미가 아니고, 앞에 나오는 내용이 너무 충격적이고 당황스러웠다는 의미입니다. 따라서 정답은 ③입니다.

'머리를 한 대 얻어맞은 것 같았다' in the underlined part means that the preceding content was so shocking and embarrassing, not being actually hit by someone. Therefore, the correct answer is ③.

24

필자인 어머니는 너무나 당연하다는 듯이 항상 막내부터 신경을 썼다는 내용의 글입니다. 따라서 첫째는 항상 동생에게 양보를 해 온 것을 알 수 있으므로 정답은 ②가 됩니다.

It states that the author who is mother always take care of the youngest child most. Therefore, it can be guessed that the first child has always given way to the youngest, so ② is the correct answer.

※[23~24] 다음을 읽고 물음에 답하십시오. `각 2점`

> 내가 초등학생이었을 때 학교 근처에 오래된 분식점이 하나 있었다. 그곳은 연세가 많으신 할머니께서 떡볶이를 팔고 계셨다. 그 분식점은 할머니의 감시가 소홀해서 때때로 떡볶이를 먹고 아예 계산도 하지 않은 채 도망을 나오는 아이들도 있었다. 그래도 할머니는 언제나 밝은 미소로 "많이 먹고 가."라고만 말씀하실 뿐이었다.
>
> 졸업을 하고 20년 만에 찾아간 분식집은 커피 전문점으로 바뀌어 있었다. 그리고 나는 동창에게서 할머니에 대한 이야기를 듣게 되었다. 할머니는 이미 10년 전에 돌아가셨고, 가게를 정리하면서 50년 동안 평생 모으신 돈을 우리가 다녔던 초등학교에 기부하셨다는 이야기였다. 나는 이야기를 듣는 순간 무엇으로 머리를 얻어맞은 것 같았고 철없던 시절에 우리의 행동이 부끄럽게만 느껴졌다.

23 밑줄 친 부분에 나타난 나의 심정으로 알맞은 것을 고르십시오.

① 죄송하다　　　　② 억울하다
③ 답답하다　　　　④ 서운하다

24 이 글의 내용과 같은 것을 고르십시오.
① 할머니는 아직도 분식점을 하고 계신다.
② 할머니는 기부하신 후 분식점을 그만두셨다.
③ 할머니는 분식점대신 커피 전문점을 차리셨다.
④ 할머니는 모으신 전 재산을 학교에 기부하셨다.

- 분식점 snack bar
- 도망을 나오다 run away
- 밝다 bright
- 전문점 shop
- 동창 alumnus
- 모으다 gather
- 기부하다 donate
- 순간 moment
- 시절 age/days
- 억울하다 get unfair treatment/ be under a false charge
- 그만두다 quit
- 차리다 set
- 재산 asset

23
필자는 할머니가 돌아가셨고 50년 동안 모은 돈을 기부했다는 소식을 듣고 충격을 받았을 뿐만 아니라 어렸을 때 계산하지 않은 채 도망갔던 모습에 부끄러움을 느꼈습니다. 즉 할머니에 대해 죄송한 마음을 느낀 것을 유추할 수 있습니다. 따라서 ①이 정답입니다.

The author is not only shocked after hearing that the old woman passed away and donated her money she had saved for 50 years, but also feels ashamed as she/he ran away without paying for the food in young days. Thus, it can be guessed that the author feels sorry to the old woman. Therefore, the correct answer is ①.

24
필자가 초등학교 때 자주 가던 분식집에 대한 이야기입니다. 분식집 할머니는 가게를 하시면서 평생 모은 돈을 학교에 기부하셨다고 했으므로 정답은 ④가 됩니다.

It is about a snack bar where the author often went in elementary school. It states that the old woman donated the school all the money she had saved in her whole life while running her restaurant, so ④ is the correct answer.

23-24

연습문제

※[23~24] 다음을 읽고 물음에 답하십시오. 각 2점

> 생각해 보면 지난 30년간 좁은 단칸방에서 어머니와 단둘이 살며 고생도 많이 했다. 요즘 같은 세상에는 여자도 공부를 잘해야 하는 법이라며 없는 살림이지만 어머니 욕심으로 대학까지 다닐 수 있었다. 조금이라도 살림에 도움이 되고 싶어 중학교 2학년부터 시작했던 새벽 우유 배달 일은 대학을 졸업하던 날까지 계속되었지만, 매일 아침 뜨는 해를 바라보며 각박한 세상과 공부에 지쳐 있던 나의 고된 마음을 털어버렸다. 어느덧 나는 어엿한 사회인이 되었고 어머니의 머리도 세월에 따라 백발로 변해 있었다. 그러나 여전히 아침과 저녁으로 집안의 궂은일을 마다하지 않으시는 어머니를 볼 때면 <u>나도 모르게 눈가가 촉촉이 젖어 들었다.</u> "엄마, 아프지 말고 오래 사셔야 해요." 나는 몇 번이고 이 말을 되풀이하면서 오늘도 하루를 시작하기 위해 출근길을 나섰다.

23 밑줄 친 부분에 나타난 나의 심정으로 알맞은 것을 고르십시오.
① 곤란하다
② 안쓰럽다
③ 부담스럽다
④ 당황스럽다

24 이 글의 내용과 같은 것을 고르십시오.
① 나는 대학을 졸업한 후부터 계속 직장을 찾고 있다.
② 어머니는 많이 늙으셨지만 여전히 쉬지 않고 일하신다.
③ 어머니는 공부에 대한 욕심이 많으셔서 대학까지 다니셨다.
④ 어렸을 때 집안은 부유했지만 경험 삼아서 우유 배달 일을 했다.

단칸방 one-room house/studio | **단둘** just two | **배달일** delivery job | **지치다** be exhausted | **고되다** laborious/harsh | **털어버리다** shake off/free one's mind from~ | **어엿하다** respectable | **백발** gray hair | **궂은일** unpleasant task | **마다하다** refuse | **눈가가 젖다** get misty-eyed | **촉촉이** moistly | **곤란하다** have difficulty | **부담스럽다** feel uncomfortable | **안쓰럽다** feel pitiful | **경험** experience | **부유하다** wealthy

✏ 오늘의 어휘

볼거리	attraction	명	남산의 봄꽃 축제는 볼거리가 풍부합니다.
전망	view/prospect	명	나는 전망이 있는 회사에 취직했다.
제자리	in place	명	열심히 공부를 하고 있지만 실력은 제자리인 것 같다.
달다	sweet	동	사람들은 인터넷 기사를 보고 자기의 의견에 대해서 댓글을 단다.
달라붙다	stick/cling	동	너무 달라붙는 옷은 활동하기에 불편하다.
상하다	spoil/feel bad	동	상한 음식을 먹으면 식중독에 걸릴 수 있다.
즐기다	enjoy	동	최근에는 많은 사람들이 인생을 즐기면서 살기를 원한다.
퍼지다	spread	동	그 사람에 대한 안 좋은 소문이 퍼지기 시작했다.
한몫하다	contribute	동	이번 축구 경기에서 우리 팀의 우승에 내가 한몫했다.
불쾌하다	unpleasant	형	그의 기분 나쁜 표정이 나를 불쾌하게 했다.
심각하다	serious	형	무슨 일이 생겼는지 교실 분위기가 너무 심각했다.
적절하다	appropriate	형	시간과 장소에 맞는 적절한 옷차림이 중요하다.
지나치다	excessive	형	너무 지나친 친절은 오히려 상대방을 불편하게 할 수도 있다.
영향을 끼치다	affect/influence		불규칙한 식사는 건강에 안 좋은 영향을 끼친다.

25-27

25~27 신문 기사의 제목을 보고 가장 잘 설명한 것 고르기

신문 기사 제목을 보고 잘 설명한 문장을 고르는 문제입니다. 신문 기사 제목은 기사의 내용을 함축적이고 간결하게 표현하기 때문에 비유적인 표현이 사용되는 경우가 종종 있습니다. 답을 고를 때는 **기사 제목을 보고 그 안에 숨겨진 의미를 파악해야 합니다.**

보통 25번과 26번 문제는 사회나 문화, 예술 분야의 정보 전달형 기사가 주로 나옵니다.

27번은 국가 경제나 경영과 관련된 주제로, 정부가 시행한 정책에 대한 비판적인 의견에 대한 내용들이 자주 출제되었습니다.

일반적으로 기사 제목의 앞부분에는 말하고자 하는 주요 소재를 제시하고 있고, 뒤에서는 이와 관련된 문제점을 지적하거나 말하고자 하는 정보, 의도가 들어 있습니다. 따라서 이 문제는 먼저, 제목을 보고 어떤 내용의 기사인지 파악한 후에 선택지를 읽고 정답을 찾아내야 합니다.

You will be asked to read the headline of a news article and to choose a sentence which describes it best. The news headline sometimes uses metaphorical expression in order to describe the news article implicitly and concisely. While choosing the answer, read the headline and comprehend its hidden meaning.

Generally, in question #25 and #26, news articles which convey information of social issues, culture or art usually appear.

In question #27, as the headline about national economy and business administration, the contents usually criticize the government's policies.

Generally, the front part of the headline presents the main topic, and the latter part points out its problems or shows either what the article is about, or what the intention of this article is. Therefore, for this question, you should read the headline first to comprehend what the news article is about, and then read the answer choices to choose the correct answer.

25-27

기출문제

※[25~27] 다음은 신문 기사의 제목입니다. 가장 잘 설명한 것을 고르십시오. [각 2점]

25~27

> 뮤지컬로 만나는 드라마, 볼거리 많아져

① 뮤지컬과 드라마를 함께 보면서 즐길 수 있게 되었다.
② 뮤지컬이 드라마로 만들어져서 구경할 수 있게 되었다.
③ 드라마가 뮤지컬로 만들어져 즐길 수 있는 것이 많아졌다.
④ 드라마와 뮤지컬이 함께 만들어져서 구경할 거리가 많아졌다.

〈TOPIK 36회 읽기 [25]〉
• 뮤지컬 musical

25~27
드라마였던 것을 뮤지컬로 만들어서 볼거리가 많아졌다는 의미입니다. 따라서 정답은 ③이 됩니다.

It means a drama has been adapted into a musical which gives so many things to see. Therefore, the correct answer is ③.

샘플문제

※[25~27] 다음은 신문 기사의 제목입니다. 가장 잘 설명한 것을 고르십시오. [각 2점]

25~27

> 너무 꽉 끼는 바지, 다리에 피 안 통해 건강에 '빨간 신호'

① 꽉 끼는 바지를 입으면 다리가 빨갛게 변한다.
② 몸에 딱 맞는 바지를 계속 입으면 건강에 좋다.
③ 몸매 유지를 위해 몸에 끼는 바지를 입어야 한다.
④ 건강을 위해 몸에 달라붙는 바지를 안 입는 것이 좋다.

• 꽉 끼다 fits tight
• 피가 통하다 blood-circulate
• 신호 signal
• 딱 맞다 fits perfectly
• 몸매 유지 maintain body shape/ control one's figure

25~27
건강에 '빨간 신호'라는 것은 건강에 좋지 않다는 경고의 의미입니다. 즉, 너무 꼭 맞는 바지는 몸에 안 좋다는 의미입니다. 따라서 정답은 ④입니다.

'건강에 빨간 신호' indicates a warning that it is not good for your health. Thus, pants that fit too tight are not good for your body. Therefore, the correct answer is ④.

25-27

※[25~27] 다음은 신문 기사 제목입니다. 가장 잘 설명한 것을 고르십시오. [각 2점]

25 | 지나친 존대법 사용, 오히려 불쾌해

① 존대법은 지나치게 사용할수록 좋다.
② 적절한 존대법은 손님을 기분 좋게 해 준다.
③ 불쾌한 기분은 존대법을 사용하여 풀 수 있다.
④ 존대법의 과한 사용이 기분을 상하게 하기도 한다.

26 | 유명 연예인들, 인터넷 악성 댓글로 몸살 중

① 인터넷에 악성 댓글을 다는 연예인이 유명해졌다.
② 유명 연예인들이 인터넷에 악성 댓글을 달고 있다.
③ 연예인들을 대상으로 한 악성 댓글 문제가 심각하다.
④ 연예인들의 몸살감기 소식이 인터넷으로 퍼지고 있다.

27 | 내년 세계 경제 성장률 제자리 전망, 무역 감소가 한몫해

① 무역 감소로 인해 세계 경제가 좋아질 것이다.
② 세계 경제가 활성화되면 무역이 감소할 것이다.
③ 세계 경제 활성화를 위해 무역을 감소시킬 것이다.
④ 무역량의 감소가 세계 경제 성장에 영향을 끼칠 것이다.

존대법 honorific mode | **과하다** excessive/too much | **악성 댓글** vicious cyber reply | **몸살** ache from fatigue | **성장률** growth rate | **무역** trade | **활성화** revitalization/activation | **감소** decrease/reduction | **감소시키다** reduce/decrease | **무역량** trade volume | **성장** growth

28-31

✎ 오늘의 어휘

비중	portion	명	생활비에서 월세가 가장 큰 비중을 차지한다.
역할	role	명	올바른 자녀 교육을 위해서는 부모의 역할이 중요하다.
착각	delusion	명	제주도에 살면 외국에 사는 듯한 착각이 든다.
결합되다	be combined	동	두 종류 이상의 음식이 결합되어 만들어진 것이 퓨전 음식이다.
끌다	drag/attract	동	아이들은 부모의 관심을 끌기 위해 이상한 행동을 한다.
반영되다	be reflected	동	학생들의 의견이 반영되어 문화수업 장소가 바뀌었다.
선정되다	be selected	동	우리 학교가 최우수 학교로 선정되었다.
설치되다	be installed	동	은행에는 범죄 예방을 위해 CCTV가 설치되어 있다.
시행하다	implement	동	정부는 올해부터 도서정가제를 시행하기로 했다.
유발하다	cause/trigger	동	독특한 영화 제목은 관객들의 흥미를 유발한다.
지정하다	assign/designate	동	정부는 2013년부터 한글날을 공휴일로 지정했다.
독특하다	unique/unusual	형	그녀는 말투가 독특해서 사람들이 잘 기억한다.
색다르다	unconventional	형	나는 색다른 경험을 하기 위해 이번 여행을 계획했다.

♨ 오늘의 문법

V-듯(이)	앞의 행위와 뒤의 상황이 거의 같음을 나타낸다. This expresses that the preceding behavior is almost same as the following situation. 예 그는 물 쓰듯이 돈을 쓴다.
A-(으)ㄴ 듯하다 V-는 듯하다	어떤 상황을 짐작하거나 추측할 때 사용한다. This is used to assume or guess a certain situation. 예 아들이 학교가 너무 멀어서 피곤한 듯하다.
N은/는 물론(이고)	앞의 내용도 포함하여 뒤의 내용도 당연히 그러함을 나타낸다. This indicates that not only preceding contents but also following contents are natural. 예 반장은 착하고 공부도 잘해서 학생은 물론(이고) 선생님들에게도 인기가 많다.
N조차	예상하지 못한 심한 상황을 나타낼 때 사용한다. This is used to describe an unexpected severe situation. 예 가족들조차 나를 떠나 버렸다.

28-31

📖 유형분석

28~31 괄호에 들어갈 내용으로 알맞은 것 고르기

정보를 전달하는 글을 읽고 '(   )' 괄호에 들어갈 말을 고르는 문제입니다. 앞 문제들에 비해 어휘 난이도가 높아졌고, 지문의 길이도 긴 편입니다. 그러나 지나치게 전문적인 어휘나 중심 주제를 비판, 반대하는 내용이 나오지는 않습니다. 주로 상식, 과학, 시사 등의 영역에서 많이 출제되므로 이 영역에서 많이 나오는 어휘를 알아 두면 좋습니다.

문제를 풀 때는 '(   )' 괄호의 앞뒤 문장에 단서가 나올 확률이 높으므로 주의 깊게 읽어야 합니다. 그리고 **마지막 문장에 '(   )' 괄호가 나올 때에는 글 전체의 내용을 요약하거나 결론을 제시하는 내용이 들어가는 경우가 많습니다.**

You will be asked to read an article which conveys information and to choose the best phrase that fits the parenthesis '(   )'. The vocabulary difficultly is higher than the previous questions and their passage is longer. However, there will be no overly professional vocabulary, or criticism or objection to the main topic. The article is usually about common knowledge, science, current affairs etc., so you should be familiar with the vocabulary often used in such areas.

The clue is likely to appear in the preceding and following sentences of the parenthesis '(   )', so you should read them carefully. If the parenthesis '(   )' appears in the last sentence, the phrase which fits should summarize the content of the whole article or present a conclusion.

28-31

🔍 문제분석

기출문제

※[28~31] 다음을 읽고 (   )에 들어갈 내용으로 알맞은 것을 고르십시오. 각 2점

28~31

> 아무리 훌륭한 내용의 글이라도 제목이 읽는 이의 시선을 끌지 못한다면 그 글은 사람들의 관심을 얻지 못한다. 독자의 관심을 끌 수 있는 방법은 (   ) 제목을 짓는 것이다. 예를 들면 '돈을 관리하는 방법' 보다는 '어느 날 당신에게 천만 원이 생긴다면?'이라는 제목이 더 좋다. 이렇게 독자의 입장에서 제목을 붙이면 흥미를 유발하여 독자의 시선을 끌 수 있다.

① 독자에게 신뢰를 주는
② 독자에게 새로운 정보를 주는
③ 독자가 자기 일처럼 느껴지게 하는
④ 독자가 내용을 쉽게 추측하게 하는

※ 독자의 흥미를 유발 ⇒ 자기 일처럼 느껴지게

〈TOPIK 37회 읽기 [28]〉
- 훌륭하다 excellent
- 시선 glance/gaze
- 관심을 얻다 get attention
- 독자 reader
- 제목을 짓다 entitle/make a title
- 입장 entrance/admission
- 제목을 붙이다 entitle
- 흥미 interest   • 추측하다 guess

28~31

'(   )' 괄호의 바로 뒤 문장에서 '(   )'괄호에 들어갈 말의 예를 들고('예를 들면') 있기 때문에 선택지에서 이 예를 표현한 말을 찾으면 됩니다. 또한 마지막 문장에서 '독자의 입장에서 제목을 붙이면'이라고 했기 때문에 정답은 ③입니다.

The sentence which directly follows the sentence including the parenthesis '(   )' shows an example for whatever mentioned in the parenthesis '(   )'('예를 들면'), so you should choose the answer choice which shows such example. Also, the last sentence states that '독자의 입장에서 제목을 붙이면', so the correct answer is ③.

※[28~31] 다음을 읽고 ( )에 들어갈 내용으로 알맞은 것을 고르십시오. 각 2점

28~31

> 고등학교 교육 과정이 입시 위주의 수업 중심으로 바뀌면서 체육이나 음악, 미술 등 예체능 과목들의 비중이 줄어들고 있다. 특히 체육은 교육 과정에는 포함되지만 실제 교육 현장에서는 이론 수업으로 대체되거나 자율 학습을 하는 경우가 많다고 한다. 성장기 청소년들이 몸을 움직이지 않고 지나치게 오랫동안 앉아 있게 되면 ( ) 영향을 끼칠 수 있다. 따라서 아무리 입시가 중요하여도 <u>성장기 청소년들의 신체 건강을 위해서</u> 체육 수업을 실시해야 한다.

① 뼈 성장에 좋지 않은
② 교육 환경에 안 좋은
③ 자아 형성에 부정적인
④ 성적을 향상시키는 데 좋은

- 교육 과정 curriculum
- 입시 위주 focused on university entrance
- 예체능 과목 arts and physical education class
- 이론 수업 theory class
- 대체되다 be replaced/be substituted
- 자율 학습 self-study
- 성장기 growth period
- 신체 건강 physical health
- 실시하다 implement/carry out
- 자아 형성 self-formation

28~31

'( )' 괄호의 뒤 문장에서 체육 수업이 청소년들의 신체 건강과 관련된다고 말하고 있습니다. 따라서 정답은 신체와 관련된 ①입니다.

The following sentence of the parenthesis '( )' states that physical education classes are related to the physical health of teenagers. Therefore, the correct answer is ①, related to the body.

28-31

※[28~31] 다음을 읽고 (   )에 들어갈 내용으로 가장 알맞은 것을 고르십시오. 각 2점

28

> 여름철이면 너나없이 사람들이 모이는 장소가 바로 분수대 앞이다. 분수대는 외관을 아름답게 해주는 조형물로서의 가치와 여름철 주변 온도를 떨어뜨려 주는 효과도 있어 도시 곳곳에 설치되어 있다. 최근 분수대는 이 같은 역할뿐만 아니라 음악과 접목하여 (   ) 주고 있다. 바로 음악의 선율에 맞추어 물줄기가 마치 춤을 추듯 움직이고, 형형색색의 조명들과 어우러져 마치 한편의 뮤지컬을 보는 듯한 착각을 불러일으키기 때문이다.

① 기자들에게 날씨 정보를
② 아이들에게 마음의 동요를
③ 시민들에게 색다른 즐거움을
④ 예술가들에게 독특하고 기발한 생각을

29

> 한때 한국에서 선풍적인 인기를 끌었던 드라마가 있었다. 회당 시청률은 평균 80%에 달했으며, 드라마가 방영되는 시간에는 길거리에 사람들은 물론이고 자동차조차도 지나가지 않았다. 그러나 최근에는 이 만큼의 높은 시청률을 기록하는 드라마가 없다. 이 같은 현상은 본방송을 보지 않아도 재방송이나 인터넷으로도 드라마를 볼 수 있게 되었기 때문이다. 또한 가구당 (   ) 가족 구성원들이 여러 대의 텔레비전으로 각기 다른 방송을 시청하는 경우도 많아졌기 때문이다.

① 주거 생활이 편리해져
② 인터넷 속도가 빨라져
③ 전자 기기의 보급률이 높아져
④ 텔레비전 보유 개수가 많아져

너나없이 everyone | **분수대** fountain | **외관** appearance | **조형물** sculpture | **가치** value | **형형색색** a variety of | **선율에 맞추다** follow the tune | **접목하다** graft/apply | **조명** lighting | **동요** agitation | **어우러지다** get along/be in harmony | **불러일으키다** cause | **기발하다** brilliant | **선풍적** sensational | **시청률** viewing rate | **달하다** reach | **방영되다** be broadcast(ed) | **기록하다** record | **본방송** original broadcast | **재방송** rerun | **시청하다** watch | **보유** possession

30

한국의 전통 음식을 세계에 알리기 위한 갖가지 방법들이 시도되고 있다. 그 중에서도 한국의 대표적 전통 음식인 비빔밥과 패스트푸드인 햄버거를 조합하여 만든 비빔밥 버거가 눈길을 끌고 있다. 이 버거는 올해 5월에 열린 '버거 선발대회'에서 1위를 차지하면서 올해 최고의 버거로 선정되기도 했다. 전형적인 세계화 음식으로 자리 잡은 햄버거에 고추장과 된장이라는 (   ) 만들어진 비빔밥 버거가 세계인들에게 관심과 사랑을 받는다는 사실은 굉장히 뿌듯한 일이 아닐 수 없다.

① 비슷한 재료가 만나
② 전문가의 의견이 반영되어
③ 차별화된 요소가 결합되어
④ 수상을 한 음식들로 이루어져

31

국민건강보건기구에서는 국민들의 건강한 생활을 위해 담배 값 인상과 함께 금연 구역을 확대하고 있다. 최근에는 주거 지역에도 금연 구역을 설치하는 일명 '금연 아파트'가 인기를 얻고 있다. 그동안 한국의 주거 지역의 경우 특별히 금연 구역을 지정해 놓지 않고, 오직 주거하는 사람의 의지에 맡겨져 왔다. 그러나 금연 아파트의 경우 아파트 내부는 물론이고 주변 공원과 편의 시설까지 금연 구역으로 지정한 것은 (   ) 시민들의 노력의 결과이다.

① 흡연을 불법으로 간주하려는
② 비흡연자들의 입장을 알리려는
③ 국민 건강 증진에 힘을 쓰려는
④ 자신과 가족을 담배로부터 지키려는

조합하다 mix/combine | **눈길을 끌다** catch an eye | **선발대회** contest | **전형적** typical | **차지하다** occupy/take | **자리(를) 잡다** make one's place | **뿌듯하다** be proud of | **수상** be awarded | **차별화(되다)** be differentiated | **주거 지역** residential area | **오직** only | **의지** will | **편의 시설** convenience facilities | **간주하다** regard | **비흡연자** non-smoker | **증진** promotion/enhancement | **힘을 쓰다** work hard

32-34

✏️ 오늘의 어휘

각광	spotlight/ be popular	명	한국의 전통 음식이 세계에서 각광을 받고 있다.
간접	indirectness	명	최근 영화나 드라마에는 간접 광고가 포함되어 있다.
낭비	waste	명	그는 낭비가 심해서 돈을 모으지 못한다.
매출	sale	명	신제품 판매로 매출이 증가하고 있다.
오류	error/mistake	명	현금인출기 비밀번호를 잘못 눌러서 오류가 발생했다.
일석이조	killing two birds with one stone	명	커피숍에서 일하면 일도 배우고 돈도 벌 수 있어서 일석이조이다.
협력	cooperation	명	이 위기를 극복하려면 모두의 협력이 필요하다.
혼란	confusion	명	정부의 새로운 정책 발표가 국민들에게 큰 혼란을 주고 있다.
기획하다	plan	동	수험생을 위한 청소년 음악회를 기획하여 추진 중이다.
바로잡다	adjust/straighten	동	나는 체형을 바로잡기 위해 요가를 배우고 있다.
추진하다	propel	동	구청에서는 다문화 가정을 위한 '세계인의 날' 행사를 추진하고 있다.
흘러나오다	flow out	동	그 가게 앞을 지날 때마다 추억의 음악이 흘러나온다.
번거롭다	inconvenient	형	요즘 주부들은 김치 담기가 번거로워서 많이 사 먹는다.
호황을 누리다	enjoy booming		경기가 회복되면서 부동산 시장이 호황을 누리고 있다.

🪴 오늘의 문법

A/V-아/어	어떤 이유나 원인을 나타낸다. '-아/어서'의 줄임 형태이다. This indicates a certain reason or cause. It's the short version of '-아/어서'. 예 이곳에 지진이 발생해 많은 사상자가 났다.
N(이)자	어떤 자격과 함께 다른 자격도 있음을 나타낸다. This indicates that the subject has another qualification as well as a certain qualification. 예 이 사람은 나의 영원한 친구이자 남편입니다.

📖 유형분석

32~34 내용이 같은 것 고르기

전체적인 내용을 잘 읽고 같은 내용을 찾는 문제입니다. 글을 순서대로 읽으면서 해당되는 선택지가 맞는지 틀리는지를 판단해야 합니다. 글의 내용과 선택지를 잘 비교해 가며 관련이 없는 내용을 하나씩 지워 나가야 합니다. 그리고 선택지에 사용되는 표현들은 지문에 나온 표현을 그대로 사용하지 않기 때문에 **비슷한 어휘와 표현을 알고 있어야 답을 찾아낼 수 있습니다.** 이 유형에서는 과학, 문화, 경제, 정책 등에서 많이 출제되므로 이 영역에서 많이 사용되는 어휘들을 알아 두면 좋습니다.

You will be asked to read the overall contents and to choose the answer choice that matches with it. While reading the article in sequence, you need to determine whether each answer choice is right or wrong. You should compare the contents of the article with the answer choices properly and exclude each answer which is irrelevant to the article one by one. Also, the answer choices do not use the exactly same expressions as those used in the passage, so it would be helpful to know similar vocabulary to find the correct answer. In this type of question, the passage is usually about science, culture, economy, policies, etc., so you should be familiar with the vocabulary often used in such areas.

32-34

🔍 문제분석

기출문제

※[32~34] 다음을 읽고 내용이 같은 것을 고르십시오. 각 2점

32~34

> '유라시아 횡단 프로젝트'의 원정단이 한국을 출발 아시아 여러 나라를 거쳐 독일에 이르는 먼 여정을 시작하였다. 이 프로젝트는 유럽과 아시아 협력의 필요성을 알리고 한국의 문화를 소개하기 위해한 언론사가 기획하였다. 일반 시민들로 구성된 원정단은 민간외교사절의 역할을 하게 될 것이다. 정부는 원정단의 여정에 맞춰 한류 행사를 열고 향후 유라시아 에너지 협력 프로젝트를 추진하겠다고 밝혔다.

〈TOPIK 37회 읽기 [33]〉
- 유라시아 횡단 프로젝트
  Trans-Eurasia project
- 원정단 expedition
- 여정 journey
- 언론사 newspaper company
- 민간외교사절 civilian diplomatic envoy
- 향후 future/from now on
- 대두되다 come to the fore
- 선발하다 select
- 논의하다 discuss

① 원정단의 방문으로 유라시아 협력의 필요성이 대두되었다. X

② 원정단은 정부 기관에서 일하는 사람들 중에서 선발하였다. X

③ 원정단은 이번 방문 중에 에너지 협력 방안을 논의할 것이다. X

④ 원정단이 방문하는 곳에서 한국을 알리는 공연이 열릴 것이다.

32~34

① '이 프로젝트는 유럽과 아시아 협력의 필요성을 알리고'라고 했기 때문에 '필요성이 대두되었다(새롭게 나타났다)'는 틀립니다. ② 원정단은 '일반 시민들로 구성'되었습니다. ③ '향후(이다음) 에너지 협력 프로젝트를 추진하겠다'고 했습니다. 따라서 정답은 ④입니다.

① It states that '이 프로젝트는 유럽과 아시아 협력의 필요성을 알리고', so '필요성이 대두되었다' is the wrong answer. ② The expedition was '일반 시민들로 구성'. ③ It states that '향후 (이다음) 에너지 협력 프로젝트를 추진하겠다'. Therefore, the correct answer is ④.

샘플문제

※[32~34] 다음을 읽고 내용이 같은 것을 고르십시오. 각 2점

32~34

> 인주시는 외국인 관광객이 길을 찾는 데 혼란을 주는 잘못된 안내표지판을 개선하기 위해 다음 달 31일까지 '잘못된 외국어 안내표지판을 바로잡아 주세요.'라는 캠페인을 실시한다고 밝혔다. 잘못된 외국어 표기는 자문위원회의 자문을 거쳐 안내표지판을 관리하는 해당 부서로 통보해 정비하게 된다. 또한 신고 건수가 많거나 중요한 오류를 신고한 사람에게는 소정의 기념품을 지급한다는 계획이다.

① 인주시는 잘못된 외국어 안내표지판의 신고를 받고 있다.

② 인주시의 안내표지판 캠페인은 기한에 관계없이 시행된다.

③ 인주시는 캠페인에 참여하는 모든 사람들에게 상품을 지급한다.

④ 인주시는 관광객들을 위해 길을 안내하는 캠페인을 벌이고 있다.

- 표지판 sign
- 캠페인을 실시하다 carry out a campaign
- 표기 marking
- 자문위원회 advisory committee
- 자문을 거치다 have consulting
- 통보하다 notify
- 정비하다 maintain
- 건수 number of cases
- 소정 prescribed
- 지급하다 provide
- 기한 time limit/deadline

32~34

② 안내표지판 캠페인은 다음달 31일까지만 시행됩니다. ③ 신고 건수가 많거나 중요한 오류를 신고한 사람에 한해 상품을 지급합니다. ④ 잘못된 표지판을 교체하려는 캠페인입니다. 따라서 정답은 ①입니다.

② The campaign on the information sign will be held until the 31st of next month. ③ A prize will be given to the one who gave the biggest number of error reports or reported a significant error. ④ It is a campaign to replace wrong signs. Therefore, the correct answer is ①.

32-34

※[32~34] 다음을 읽고 내용이 같은 것을 고르십시오. 각 2점

32

최근 낚시, 등산, 캠핑 등 야외 활동을 즐기는 나들이객이 증가하면서 조리 과정이 번거롭지 않고 시간을 절약 할 수 있는 나들이 식품이 인기를 끌고 있다. 덕분에 군인들의 비상식량을 담당했던 C기업의 매출이 눈에 띄게 증가하면서 역대 호황을 누리고 있다. 나들이 식품의 핵심 기술은 가열 기술에 있다. 제품을 개봉 후 두 개의 줄을 당기면 파우치에 담겨 있는 발열 용액이 흘러나와 온도를 높이는 방식이다. 발열체의 열을 이용해 음식물을 가열하는 간접 가열 방식으로 야외에서 조리 도구 없이도 손쉽게 음식을 먹을 수 있다는 것이 큰 장점이다.

① 간접 가열 기술은 나들이 식품의 주요 기술이다.
② 나들이객의 증가로 군인들의 비상식량의 질도 향상되었다
③ 나들이 식품은 조리 도구는 필요 없지만 조리 과정이 번거롭다.
④ 나들이 식품의 음식을 데우는 방식은 불을 이용한 가열 방식이다.

33

요즘 환경을 살리는 자연친화적인 방법으로 지렁이 농법이 소개되고 있다. 지렁이 농법은 농약이나 화학비료를 사용하지 않는 유기농법의 일종으로, 최근 웰빙이 각광을 받으면서 주목 받게 되었다. 지렁이 농법은 지렁이의 배설물을 활용한 농사법이다. 지렁이 배설물은 배수성과 통기성이 뛰어나 뿌리가 내리는데 도움을 주며 화학비료로 나빠진 토양 환경을 개선하는 데 중요한 역할을 한다. 또한 식물 성장에 필요한 요소를 다량 함유하고 있으며 주변의 악취와 해충을 없애는 작용도 하는 것으로 나타나 지렁이 농법이 미래형 농법으로 주목받고 있다.

① 지렁이 농법으로 농약과 화학비료의 사용이 줄었다.
② 최근 들어 사람들은 건강한 삶에 대한 관심이 많아졌다.
③ 배수가 잘되는 식물의 뿌리가 있는 곳에서 지렁이는 배설한다.
④ 지렁이 농법의 핵심은 해충을 잡아먹어 악취를 줄이는 데 있다.

낚시 fishing | 야외 활동 outdoor activities | 나들이객 visitors/travelers | 비상식량 emergency food | 담당하다 take charge of | 역대 all in history | 눈에 띄다 conspicuous | 핵심 기술 core technology | 가열 heating | 개봉 open/release | 당기다 pull | 파우치 pouch | 발열 용액 exothermic solution | 손쉽다 easy | 데우다 heat/warm | 화학비료 chemical fertilizer | 자연친화적 eco-friendly | 지렁이 농법 farming technique by using earthworm | 유기농법 organic farming | 배설물 excreta | 웰빙 well-being | 배수성 drain ability | 통기성 permeability | 토양 환경 soil environment | 요소 element | 함유하다 contain | 악취 bad smell/odor | 해충 pest/vermin

34

　나날이 발전하는 휴대 전화의 기능과 디자인의 변화로 휴대 전화 교환 시기가 빨라지고 이로 인하여 가정마다 사용하지 않는 폐 휴대 전화가 늘고 있다. 환경부 자료에 의하면 2011년에 폐 휴대 전화 수거율이 가장 높았으며 이후 다시 감소하고 있다고 한다. 이것은 경제적 손실이자 낭비이며 그냥 버려진다면 부속품으로 사용된 유해 물질이 환경파괴의 주범이 될 수도 있다. 하지만 폐 휴대 전화에는 금, 은, 구리 등 재활용 가능한 물질들이 많아 올바르게 수거하여 적법하게 활용한다면 환경도 보호하고 경제적 손실도 막는 일석이조의 효과를 거둘 수 있을 것이다.

① 폐 휴대 전화 수거율은 2011년을 기점으로 증가하는 상태이다.
② 휴대 전화에는 유해 물질이 많아 사용 횟수를 줄이는 것이 좋다.
③ 소비자들의 요구에 따라 휴대 전화 신제품들의 출시가 빨라지고 있다.
④ 폐 휴대 전화의 재활용은 환경뿐만 아니라 경제적 측면에서도 효과가 있다.

나날이 day after day | **폐 휴대 전화** used cell phone | **환경부** Ministry of Environment | **수거율** rate of waste collection | **손실** loss | **부속품** components | **유해 물질** hazardous substances | **환경파괴** environmental destruction | **주범** main culprit | **구리** copper | **올바르다** correct | **적법하다** legitimate | **기점** starting point | **출시** release/launching

35-38

✏️ 오늘의 어휘

경향	trend	명	요즘 젊은이들은 외모만을 중시하는 경향이 있다.
내면	inside/interior	명	사람을 볼 때에는 겉모습보다는 내면을 봐야 한다.
무작정	recklessness	명	택시 기사는 목적지도 물어보지 않고 무작정 출발했다.
호감	good will	명	나는 목소리가 좋은 남자에게 호감이 간다.
꾸준히	steadily/consistently	부	꾸준히 노력하는 사람은 꿈을 이룰 수 있다.
개선하다	improve	동	난방 시설이 부족한 학교 환경을 개선해야 한다.
시도하다	attempt	동	해 보지 않은 일을 시도하는 것은 누구에게나 어려운 일이다.
인상되다	increase	동	물가 상승으로 인해 버스 요금이 인상되었다.
추구하다	pursue	동	사람들은 모두 행복을 추구한다.
출시하다	release/launch	동	우리 회사에서 올해 새로운 제품을 출시하였다.
거세다	fierce/strong	형	지난밤 거센 비바람으로 나무가 많이 쓰러졌다.
만족스럽다	satisfactory	형	나는 졸업 시험 결과가 아주 만족스럽다.

🌱 오늘의 문법

A/V-고 싶어 하다	다른 사람의 희망을 나타낼 때 사용한다. This is used to express another person's hope. 예 내 친구는 유명한 가수가 되고 싶어 합니다.
A/V-거니와	앞의 상황을 인정하면서 뒤에도 비슷한 사실이 이어짐을 나타낸다. This expresses the acknowledgement of the preceding situation and continuance of a similar situation to it. 예 그는 얼굴도 예쁘거니와 춤과 노래에도 소질이 있다.
A/V-(으)ㄹ뿐더러	앞의 상황에 다른 상황이 더해짐을 나타낸다. '-(으)ㄹ 뿐만 아니라'와 바꿔 쓸 수 있다. This expresses that a different situation is added to the preceding situation. This can be replaced with '- (으)ㄹ 뿐만 아니라'. 예 그는 출석률도 좋지 않을뿐더러 성적도 좋지 않다.
N(이)란	어떤 것을 주제로 해서 설명함을 나타낸다. This expresses the explanation of something which is a topic. 예 청춘이란 꿈을 꿀 수 있어서 행복한 시기이다.

35-38

📖 유형분석

35~38 글의 주제로 가장 알맞은 것 고르기

글을 읽고 주제를 찾는 문제입니다. **글의 주요 내용이나 글쓴 이가 주장하는 중심 생각을 찾아야 합니다.** 주로 문화, 예술, 건강, 과학 등의 영역에서 많이 출제되고 있습니다. 그러므로 이 영역에서 사용될 만한 어휘들을 알아 두면 좋습니다.

글의 **주제는 보통 처음과 마지막 부분에** 나타나므로 그곳을 집중적으로 읽는 것이 좋습니다. 글을 요약하거나 정리해주는 접속 부사 '즉, 따라서, 그러므로' 등과 자신의 생각이나 주장, 대안을 제시할 때 사용하는 표현인 '-아/어야 하다, -아/어야 할 것이다' 등으로 끝나는 문장에 주제가 나오는 경우가 많습니다. 또한 글의 중간에 반대되는 내용이나 반론을 제기하는 '그러나, 하지만, 그렇지만, 반면, 반대로, 그런가 하면' 등과 같은 **접속 표현이 나오는 부분에도 주제가 많이 나오니까 주의 깊게 읽어 야 합니다.**

You will be asked to read the article and to choose its topic. You need to find the main content of the article or the main idea the author is asserting. The article is likely to be about culture, art, health or science, etc. Therefore, it is recommended to know the expressions related to this area.

The topic of the article is generally in the first or last part, so it is recommended to focus on reading those parts. The topic usually appears in the sentence which begins with conjunctive adverbs which summarizes or concludes the article such as '즉, 따라서, 그러므로', etc. or ends with expressions used for presenting the author's opinion, assertion or alternative such as '-아/어야 하다', '-아/어야 할 것이다'. Also, you should read the middle part of the article where conjunctive expressions which oppose or make a counterargument to the preceding content such as '그러나, 하지만, 그렇지만, 반면, 반대로, 그런가 하 면', etc. carefully, because the topic is also likely to appear in such conjunctive expressions.

35-38

기출문제

※[35~38] 다음 글의 주제로 가장 알맞은 것을 고르십시오. 각 2점

35~38

> 요즘 치유를 목적으로 '힐링' 강연을 듣는 사람들이 점점 많아지고 있다. 현대인이 힐링에 열광하는 이유는 마음의 상처를 치유하고 실패에 대한 위로를 받고 싶어 하기 때문이다. 그러나 치유 열풍이 거센 것에 비해서 이를 통해 마음의 평화와 안정을 얻었다고 하는 사람들은 그리 많지 않다. 분위기에 휩쓸려 무작정 강연에 매달리기보다는 스스로를 치유할 수 있는 내면의 힘을 찾아야 할 것이다.

① 힐링 열풍이 꾸준히 이어지고 있다.
② 힐링의 성패는 자기 자신에게 달려 있다.
③ 힐링 강연으로 마음의 상처를 치유할 수 있다.
④ 힐링 강연을 통해 나만의 치유법을 찾아야 한다.

※ 주로 첫문장이나 마지막 문장에 중심 생각이 나타나 있음

〈TOPIK 36회 읽기 [37]〉
- 치유(하다) heal
- 힐링 healing
- 열광하다 be enthusiastic
- 위로 comfort
- 열풍 fever/craze
- 안정 stability
- 그리 so/very/that
- 분위기에 휩쓸리다 be influenced by the atmosphere
- 매달리다 hang/cling
- 성패 success and failure
- 달려 있다 depend on

35~38

필자는 치유 열풍을 비판적인 시각으로 이야기하고 있습니다. 마지막 문장에 자신의 주장을 나타내고 있고 이 문장이 주제문이 됩니다. '스스로 치유할 수 있는 내면의 힘을 찾아야 할 것이다'라고 했기 때문에 정답은 ④입니다.

The author says in a critical perspective about the healing craze. The author's assertion appears in the last sentence and it becomes the topic sentence. It states that '스스로 치유할 수 있는 내면의 힘을 찾아야 할 것이다', so the correct answer is ④.

※[35~38] 다음 글의 주제로 가장 알맞은 것을 고르십시오. 각 2점

35~38

여승무원은 기내에서 고객에게 식사와 음료를 제공함은 물론이고 탑승 및 하차 시에는 고객의 짐을 올리거나 내리는 일을 도와준다. 또한 비상상황에는 고객을 신속하고 정확하게 인솔해야 하는 중요한 책임이 있다. 그러나 치마는 이동에 용이하지도 않을뿐더러 업무적인 면에서도 결코 적합한 복장이라고 할 수 없다. 아름다움만을 강조하며 치마 길이, 귀걸이의 크기까지 제한하고 있는 것도 업무의 효과를 위해서 바로잡아야 한다.

① 여승무원은 단정한 머리와 깔끔한 복장이 필수적이다.
② 여승무원의 치마 길이와 액세서리 종류를 규제해야 한다.
③ 여승무원이 업무 효율을 높일 수 있도록 복장을 개선해야 한다.
④ 여승무원은 비상 상황에 대처할 수 있는 적절한 교육이 필요하다.

- 여승무원 female crew/flight attendant
- 기내 cabin
- 탑승 boarding
- 하차 get off
- 비상상황 emergency situation
- 신속하다 quick/swift
- 인솔하다 lead/guide
- 결코 never
- 적합하다 be suitable
- 복장 outfit
- 제한하다 limit
- 단정하다 neat/tidy
- 깔끔하다 clean/neat
- 필수적 essential
- 액세서리 accessory
- 규제하다 regulate

35~38

'그러나'로 시작하는 문장부터 글의 주제가 들어있기 때문에 이 부분을 주의 깊게 읽어야 합니다. 현재 여승무원의 복장은 업무에 불편한 복장이므로 개선이 필요함을 주장하고 있습니다. 따라서 정답은 ③입니다.

The topic of the article is included in the sentence which begins with '그러나', so you need to read this part carefully. It is asserting that the current outfit of female flight attendants is uncomfortable, so it needs to improve it. Therefore, the correct answer is ③.

35-38

※[35~38] 다음 글의 주제로 가장 알맞은 것을 고르십시오. 각 2점

35

> 외모도 스펙이다. 겨울방학이 되면 면접을 앞둔 취업 준비생들의 성형외과 출입이 증가한다. 바로 취업에 도움이 되는 인상을 얻기 위해 성형을 하기 때문이다. 이것은 여대생들에게만 국한된 것은 아니다. 남학생들에게도 외모가 경쟁력이란 인식이 굳어지면서 부드럽고 호감 가는 인상을 얻기 위해 성형을 시도하기도 한다. 모든 사람들이 만족스러운 결과를 얻는 것은 아니지만 외모에 자신감이 없던 사람들이 수술 후 자신감을 얻고 긍정적인 사회생활을 하는 사례가 늘어나면서 수술 선호도는 꾸준히 증가하고 있다.

① 외모도 스펙이란 인식에 따라 성형수술이 주목을 받고 있다.
② 외모도 스펙이기 때문에 면접을 하기 전 성형수술은 필수적이다.
③ 취업 준비생들은 호감 가는 외모를 갖기 위해 병원 치료를 받곤 한다.
④ 성형수술이 일반화되면서 성형 중독을 겪고 있는 사람들도 증가하고 있다.

36

> 젊은 직장인들 사이에 파랑새증후군이 증가하고 있다. 파랑새증후군은 행복만을 꿈꾸면서 현재의 일에는 열정을 느끼지 못하는 현상을 말한다. 또한 직장생활에서 발생하는 어려운 난관들을 극복하려고 하기보다는 이직을 통해 해결하려는 경향이 있는 사람들을 말하기도 한다. 발생 원인으로는 어머니의 과잉보호로 인한 가정 환경적인 면이 있으며 고용 불안 및 감원 등으로 인한 사회 환경적인 면이 있다. 그러나 아무 노력 없이 주변만을 탓하고 회피하는 것으로 행복을 얻을 수 없다는 것을 그들도 알아야 한다.

① 안락함만을 추구하려는 것이 파랑새증후군이다.
② 행복한 삶을 살기 위해서는 그에 상응하는 노력이 필요하다.
③ 인간은 자신의 불행을 무조건 환경 탓으로 돌리는 경향이 있다.
④ 부모의 과잉보호와 사회적 고용 불안이 파랑새증후군을 만들었다.

스펙 speculation | **앞두다** be ahead of | **국한되다** be limited to | **굳어지다** be hardened | **사례** example | **선호도** preference | **일반화** generalization | **성형 중독** plastic surgery addiction | **파랑새증후군** Bluebird syndrome | **난관** difficultly | **이직** change of job | **과잉보호** overprotection | **고용 불안** employment instability | **감원** reduction of manpower | **탓하다** blame | **회피하다** avoid/dodge | **안락함** comfort | **상응하다** correspond

37

출판사들의 오프라인 시장이 무너지고 있다. 예전에는 독서의 계절인 가을이 오면 서점의 주말 분위기는 활기 그 자체였다. 그러나 요즘은 값싸고 편리한 온라인 시장이 성장하면서 오프라인 시장은 점점 설 자리를 잃어가고 있다. 결국 서점의 대소와는 상관없이 극심한 영업난으로 폐업을 결정하는 빈도가 높아지고 있다. 이것은 국내뿐만이 아니라 전 세계적인 추세인데 매장과 인건비를 줄여 싸게 공급하는 온라인 시장과의 경쟁이 어렵기 때문이다. 그러나 책의 상태나 내용을 훑어보고 바로 구매하고자 하는 소비자들에게는 오프라인 시장 또한 꼭 필요하다. 그러므로 소비자들은 어느 일방이 아닌 쌍방의 상생 구조가 양립되기를 희망하고 있다.

① 온라인 출판 시장이 심각한 경영난을 겪고 있다.
② 오프라인 출판 시장은 임대료와 인건비가 적게 든다.
③ 소비자들은 온라인 시장과 오프라인 시장의 공존을 희망한다.
④ 오프라인 출판 시장의 분위기는 국내와 국외에서 차이를 보인다.

38

가정마다 통신비 부담이 늘고 있다. 최근 통계청 자료에 의하면 2인 가구 월평균 통신비는 15만 원 정도다. 통신비가 상승하는 주요 원인은 무엇일까? 그것은 바로 휴대 전화 단말기 보조금 제도의 역기능 때문이다. 단말기 보조금은 처음 구입할 때 소비자의 부담을 줄여주는 역할을 한다. 그러나 보조금은 높은 약정 요금제를 2~3년간 지속해야만 효력이 있으며 이를 지키지 않을 경우 위약금을 물게 된다. 게다가 단말기는 신제품을 출시할 때마다 가격이 인상되어 보조금과는 별도로 약정 요금을 올리는 역할을 하고 있다. 결국 이러한 구조적인 문제가 이용자들의 통신비 지출을 늘리고 있으며 개인에게는 큰 부담을 주고 있다.

① 단말기 보조금 제도가 오히려 소비자의 부담을 가중시킨다.
② 단말기 보조금 제도 덕분에 휴대 전화를 쉽게 구매할 수 있게 되었다.
③ 단말기 보조금과 약정 요금제가 기기마다 다르므로 잘 비교해야 한다.
④ 단말기 약정 계약을 위반했을 경우 위약금이 있으므로 신중해야 한다.

오프라인 offline | **무너지다** collapse | **활기** energy | **대소** large and small size | **영업난** sales difficulty | **극심하다** be extreme | **폐업** closing of business | **빈도** frequency | **인건비** labor cost | **공급하다** supply | **훑어보다** skim | **쌍방** both parties | **상생 구조** win-win paradigm | **통신비** communication charges | **양립되다** be compatible with | **통계청** National Statistical Office | **단말기 보조금 제도** handset subsidy system | **지출** expenditure | **역기능** adverse function | **약정** agreement | **지속하다** continue | **위약금을 물다** pay a penalty | **가중시키다** intensify/aggravate | **위반하다** violate/infringe

39-41

✏️ 오늘의 어휘

거래	trade	몡	요즘에는 휴대 전화로 증권 거래를 하는 사람이 많다.
결실	fruit/achievement	몡	이번 대회에서 성실히 노력한 결과 큰 결실을 거두었다.
권리	right	몡	사람들은 모두 교육을 받을 권리가 있다.
논의	discussion	몡	선생님들은 수학여행지 선정에 대해 논의 중이다.
모범	model/example	몡	부모는 자식에게 모범이 되어야 한다.
삭제	deletion	몡	나는 인터넷에 등록된 개인 정보 삭제 방법을 알고 싶다.
연료	fuel	몡	자동차는 대부분 휘발유를 연료로 사용한다.
본래	originally	부	본래 이곳은 숲이었지만 지금은 아파트 단지로 바뀌었다.
밝혀지다	be revealed/be proved	동	화재의 원인이 관리 부주의로 밝혀졌다.
집중되다	be focused	동	모든 사람들의 관심이 올림픽에 집중되었다.
용이하다	easy/simple	혱	이 휴대 전화는 사진 촬영이 용이하다.
저렴하다	cheap	혱	한국의 화장품은 질이 좋을 뿐더러 가격도 저렴하다.
평범하다	ordinary	혱	나는 평범한 가정에서 태어난 보통 사람이다.

🍨 오늘의 문법

V-(으)ㄹ래야	말하는 사람이 어떤 행동을 하려고 해도 어떤 이유나 상황으로 인해 그 행동을 할 수 없음을 나타낸다. 보통 '-(으)ㄹ래야 -(으)ㄹ 수 없다'와 같이 사용된다. This expresses that the speaker who tries to do something cannot do it for a certain reason or circumstance. This is generally used as '- (으)ㄹ래야 - (으)ㄹ 수 없다'. 예 요즘은 시간이 없어서 여행을 갈래야 갈 수 없다.

39-41

39~41 제시된 문장이 들어가기에 가장 알맞은 곳 고르기

글을 읽고 제시된 <보기>의 문장이 들어가기에 적합한 곳을 찾는 문제입니다. 주로 상식, 과학, 인물, 시사, 철학, 사상과 심리 등의 영역에서 많이 출제됩니다. 그러므로 이 영역에서 사용될 만한 어휘들을 알아 두면 좋습니다.

문제를 풀 때는 <보기>의 내용을 먼저 읽은 후에 **접속 부사나 종결 표현을 보고 전후 내용을 유추해 보는 것이 좋습니다.** 보통 <보기>는 도입 부분보다는 중, 후반에 들어가는 경우가 많습니다. 앞 문장의 내용을 받는 '이는, 이처럼, 이와 같이' 등의 표현이 나오면 문장의 선후 관계를 찾는 단서가 됩니다. 예를 들어 '-기 때문이다'와 같이 이유나 원인을 설명하는 표현이 나오면 앞에는 이와 관련된 내용이 나오므로 앞뒤 선후 관계를 잘 파악하는 것이 중요합니다.

You will be asked to choose the best place which the sentence in <보기> fits. The article is likely to be about common knowledge, science, people, current affairs, philosophy, ideology, psychology, etc. Therefore, it is recommended to know the expressions related to these areas.

While solving the question, it is recommended to read what's in <보기>, check its conjunctive adverbs and concluding expressions to assume the preceding and following contents. Generally, the sentence in <보기> comes in the middle or latter part of the article, rather than the introduction part. If expressions which connect with the sentence with the previous one such as '이는, 이처럼, 이와 같이', etc., it becomes a clue to find how the two sentences are related. For instance, if an expression which describes a reason or cause such as '-기 때문이다' appears, the related content comes before it, so it is important to comprehend the relation between the preceding sentence and following sentence.

문제분석

기출문제

※[39~41] 다음 글에서 <보기>의 문장이 들어가기에 가장 알맞은 곳을 고르십시오. 각 2점

39~41

그동안 한국에서는 고구마 꽃이 잘 피지 않아 백년에 한 번 피는 진귀한 꽃으로 생각되었다. (㉠) 최근에는 이 고구마 꽃이 희귀성을 잃고 반갑지 않은 존재라는 인상을 주고 있다. (㉡) 본래 고구마 꽃은 고온 건조한 날씨가 지속되는 아열대 기후에서만 피는 꽃으로 알려져 있다. (㉢) 그러나 지구온난화로 인해 한국에서 이상 고온 현상이 발생하면서 현재는 전국 각지에서 이 꽃이 심심찮게 발견되고 있다. (㉣)

───── 〈 보 기 〉 ─────

고구마 꽃이 기상 이변에 의해 쉽게 개화한다는 것이 밝혀졌기 때문이다.

① ㉠   ② ㉡   ③ ㉢   ④ ㉣

※ '-기 때문이다'는 이유를 나타내므로 앞 문장에는 관련된 상황이 필요

<TOPIK 37회 읽기 [39]>

- 진귀하다 rare
- 희귀성 rarity
- 고온 건조하다 hot and dry/be an arid climate
- 아열대 기후 subtropical climate
- 지구온난화 global warming
- 이상 고온 현상 abnormally high temperature phenomenon
- 심심찮다 often
- 기상 이변 abnormal weather
- 개화하다 bloom

39~41

정답은 <보기>의 '-기 때문이다'로 찾을 수 있습니다. 이 글에서 '고구마 꽃이 희귀성을 잃고 반갑지 않은 존재가 되었다'는 문제를 제기하고 있습니다. 따라서 그 문장 뒤에 그 이유를 설명하는 <보기>가 와야 합니다. 따라서 정답은 ②입니다.

The correct answer can be found by '-기 때문이다' in <보기>. The article is raising an issue of '고구마 꽃이 희귀성을 잃고 반갑지 않은 존재가 되었다'. Therefore, <보기> which describes its reason should come after it. Therefore, the correct answer is ②.

※[39~41] 다음 글에서 <보기>의 문장이 들어가기에 가장 알맞은 곳을 고르십시오. 각 2점

39~41

요즘 인터넷이 발달하고 디지털 환경이 일반화되면서 '잊힐 권리'에 대한 법제화 논의가 일고 있다. (㉠) '잊힐 권리'란 인터넷 상에서 생성, 저장, 유통되는 개인의 사진이나 거래 정보들에 대해 소유권을 강화하고 유통기한을 정하거나 이를 삭제, 수정, 영구적인 파기를 요청할 수 있는 권리라고 할 수 있다. (㉡) 현재 우리는 일상에서 글이나 사진을 손쉽게 주고받는다. (㉢) 그러나 기존 정보를 완전히 삭제하고 싶을 때 삭제할래야 삭제할 수가 없다. (㉣) 이에 '정보 만료일'을 정해 만료일이 되면 정보가 자동적으로 파기되는 시스템을 도입하자는 의견이 제기되고 있는 것이다.

— 〈 보 기 〉 —

왜냐하면 포털 사이트를 운영하는 기업에게 운영권이 있기 때문이다.

① ㉠   ② ㉡   ③ ㉢   ④ ㉣

- 디지털 digital
- 잊힐 권리 the right to be forgotten
- 법제화 legalization
- 논의가 일다 in argument
- 생성 creation
- 유통되다 be distributed
- 소유권을 강화하다 reinforce one's ownership
- 유통기한 expiration date
- 영구적 permanent
- 파기 destroy/discard
- 만료일 due date/expiry date
- 포털 사이트 portal website
- 운영하다 operate
- 운영권 operation right

39~41

먼저 <보기>를 보면 '왜냐하면 -기 때문이다'로 끝나 이유를 나타내고 있음을 알 수 있습니다. ㉣ 앞에서는 인터넷 상의 개인 정보를 삭제하고 싶어도 삭제할 수 없음을 밝히고 있습니다. 따라서 이것의 이유가 되는 <보기>가 ㉣에 오는 것이 자연스럽습니다. 따라서 정답은 ④입니다.

First, it can be guessed that <보기> shows a reason of a certain phenomenon, since it ends with '왜냐하면 -기 때문이다'. Before ㉣, it states that personal information on the internet cannot be deleted even if you want to do it. Therefore, it is natural for <보기> to fit ㉣ as it is the reason of it. Therefore, the correct answer is ④.

39-41

연습문제

※[39~41] 다음 글에서 〈보기〉의 문장이 들어가기에 가장 알맞은 곳을 고르십시오. 각 2점

39

（ ㉠ ） 자동차 업계에 새바람이 불고 있다. 지금까지 상용되고 있는 자동차 연료의 대부분은 휘발유나 디젤인 화석연료이다. （ ㉡ ） 그러나 화석연료 사용으로 인한 피해는 생각보다 심각하다. （ ㉢ ） 또한 유출된 오염물질이 대기의 수증기와 결합하여 산성비를 만들고 산성비는 토양을 산성화시켜 흙 속에 살고 있는 미생물을 죽게 한다. 이러한 환경문제의 심각성을 깨닫게 되면서 전 세계적으로 친환경 에너지 개발에 열을 올리고 있다. （ ㉣ ） 이러한 노력의 결과물인 전기자동차, 수소자동차, 하이브리드카 등이 공개되면서 친환경 자동차에 대한 세계인의 이목이 집중되고 있다.

───── 〈 보 기 〉 ─────

자동차의 배기가스는 이산화탄소 배출을 가중시켜 지구온난화의 주범이 되고 있다.

① ㉠　　　　② ㉡　　　　③ ㉢　　　　④ ㉣

40

노령 인구의 증가로 실버타운에 대한 관심이 높아지고 있다. 실버타운은 장소에 따라 도시형, 도시 근교형, 전원 휴양형 등으로 구분된다. （ ㉠ ） 도시형은 도심에 위치해 있어서 다소 비싼 면은 있지만 지인들과의 왕래가 지속적으로 가능하며 실버타운 내에서 의료 및 문화 서비스를 모두 누릴 수 있다는 것이 장점이다. （ ㉡ ） 전원 휴양형은 비교적 저렴하며 대부분 도심에서 떨어진 시골에 위치해 있어서 맑은 공기와 자연을 즐길 수 있다. （ ㉢ ） 도시 근교형은 도시형과 전원 휴양형의 중간 형태로 가격과 환경적인 면에서 입주자들의 호응도가 높은 편이다. （ ㉣ ）

───── 〈 보 기 〉 ─────

그렇지만 거리상의 문제로 가족 방문이나 외출이 용이하지 않다는 단점도 있다.

① ㉠　　　　② ㉡　　　　③ ㉢　　　　④ ㉣

상용되다 be commonly used | **휘발유** gasoline | **디젤** diesel | **화석연료** fossil fuel | **대기** atmosphere | **수증기** vapor/steam | **결합하다** combine | **산성비** acid rain | **산성화시키다** acidify | **미생물** microorganism | **노령 인구** elderly population | **열을 올리다** heat up | **수소자동차** hydrogen car | **하이브리드카** hybrid car | **배기가스** exhaust gas | **이산화탄소** carbon dioxide | **실버타운** retirement home | **도시 근교형** suburban type | **전원 휴양형** countryside resort type | **다소** somewhat | **왕래** coming and going | **누리다** enjoy | **입주자** resident | **호응도** degree of satisfaction/response

41

요즘 '이순신'을 소재로 한 영화가 흥행을 하면서 다시금 이순신에 대한 관심이 높아지고 있다. (㉠) 이순신은 조선시대의 강인한 무사이면서 탁월한 전략가로 유명하다. 그러나 전쟁 중에 쓴 그의 일기를 보면 그는 평범한 남편이자 아들이었으며 정이 많은 아버지였다. (㉡) 전장에서는 죽은 아들의 죽음 앞에서 한스러움에 밤잠을 설쳤으며 자주 병약한 모습이 일기에 등장해 연민의 정까지 느끼게 한다. (㉢) 이와는 반대로 그는 정보 수집에 능했으며 그 정보를 전략적으로 사용할 줄 아는 전략가였다. 또한 지휘관들과의 작전회의를 통해 늘 효과적인 방법을 연구했다. 그리고 전장에서는 몸을 사리지 않고 선두에 서서 장수들의 모범이 되었으며 만약의 상황에 대비해 자기관리도 철저히 했다. (㉣) 결국 지금의 명성은 피나는 노력으로 일구어낸 그의 값진 결실이라 하겠다.

───〈 보 기 〉───

그는 어머니의 안부를 늘 걱정했으며 어머니의 부고 앞에서는 찢어지는 아픔에 울부짖었다.

① ㉠   ② ㉡   ③ ㉢   ④ ㉣

소재 material | 흥행 box-office hit | 조선시대 the Chosun dynasty | 강인하다 tough | 무사 warrior | 탁월하다 excellent | 전략가 strategist | 전장 battlefield | 한스럽다 regretful | 밤잠을 설치다 sleep fitfully | 병약하다 sickly | 연민의 정 sentiment of pity | 능하다 be good at (something) | 지휘관 commander | 작전회의 operations conference | 몸을 사리다 spare oneself | 선두에 서다 take the lead/be at the head | 자기관리 self-management | 철저히 thoroughly | 명성 fame/reputation | 피나다 desperate/strenuous | 일구다 achieve | 부고 notice of one's death/obituary notice | 울부짖다 wail

42-43

✏️ 오늘의 어휘

인심	generosity	부	그는 바르지 못한 행동으로 인심을 잃고 말았다.
무려	as many as/no less than	부	지금까지 이곳을 방문한 사람이 무려 200명이 되었다.
문득	suddenly	부	집에 혼자 있다 보니 문득 고향에 계신 부모님 생각이 났다.
버럭	abruptly	부	동생을 때리자 어머니께서 버럭 화를 내셨다.
좀처럼	hardly/scarcely	부	그는 좀처럼 화를 내지 않는다.
가엾다	pitiful	형	길을 잃고 헤매는 강아지가 가엾어 보였다.
서운하다	regretful	형	같이 지내던 룸메이트와 헤어지게 되어서 서운하다.
어색하다	awkward	형	그는 외국 사람이라서 한국말이 어색하다.
엄하다	strict	형	아버지는 어렸을 때부터 엄하게 교육하셨다.
착잡하다	intricate	형	더 이상 그를 볼 수 없다니 마음이 착잡해졌다.
말을 건네다	begin to speak		처음 만난 사람이어서 말을 건네기가 쉽지 않았다.
폐를 끼치다	give somebody trouble		그동안 폐를 끼쳐 죄송합니다.

☕ 오늘의 문법

A/V-(으)ㄹ지라도	어떤 상황이 돼도 뒤의 문장에는 영향을 주지 않음을 나타낸다. This expresses that, regardless of the situation, it would not affect the sentence which follows. 예 생활이 힘들고 지칠지라도 나의 가족을 위해 열심히 살아갈 것이다.
V-곤 하다	어떤 행위를 반복해서 함을 나타낸다. This expresses that a certain behavior is repeated. 예 나는 주말에 혼자 공원을 산책하곤 한다.
A-(으)ㄴ 모양이다 V-는 모양이다	어떤 상황을 근거로 추측할 때 사용한다. This is used to guess a certain situation as the ground. 예 수업 시간에 조는 걸 보니 피곤한 모양이다.

42-43

현대 문학 작품을 읽고 푸는 문제입니다. 글의 전체적인 내용을 파악해야 하며 글 안에 나오는 **등장인물들의 심정이나 태도를 파악하는 문제**가 출제됩니다. 주로 문학 잡지나 단편 소설집에 실려 있는 수필, 소설 등과 같은 작품에서 많이 출제가 되므로 평소에 한국에서 많이 읽히는 문학 작품을 읽어 두는 것이 좋습니다.

You will be asked to read a part of a contemporary literary work and to solve the questions. You need to comprehend the overall content of the passage as the question requires to comprehend the feeling or attitude of the characters in the passage. The passage is usually a part of an essay or novel published in a literary magazine or short story collection, so it is recommended to often read Korean literary works.

42 밑줄 친 부분의 심정이나 태도로 알맞은 것 고르기

밑줄 친 부분에는 등장인물의 심정이나 태도가 나타나 있습니다. 이 부분은 문장 원래의 뜻을 파악하기보다는 글의 흐름을 파악해서 그 사람의 심정이나 태도를 알아내야 합니다. 전체적인 글의 흐름을 파악하되, 밑줄 친 부분의 앞뒤 문장을 중심으로 읽으면서 **나오는 사람의 상황을 위주로 파악해야 합니다.** 또한 아래와 같은 **심정이나 태도를 나타내는 어휘를 알아 두는 것이 좋습니다.**

※ 심정이나 태도 어휘: 안타깝다, 괘씸하다, 담담하다, 허탈하다, 비참하다, 초조하다, 서운하다, 격려하다, 위로하다, 안도하다, 희열을 느끼다, 기대에 들뜨다, 가슴이 먹먹하다, 마음이 홀가분하다

The character's feeling or attitude is shown in the underlined part. Rather than comprehending the original meaning of the sentence, you need to figure out the character's feeling or attitude by comprehending the flow of the passage. You need to comprehend the overall flow of the passage, but to focus on comprehending the situation of the characters while reading the preceding and following sentences of the underlined sentence. Also, you should make sure to be familiar with the vocabulary related to feeling or attitude as follows.

43 글의 내용과 같은 것 고르기

전체적인 내용을 잘 읽고 분석해야 합니다. 처음부터 끝까지 하나의 이야기로 연결되어 있으므로 단어 하나하나의 의미를 파악하는 데 스트레스를 받지 말고 글의 전체 흐름을 위주로 하여 **나오는 사람의 환경이나 생각, 이야기의 흐름을 잘 읽고 분석하는 연습을 하는 것이 좋습니다.**

You need to analyze the overall content and to analyze it. The whole passage is linked in a story, from the beginning to the end, so it is recommended to practice reading the characters' circumstance or thoughts, and story flow carefully and analyzing them on the basis of the overall flow of the passage, rather than being stressed to grasp the meaning of each word.

🔍 문제분석

※ [42~43] 다음을 읽고 물음에 답하십시오. [각 2점]

> 어린 시절 그 애는 정말 막무가내로 인혜를 따라다녔다. 계집애하고 논다고 친구들한테 별의별 놀림을 다 받으면서도 아침이면 어김없이 인혜네 양철대문을 두드리며 "오인혜 학교 가자"를 외쳐댔던 것이다. 새침한 인혜가 갈래 머리를 어깨 뒤로 넘기며 휭하니 앞서 걸으면 어느 틈엔가 따라와서 넌지시 인혜의 책가방 끈을 잡아당겨 제 책가방에 겹쳐들고 가곤 하던 이현석. 그러니 학교 변소 벽에는 이현석 오인혜 연애대장 어쩌구 하는 낙서가 지워질 날이 없을 수밖에.
>
> 5학년 때던가 현석이 이사 가던 날은 장맛비가 추적추적 내렸다. 이삿짐을 나르느라 부산한 뒷집의 기척을 다 들으면서도 인혜는 방에 처박혀 꼼짝을 하지 않았다. 이윽고 트럭이 부르릉 시동 거는 소리가 들려오자 자기도 모르게 가슴이 철렁하여 인혜는 골목 쪽으로 난 창문을 황급히 열어젖혔다. 그러자 바로 거기에, <u>비를 맞으며 현석이 인혜네 창문을 올려다보며 서 있었던 것이다.</u> 늘 뻣뻣이 일어서 있던 머리카락이 비에 젖은 탓인지 현석의 표정은 어린애답지 않게 우수가 어려 있었다.

42 <u>밑줄 친 부분에 나타난 현석의 심정</u>으로 알맞은 것을 고르십시오.

① 안타깝다　　　　② 괘씸하다
③ 담담하다　　　　④ 허탈하다

43 이 글의 내용과 같은 것을 고르십시오

① 현석이는 매일 아침 인혜와 함께 등교를 했다.
② 현석이네는 5학년 때 인혜네 앞집으로 이사를 왔다.
③ 친구들은 현석이가 인혜를 좋아한다는 것을 몰랐다.
④ 현석이는 인혜에게 가방을 들어 주겠다는 말을 자주 했다.

〈TOPIK 36회 읽기 [42~43]〉

- 막무가내 stubborn/obstinate
- 별의별 various
- 놀림을 받다 be teased
- 어김없이 surely
- 두드리다 knock/beat
- 외치다 shout · 새침하다 prudish
- 휭하다 empty
- 넌지시 implicitly/allusively
- 연애대장 libertine · 낙서 graffiti
- 추적추적 drizzling
- 이삿짐을 나르다 carry one's households
- 부산하다 busy · 기척 sense/trace
- 처박히다 be stuck · 이윽고 finally
- 시동을 걸다 start (a car or machine)
- 가슴이 철렁하다 one's heart sinks
- 황급히 in a hurry · 뻣뻣이 stiff
- 우수가 어리다 show a gloomy look
- 괘씸하다 culpable
- 허탈하다 despondent

42

현석이가 인혜를 짝사랑하는 이야기입니다. 밑줄 친 부분은 현석이가 이사 가는 날, 인혜가 방에 처박혀 꼼짝을 하지 않았기 때문에 현석은 인혜를 볼 수 없어 어찌할 바를 모르고 비가 오는데도 인혜 집 창문 밑에서 올려다만 보고 있습니다. 밑줄 친 부분에 현석의 안타까운 마음이 잘 담겨 있으므로 정답은 ①입니다.

It is a story of Hyeon-seok having a crush on In-hye. The underlined part shows that on the day when 현석 moves away, 현석, not knowing what to do, is looking up to the window of her house despite the rainy weather as he couldn't see her because she was stuck in her room without coming out. The underlined part shows his heartbreaking feeling sadness well, so the correct answer is ①.

43

현석이는 '아침이면 어김없이'로 보아 매일 아침 인혜와 함께 등교했다는 것을 알 수 있습니다. 따라서 정답은 ①입니다.

On the basis of '아침이면 어김없이', it can be guessed that Hyeon-seok went to school with In-hye every morning. Therefore, the correct answer is ①.

※[42~43] 다음을 읽고 물음에 답하십시오.[1)] 각 2점

> 아들이 초등학교에 입학하면서 장인을 모시게 됐다. 맞벌이하는 아내 왈, "애를 봐 줄 사람이 필요해." 실은 장모가 돌아가신 뒤 홀로 지내는 장인이 마음에 걸려서일 것이다. 하지만 장인이 누구던가. 엄하기 그지없던 모교 선생님 아니던가! 그분이 우리 집에서 요리 본능을 발휘하는 중늙은이로 변하시다니…. 더구나 장모가 해주는 밥과 장인의 그것은 천지 차이다. 한마디로 부담 백배. 문득 착잡해지기도 한다. <u>내 부모님께는 이렇게 못 해드렸는데…. 자식에게 폐 끼치기 싫다며 고향에서 세탁소 하시는 그분들이 떠오르는 건 어쩔 수 없었다.</u>
>
> 얼마 전, 지인이 마늘을 보내줬다. 장인이 마늘을 좋아하신다고 해서 무려 다섯 접이나 받게 됐다. 난 당연히 장인이 마늘을 까 주실 줄 알았다. 그러나 마늘은 며칠이 지나도록 그대로였다. 외려 언제 까 줄 거냐는 아내의 채근에 버럭 화를 냈다. <u>"누구 부모님은 세탁소 지하에서 빨래하는데, 장인한테 좀 까 주십사 하면 안 되나!"</u> 아내는 "홀로 계신 분 불쌍하지도 않냐"고 대성통곡. 결국 마늘 네 접을 혼자 다 깠다.

42 밑줄 친 부분에 나타난 <u>나의 심정</u>으로 알맞은 것을 고르십시오.

① 비참하다 ② 서운하다

③ 초조하다 ④ 담담하다

43 이 글의 <u>내용과 같은 것</u>을 고르십시오

① 장인은 장모보다 음식 솜씨가 좋다.

② 아내는 마늘을 까기 싫어서 울음을 터트렸다.

③ 장모가 세상을 뜨신 후에 분가를 해서 나왔다.

④ 나의 친부모님은 고향에서 세탁소를 운영하고 계신다.

- 장인 father-in-law
- 맞벌이하다 have a dual-income
- 장모 mother-in-law
- 마음에 걸리다 weigh on one's mind
- 그지없다 limitless
- 본능을 발휘하다 show one's instinct
- 중늙은이 elderly person
- 천지 heaven and earth
- 접 hundred pieces
- 마늘을 까다 peel garlics
- 외려 rather
- 채근 press/urge
- 대성통곡 wail
- 비참하다 miserable
- 초조하다 impatient
- 솜씨 skill
- 울음을 터트리다 burst into tears
- 세상을 뜨다 pass away
- 분가를 하다 set up one's branch family

42

장모가 돌아가시자 장인과 같이 살게 되면서 겪는 갈등을 쓴 글입니다. 밑줄 친 부분에는 자기 부모님은 힘들게 일하시는데 현재 같이 살고 있는 장인이 마늘 까는 것도 도와 주지 않는 것에 대해서 서운함을 느끼고 있습니다. 정답은 ②입니다.

It is about the conflicts which the author has experienced while living with father-in-law after mother-in-law passed away. The underlined part shows that the author feels disappointed as his father-in-law living with him did not help him peel garlics, while his own parents work hard. The correct answer is ②.

43

'부모님은 세탁소 지하에서 빨래하는데'로 보아 나(남편)의 부모님은 세탁소를 운영하신다는 것을 알 수 있습니다. 따라서 정답은 ④입니다.

On the basis of '부모님은 세탁소 지하에서 빨래하는데', it can be guessed that the author(husband)'s parents are running a laundry. Therefore, the correct answer is ④.

42-43

※[42~43] 다음을 읽고 물음에 답하십시오.[2] **각 2점**

장우림은 첫날 내게 한마디 말도 건네지 않았다. 처음에는 어색해서 그러나 보다 여겼지만 침묵은 꽤 오래 갔다. 다음날도 그 다음날도 한마디 하지 않았다. 나도 대수롭잖게 여겨 별로 신경을 쓰지 않았다. 나는 "지우개 좀 빌리자"고 말을 건네 보았다. 물론 거절은 하지 않았다. 그런데 지우개를 빌려주는 태도가 몹시 거슬렸다.

(중략)

나는 짝꿍보다는 오히려 다른 친구들과 더 빨리 친해졌다. 나는 얌전한 편은 결코 아니었다. 휴식 시간 십 분일지라도 운동장에 나가 말타기라도 한차례 하고 와야 직성이 풀렸다. 그래서 내 주변에는 이내 친구들이 웅성웅성 모였다. 하지만 내 짝꿍은 그렇지 못했다. 장우림은 친구라곤 없었다. 휴식 시간이나 점심시간에도 늘 혼자였다. 그럼에도 불구하고 결코 남에게 먼저 말을 거는 법은 없었다. 남들이 먼저 말을 걸어도 흥미 없다는 태도로 대꾸했다. 나중에 안 일이지만, 그 아이는 학습 친구들한테 인심을 잃고 있었다. 그건 건방지다는 이유 때문이었다.

"흥, 지가 무슨 공주 마마라도 되는 줄 아나 보지?" 여자 아이들은 우림이를 이렇게 비꼬곤 했다.

나는 다른 친구들한테 따돌림을 받으며 늘 혼자 지내고 있는 우림이가 어쩐지 불쌍하고 가엾게 느껴졌다. 하지만 그 아이는 스스로 외롭다고 생각하지는 않는 모양이었다. 그래서 그 아이는 좀처럼 내게 말을 건네려 들지 않았다.

42 밑줄 친 부분에 나타난 아이들의 말투로 알맞은 것을 고르십시오.

① 자랑하고 있다   ② 빈정거리고 있다
③ 자포자기하고 있다   ④ 잘난 척하고 있다

43 이 글의 내용과 같은 것을 고르십시오.

① 나는 말도 별로 없고 조용한 편이다.
② 나는 따돌림 당하는 우림이가 안돼 보였다.
③ 우림이가 먼저 말을 걸어도 친구들이 무시했다.
④ 우림이 주변에는 친구들이 항상 많이 모여 있었다.

여기다 regard | **침묵** silence | **대수롭다** significant | **거슬리다** unpleasant | **얌전하다** modest | **직성이 풀리다** be satisfied | **웅성웅성** rumble | **건방지다** arrogant | **대꾸하다** retort | **비꼬다** be sarcastic | **따돌림** bullying | **빈정거리다** make sarcastic remarks | **자포자기하다** despair | **짝꿍** partner

44-45

✏️ 오늘의 어휘

단편적	fragmentary	명	단편적인 모습만 보고 사람을 판단하면 안 된다.
보급	supply	명	정부는 친환경 주택의 보급을 위해 힘쓰고 있다.
설비	facilities/equipment	명	가정에서는 가스 안전 설비를 제대로 갖추어야 한다.
이득	gain	명	이번 일로 부당하게 이득을 취한 사람들이 많다.
합리적	rational	명	일을 모두가 이해할 수 있도록 합리적으로 처리해야 한다.
선뜻	gladly	부	이 일은 선뜻 하겠다고 나서는 사람이 없다.
구축되다	be established	동	최근 새로운 통신망이 구축되었다.
수렴하다	collet/gather	동	이번 안건은 직원들의 의견을 수렴해서 결정하기로 했다.
실현시키다	realize	동	나는 꿈을 실현시키기 위해 꾸준히 노력하고 있다.
완화시키다	alleviate	동	정부는 경제 활성화를 위해 부동산 규제를 완화시켰다.
재생시키다	replay/reproduce	동	우리가 먹는 과일은 피부를 재생시키는 데 효과가 있다.
적용되다	apply	동	새로 제정된 법은 국민 모두에게 공정하게 적용된다.
창출하다	create	동	정부는 일자리를 창출하기 위해 취업 박람회를 개최했다.

🥤 오늘의 문법

N에 따라(서)	앞의 상황이나 기준에 의해 뒤에 이어지는 상황도 달라짐을 나타낸다. This expresses that the following situation becomes different due to the preceding situation or standard. 예 유행에 따라(서) 스커트의 길이도 많이 달라진다.

44-45

국가 정책, 제도를 소개하거나 문제점을 제기하면서 해결책을 마련해야 함을 주장하는 내용이 많이 출제됩니다. 이 유형에서는 법과 제도, 경영과 경제, 사회 등의 영역에서 출제될 확률이 높으므로 최근의 흐름이나 새로운 정책에 대해 관심을 갖고 신문이나 뉴스를 챙겨 보는 것이 좋습니다.

The article may introduce national policies or systems, or raise a problem in order to assert that it needs to make a solution. This type of question is likely to be about law and system, business administration and economy, social issues, etc., so it is recommended to have interest in the current trend or new policies, and to read the newspaper or watch television news.

44 글의 주제로 알맞은 것 고르기

일반적으로 **글의 앞부분에서는 문제점을 제시하거나 정책, 제도에 대해 간단하게 소개**하는 내용이 나옵니다. 그리고 **마지막 부분에서는 글의 주제를 다시 요약하거나 강조**하고자 하는 내용이 나옵니다.

Generally, the beginning of the article raises a problem, or briefly introduces a certain policy or system. The last part of the article summarizes the topic again or emphasizes it.

45 괄호에 들어갈 내용으로 가장 알맞은 것 고르기

'( )' 괄호의 앞뒤 문장의 내용을 파악해야 합니다. 보통 '( )' 괄호 안에 들어갈 내용은 앞에 제시된 내용을 정리하거나 중요한 부분을 다시 한 번 강조하는 경우가 많습니다. 따라서 '( )' 괄호 앞부분의 내용을 잘 알아 두어야 하며 '( )' **괄호의 앞뒤에 나오는 연결 표현들을 알아 두면 좋습니다.**

※ 연결 표현
   1) 수식: -(으)ㄴ/는
   2) 대조: -지만, -(으)ㄴ/는 반면에
   3) 대등: -고, -(으)ㄴ/는 데다가
   4) 인과: -아/어서, -기 때문에, -(으)므로

You need to comprehend the conent of the preceding and following sentences of the parenthesis '( )'. Generally, the phrase which fits the parenthesis '( )' summarizes the preceding content or emphasizes the important part again. Therefore, it is recommended to know the content which precedes the parenthesis '( )' and the connecting expressions which come before and after the parenthesis '( )'.

44-45

🔍 문제분석

기출문제

※[44~45] 다음을 읽고 물음에 답하십시오. 각 2점

요즘 어지간한 회사에는 네트워크 시스템이 구축되어 있다. 그래서 미래 전문가들은 앞으로 기업 조직 내에서 지시 사항이나 정보를 아래로 전달하는 역할을 주로 해 오던 <u>중간 관리직이 사라질 것</u>이라고 한다. 이러한 주장은 (   ) <u>데에서 기인한다.</u> <u>하지만 중간 관리자는 단순히 수직적 조직에서의 메신저가 아니라 다차원적 교차 지점에 있는 조정자들이다.</u> 그들은 경영주의 이상과 일선의 구성원들이 직면하게 될 급변하는 시장 현실을 연결한다. 또한 구성원들의 요구와 정서를 수렴하는 수평적 소통의 창구이다. 이는 <u>온라인 연결망으로는 한계</u>가 있는 경험에 의한 직관과 감성을 요구하는 일이다.

44 이 글의 <u>주제로 알맞은 것</u>을 고르십시오.
① 근무 환경이 변해도 중재자의 역할은 유지될 것이다.
② 기업 활동에서 구성원 간의 대화가 무엇보다 중요하다.
③ 조직 구성원이 맡은 업무는 회사 사정에 따라 유동적이다.
④ 사내 연결망이 발달하면 구성원 간의 위계가 사라질 것이다.

45 (   )에 들어갈 내용으로 가장 알맞은 것을 고르십시오.
① 사내 연결망의 기능을 과소평가한
② 시장 환경의 변화 양상을 잘못 예측한
③ 중간 관리자의 역할을 단편적으로 이해한
④ 중간 관리자 직책을 수평적 선상에서 파악한

〈TOPIK 37회 읽기 [44~45]〉
• 어지간하다 decent/fair
• 네트워크 시스템 network system
• 중간 관리직 middle manager position
• 기인하다 originate • 수직적 vertical
• 다차원적 multi-dimensional
• 교차 지점 crossing point
• 조정자 coordinator
• 경영주 business owner
• 직면하다 encounter
• 급변하다 change suddenly
• 수평적 horizontal
• 소통 창구 communication channel
• 연결망 network • 직관 intuition
• 중재자 arbitrator • 유동적 flexible
• 위계 rank/hierarchy

44
필자는 네트워크 시스템 구축으로 인한 근무 환경의 변화로 중간 관리직이 사라질 것이라는 예측에 동의하지 않고 있습니다. 또한 중간 관리직의 역할과 중요성을 강조하면서 중간 관리직(중재자)의 역할은 유지될 것이라 전망하고 있습니다. 따라서 정답은 ①입니다.

The author does not agree to the expectation that the change of work environment due to establishment of a network system will make middle managers disappear. Also, the author forecasts that the role of middle managers (arbitrator) will remain, emphasizing the role and importance of middle managers. Therefore, the correct answer is ①.

45
'( )' 괄호 뒤의 내용에 주목해야 합니다. '하지만 단순히 수직적 조직에서의 메신저가 아니라'로 보아 '( )' 괄호에 들어갈 내용은 중간 관리자를 단순한 역할을 하는 존재로 판단한 것과 비슷한 내용이 올 것입니다. 따라서 ③이 정답입니다.

You need to focus on the content which follows the parenthesis '( )'. On the basis of the phrase '하지만 단순히 수직적 조직에서의 메신저가 아니라', the content to be put in the parenthesis '( )' should be about determining middle managers as a simple role. Therefore, the correct answer is ③.

※[44~45] 다음을 읽고 물음에 답하십시오. **각 2점**

> 정부는 태양광, 지열 등과 같은 천연자원을 재생시켜 사용할 수 있는 친환경주택 보급을 활성화시키기 위해 신재생에너지 설비를 설치하는 가정에 일정 금액의 보조금을 지급하는 정책을 펴고 있다. 이와 같은 정책은 <u>오염 물질과 온실가스 배출을 줄이고 일반 가정에서 신재생에너지를 사용하게 함으로써 환경을 보호하고자 함</u>이다. 그러나 초기 비용도 많이 들뿐더러 유지나 보수에도 만만치 않은 비용이 들어가기 때문에 일반 국민들은 선뜻 나서기가 어렵다. 하지만 전기요금은 매년 꾸준히 늘고 있으며 누진세가 적용되어 가정 경제에 적지 않은 부담이 되고 있으므로 <u>장기적으로 보면 이 설비를 설치하는 것이 경제적으로 도움이 된다.</u> 따라서 이와 같은 정부 정책은 (   ) 점 이외에도 경제적인 효과를 기대할 수 있다.

44 이 글의 주제로 알맞은 것을 고르십시오.
① 정부는 환경보호를 위해 많은 노력을 기울이고 있다.
② 더 많은 저비용 고효율의 에너지 설비 개발이 필요하다.
③ 가정 경제의 부담을 줄이기 위해 보조금을 지급하고 있다.
④ 신재생에너지 설비 지원 정책은 다양한 효과를 기대할 수 있다.

45 (   )에 들어갈 내용으로 알맞은 것을 고르십시오.
① 단기간에 빠른 효과를 낼 수 있다는
② 환경오염 문제점을 해소할 수 있다는
③ 가정용 설비들을 유지, 보수해 준다는
④ 저소득층을 위한 정부 보조금을 늘린다는

- 태양광 sunlight/solar-light
- 지열 geothermal heat
- 천연자원 natural resources
- 신재생에너지 renewable energy
- 설치하다 install
- 정책을 펴다 implement a policy
- 온실가스 greenhouse gas
- 초기 비용 initial cost
- 보수 repair
- 만만치 않다 tough
- 선뜻 나서다 willingly step forward
- 누진세 progressive tax
- 장기적 long-term
- 노력을 기울이다 make effort
- 저비용 고효율 cost-effective/low-cost and high-efficiency
- 단기간 short term
- 해소하다 solve/remove
- 저소득층 lower-income group

44
정부가 실시하는 신재생에너지 설비 지원 정책은 <u>환경오염을 줄일 수 있는 동시에 국민들의 가정 경제에도 도움을 줄 수 있으므로</u> ④가 정답입니다.

It states that the support policy on renewable energy facilities which the government is implementing can reduce environmental pollution and also help the people's home economy, so ④ is the correct answer.

45
'( )' 괄호의 뒤에 '이외에도 경제적인 효과를 기대할 수 있다'가 있으므로, 경제적인 효과 이외에 또 다른 효과가 있음을 알 수 있습니다. 앞의 내용에서 이 시설은 '<u>환경 오염 물질과 온실가스 배출을 줄일 수 있는 효과</u>'도 있음을 알 수 있으므로 환경오염과 환경보호에 관련된 내용을 고르면 됩니다. 따라서 정답은 ②입니다.

As the parenthesis '( )' is followed by '이외에도 경제적인 효과를 기대할 수 있다', it can be guessed that there are other effects beside economic effects. It can also be guessed by the preceding content that these facilities have '환경 오염 물질과 온실가스 배출을 줄일 수 있는 효과', so you should choose the answer choice related to environmental pollution or environmental protection. Therefore, the correct answer is ②.

🖱 연습문제

※[44~45] 다음을 읽고 물음에 답하십시오. 각 2점

> 자유무역협정(FTA)은 국가나 지역 간에 무역을 제한시키는 여러 가지 법적, 제도적인 조치들을 완화시켜서 서로 간의 무역자유화를 실현시키고자 하는 것이다. 따라서 이 협정이 체결된 국가의 수출입 업체들은 다른 업체들에 비해 낮은 관세율이 적용되어 (   ) 많은 경제적 이득을 취할 수 있게 된다. 소비자 또한 질이 좋은 다양한 상품을 저렴하게 구입할 수 있으며 외국인 투자를 늘림으로써 고용을 창출하고 경쟁력을 높일 수 있다는 장점이 있다. 그러나 다른 한편으로는 경쟁력이 확보되지 않은 많은 중소기업들이나 생산업체들은 경쟁력이 떨어져 부익부 빈익빈의 양극화 현상은 더욱 심화된다. 따라서 정부는 협정을 체결하기 이전에 국가와 국민의 경제와 발전에 도움이 될 수 있는지를 먼저 철저하게 조사하고 분석하여 피해를 최소화하는 합리적인 대응책을 마련해야 할 것이다.

44 이 글의 주제로 알맞은 것을 고르십시오.

① 부익부 빈익빈의 양극화 현상을 하루빨리 개선시켜야 한다.
② 자유무역협정은 국가와 국민의 발전과 이익이 우선시되어야 한다.
③ 다른 국가와의 경쟁력을 갖기 위해서는 무역을 자유화시켜야 한다.
④ 양국의 활발한 무역 교류를 위해서는 많은 나라와 협정을 맺어야 한다.

45 (   )에 들어갈 내용으로 알맞은 것을 고르십시오.

① 많은 제품들을 생산해 내므로
② 투자를 위한 환경이 조성되므로
③ 상품의 가격이 경쟁력을 갖게 되므로
④ 구직자들을 위한 일자리가 창출되므로

자유무역협정 FTA (Free Trade Agreement) | **제한시키다** limit | **제도적** institutional/systematic | **조치** measure | **무역자유화** trade liberalization | **협정이 체결되다** the agreement is made | **수출입 업체** export and import compay | **관세율** customs duty rate/tariff rate | **이득을 취하다** take advantage of/make benefit | **투자를 늘리다** increase investment | **확보되다** be secured | **부익부 빈익빈** the rich get richer and the poor get poorer | **양극화 현상** polarization | **심화되다** deepen/be intensified | **최소화하다** minimize | **대응책** countermeasure | **우선시되다** be top priority | **조성되다** be formed

46-47

🖉 오늘의 어휘

경제성	economic feasibility	명	이 제품은 가격에 비해서 성능이 좋고 경제성이 뛰어나다.
고용	employment	명	고용을 촉진하기 위해서는 정부와 기업의 협력이 필요하다.
기술력	technical power	명	회사에서는 컴퓨터 분야의 기술력 향상을 위해 애쓰고 있다.
논쟁	argument	명	정부는 기금의 효율적인 운영을 위해 뜨거운 논쟁을 벌였다.
바탕	basis/foundation	명	신제품은 새로 개발된 기술을 바탕으로 만들어졌다.
복지	welfare	명	회사는 근로자의 복지 향상을 위해 노력하고 있다.
취지	intent	명	이 법은 쓰레기를 줄이려는 취지에서 시행되었다.
흐름	flow	명	전 세계 자동차 시장의 흐름이 바뀌고 있다.
매진하다	strive	동	나는 장학금을 타기 위해 학업에 매진하고 있다.
상승시키다	raise/increase	동	정부의 부동산 정책은 서민들의 전월세 가격을 상승시켰다.
수거하다	pickup/collect	동	우리나라에서는 빈 병을 수거하여 재활용한다.
전환되다	change/switch	동	계약직 사원이 2년 이상 근무하면 정규직으로 전환될 수 있다.
차단시키다	disconnect/cut off	동	스마트폰은 광고성 스팸 문자를 차단시키는 기능이 있다.
차지하다	occupy	동	생활비에서 통신비가 차지하는 비중이 높은 편이다.

🥤 오늘의 문법

V-아/어 오다	어떤 행위나 상태가 지금까지 계속되어 진행됨을 나타낸다. This expresses that a certain behavior or condition continues until now. 예 그분은 30년 동안 김치만을 연구해 오신 분이시다.
A-(으)ㄴ 가운데 V-는 가운데	어떤 일이 이루어지는 상황 안에 있음을 나타낸다. This expresses that a certain situation is in progress. 예 비가 내리는 가운데 축구 경기가 계속되었다.
A-(으)ㄴ 셈이다 V-는 셈이다	실제로 그렇지는 않지만 거의 그 상황과 비슷함을 나타낸다. This expresses that it is not actually same but similar to such situation. 예 두 회사의 계약이 끝나지는 않았지만 사인만 남았으니 계약된 셈이다.
V-는 한편	어떤 행위를 하면서 다른 쪽에서 또 다른 행위를 함을 나타낸다. This expresses that a certain act is done while another action is done. 예 그녀는 일을 하는 한편 아이도 돌보느라 정신이 없다.

📖 유형분석

사회적으로 관심을 받고 있는 주제나 새롭게 개발된 기술에 대한 내용을 읽고 푸는 문제입니다. 주로 사회적으로 이슈가 되고 있는 주제의 긍정적 측면과 부정적 측면을 소개합니다. 또한 새롭게 개발된 기술에 대해서 어디에서 어떻게 개발되었는지, 어떤 기능과 장점을 가지고 있는지를 간단하게 소개하는 내용이 많이 출제됩니다. 따라서 이 유형에서는 경영과 경제, 사회, 과학 등의 영역에서 문제가 출제될 확률이 높으므로 이와 관련된 어휘를 알아 두는 것이 좋습니다.

You will be asked to read the article about a topic being interested in society or a newly developed technology, and to solve the questions. The article mainly introduces the pros and cons of the topic that are of interest to society. Also, it is likely to introduce briefly where and how the newly developed technology was developed, and what functions or advantages it has. Therefore, it is likely to be about business administration and economy, social issues, or science, etc., so it is recommended to be familiar with the related vocabulary.

46 제시된 문장이 들어가기에 알맞은 곳 고르기

제시된 문장의 내용을 먼저 파악해야 합니다. 특히 **제시된 문장의 앞부분에 나오는 '이런, 이렇게, 따라서, 또한, 그러나, 반면에' 등과 같은 표현을 주의 깊게 본 후에 제시된 문장의 의미와 어울리는 적당한 곳을 골라야 합니다.** 어울리는 곳을 찾을 때에도 ㉠, ㉡, ㉢, ㉣이 있는 앞뒤 문장을 잘 분석해야 하는데 접속 부사나 연결 표현 등에 주의해서 봐야 하며 무엇보다 글의 흐름을 파악하는 것이 중요합니다.

First, you need to comprehend what the provided sentence is about. Especially, you need to focus on the expressions which come before the provided sentence such as '이런, 이렇게, 따라서, 또한, 그러나, 반면에', etc. and then to find and choose the appropriate place which the provided sentence fits in. You also need to analyze the preceding and following sentences of ㉠, ㉡, ㉢ and ㉣ while finding its appropriate place; need to focus on the conjunctive adverbs or connecting expressions; and most importantly, comprehend the flow of the article.

47 글의 내용과 같은 것 고르기

전체적인 내용을 잘 읽고 같은 내용을 찾아야 합니다. 글을 순서대로 읽으면서 해당되는 선택지가 맞는지 틀리는지를 판단해야 합니다. 글의 **내용과 선택지를 잘 비교해 가며 관련이 없는 내용을 하나씩 지워 나가야 합니다.** 그리고 선택지의 문장에 사용되는 표현들은 위의 글에 나온 표현을 그대로 사용하는 경우가 많지 않기 때문에 **유사한 어휘들을 알고 있어야 같은 의미를 찾아낼 수 있습니다.**

You will be asked to read the overall contents and to choose the answer choice that matches with it. While reading the article in sequence, you need to judge whether each answer choice is right or wrong. You should compare the contents of the article with the answer choices properly and exclude each answer which is irrelevant to the article one by one. Also, the answer choices hardly use the exactly same expressions as those used in the passage above, so it would be helpful to know the similar vocabulary to find the same meaning.

46-47

🔍 문제분석

※[46~47] 다음을 읽고 물음에 답하십시오. **각 2점**

> 통계청은 국민들의 실질적인 '삶의 질' 수준을 보여 주는 측정 체계를 구축하여 발표하였다. 이 체계는 삶의 질을 소득, 고용, 사회복지, 여가, 환경, 건강 등 12개 영역의 81개 지표로 표시하는 것이다. (㉠) 근 반세기 동안 한국 사회는 경제 성장을 지상 최대의 과제로 삼아 총력을 기울여 왔다. (㉡) 한편 통계청은 앞으로 측정 지표를 개방하고 국민들의 의견을 수렴하여 측정 체계의 완성도를 높여갈 계획이다. (㉢) 수준 높은 삶의 조건에 대해 지속적으로 전 국민이 함께 고민하자는 취지에서이다. (㉣) 무엇이 좋은 삶인지에 대한 공론화를 통해 추가 항목과 개선 항목에 대한 사회적 합의가 도출되어야 할 것이다.

46 다음 문장이 들어가기에 가장 알맞은 곳을 고르십시오.

> 현 시점에서 삶의 질 지표가 발표된 것은 경제 일변도에서 국민 삶의 질적 제고라는 방향으로 정책적 관심이 전환됨을 의미한다.

① ㉠   ② ㉡   ③ ㉢   ④ ㉣

47 이 글의 내용과 같은 것을 고르십시오.
① 삶의 질 지표는 통계청의 자체적인 결정에 따라 증감된다. X
② 삶의 질 지표는 국가 차원에서 도달해야 할 목표를 의미한다. X
③ 삶의 질을 측정하는 지표는 논의 결과에 따라 달라질 수 있다.
④ 삶의 질 지표와 함께 정부는 경제 성장을 위해 매진할 것이다. X

〈TOPIK 37회 읽기 [46~47]〉

- 실질적 actual
- 측정 measurement
- 체계 system
- 반세기 half a century
- 과제로 삼다 take something as one's task
- 총력을 기울이다 concentrate
- 완성도 completeness
- 공론화 publicization
- 추가 항목 additional item
- 합의 agreement
- 도출되다 be derived
- 일변도 one-side
- 질적 제고 quality improvement
- 자체적 autonomous
- 증감되다 increase and decrease
- 국가 차원 national level
- 도달하다 reach

46

제시된 문장에 있는 '경제 일변도에서 ~ 정책적 관심이 전환됨'에 주목해야 합니다. 선택지의 앞에는 '경제 일변도(한쪽으로만 치우침)'와 관련된 내용이 와야 합니다. 따라서 '한국 사회는 경제 성장을 ~ 총력을 기울여 왔다' 뒤에 와야 자연스럽습니다. 따라서 정답은 ②입니다.

You should focus on the part '경제 일변도에서 ~ 정책적 관심이 전환됨' of the provided sentence. The content related to 'one side of economy' should come before the provided sentence. Therefore, it is natural that the provided sentence should follow '한국 사회는 경제 성장을 ~ 총력을 기울여 왔다'. Therefore, the correct answer is ②.

47

'측정 지표를 개방하고 국민의 의견을 수렴하여 측정 체계의 완성도를 높인다'로 보아 지표는 논의 결과에 따라 달라질 수 있음을 의미합니다. 따라서 정답은 ③입니다.

Based on '측정 지표를 개방하고 국민의 의견을 수렴하여 측정 체계의 완성도를 높인다', it means the index could change depending on the discussion results. Therefore, the correct answer is ③.

※[46~47] 다음을 읽고 물음에 답하십시오. **각 2점**

> 세계 스마트폰 시장이 <u>특허권 소송 논쟁</u>으로 뜨거웠다. (㉠) 스마트폰 업계의 1위를 차지하고 있던 '피치'가 새로운 기술력과 디자인을 바탕으로 무섭게 치고 올라오는 '오성'을 대상으로 자신들의 특허권 침해에 대한 소송을 제기하였던 것이다. (㉡) 이에 '오성'측도 '피치'를 대상으로 자신들의 기술을 침해한 제품을 모두 수거하여 폐기해 달라고 요청했다. (㉢) <u>왜냐하면</u> 일단 소송이 시작되면 소송에서 지든 이기든 이로 인해 발생한 비용이나 피해는 서로에게 적지 않은 영향을 주며 제품을 이용하는 소비자에게도 마찬가지로 적용되기 때문이다. (㉣) 따라서 특허권은 새로운 기술에 대한 정당한 권리로서 당연히 보호받아야 하지만 소비자들이 받아야 하는 영향도 한번쯤은 생각해 봐야 할 것이다.

46 다음 문장이 들어가기에 가장 알맞은 곳을 고르십시오.

> 이렇게 양측이 팽팽하게 긴장된 가운데 소송이 진행되었으나 현재는 양측 모두 특허권에 대한 <u>소송을 대부분 취하한 상태</u>이다.

① ㉠   ② ㉡   ③ ㉢   ④ ㉣

47 이 글의 내용과 같은 것을 고르십시오.
① 두 기업의 소송은 상대방의 기술 도용으로 인한 문제이다.
② 두 기업의 소송이 소비자들에게까지 피해를 주지는 않았다.
③ 오성과 피치는 새로운 기술에 의해 만든 제품을 모두 폐기했다.
④ 특허권은 정당한 권리이므로 두 기업은 끝까지 소송을 진행했다.

- 특허권 patent
- 소송 lawsuit
- 치고 올라오다 climb up
- 침해 infringement
- 제기하다 raise/bring up
- 폐기하다 dispose/discard
- 정당하다 just/right
- 양측 both parties
- 팽팽하다 tight
- 취하하다 withdraw
- 도용 embezzlement

46
제시된 문장에 있는 '이렇게'로 보아 앞에 올 내용도 이와 비슷한 문장임을 알 수 있습니다. 선택지에 '양측이 팽팽하게 긴장됨'을 말하고 있으므로 앞의 내용에는 양측이 모두 강하게 대립하고 있는 내용이 와야 합니다. 또한 '특허권 소송을 취하한 상태이다'라고 했기 때문에 뒤에는 긴장이 해소되어 소송을 안 하게 되었거나 소송을 취하한 이유나 결과에 대한 내용이 오면 자연스럽습니다. 따라서 정답은 ③입니다.

One the basis of '이렇게' included in the provided sentence, it can be guessed that the following content will be similar to this. '양측이 팽팽하게 긴장됨' is mentioned in the answer choice, so the content stating that both parties are strongly opposed to each other. Also, it mentions that '특허권 소송을 취하한 상태이다', so it is natural that the following is about the lawsuit being dismissed due to elimination of tension, or the reason or result that the lawsuit has been withdrawn. Therefore, the correct answer is ③.

47
오성과 피치는 새로운 기술 개발에서 상대의 특허권 침해로 인한 문제로 소송을 하였으므로 ①이 정답이 됩니다.

오성 and 피치 have filed a lawsuit against each other because of the problems by the other party's patent infringement during the development of their new technology, so ① is the correct answer.

46-47

※[46~47] 다음을 읽고 물음에 답하십시오. 각 2점

최근의 흐름에 맞게 환경까지 생각한 미래형 주택이 국내 최초로 개발되었다. (㉠) 일반적으로 주택을 지을 때에는 보온 기능을 위해서 단열재를 많이 넣어야 하기 때문에 벽의 두께도 두꺼워지고 비용도 늘기 마련이었다. (㉡) 그래서 콘크리트와 단열재를 합친 고단열 복합 시스템을 개발한 것이다. (㉢) 이 시스템은 기존과 같은 두께를 유지하면서 단열 성능은 40%나 상승시켰다. (㉣) 그러므로 경제적인 부담도 줄일 수 있는 한편 에너지 사용도 줄일 수 있으므로 경제성과 환경, 두 마리 토끼를 잡을 수 있는 셈인 것이다. 이 시스템이 하루 빨리 상용화 되어 에너지 절약과 경제적인 효과가 나타나기를 기대해 본다.

46 다음 문장이 들어가기에 가장 알맞은 곳을 고르십시오.

따라서 겨울에는 보온 효과를 높여 주고 여름에는 외부로부터의 열을 흡수한 뒤 차단시켜 주므로 냉 · 난방비를 모두 절약하는 효과를 얻을 수 있다.

① ㉠　　　　　② ㉡　　　　　③ ㉢　　　　　④ ㉣

47 이 글의 내용과 같은 것을 고르십시오.
① 이 시스템은 콘크리트와 단열재를 따로 분리시키는 방식이다.
② 새로 개발된 외벽은 이미 전국적으로 사용되고 있는 기술이다.
③ 이 시스템은 경제적, 환경적 측면을 모두 만족시키기에는 부족하다.
④ 고단열 복합 시스템은 기존의 벽과 두께는 동일하지만 더 따뜻하다.

최초 first | **단열재** insulator | **두께** thickness | **콘크리트** concrete | **고단열 복합 시스템** high-insulation composite system | **단열** insulation | **성능** performance | **상용화** commercialization | **두 마리 토끼를 잡다** killing two birds with one stone | **보온** heat conservation/heat protection | **외부** external | **측면** side | **열을 흡수하다** absorb heat | **분리시키다** detach/separate | **동일하다** same

48-50

✏️ 오늘의 어휘

개혁	reformation	명	정부는 공무원 연금 제도의 개혁을 놓고 찬반 토론을 벌이고 있다.
대책	measure	명	정부가 내놓은 부동산 대책은 큰 효과를 보지 못하고 있다.
감수하다	bear/endure	동	119 소방대원들은 생명을 구하기 위해 많은 위험을 감수한다.
강요하다	force	동	경찰은 그 사람에게 허위 진술을 강요한 적이 없다고 했다.
공개하다	open/make public	동	시민 단체는 언론에게 회의 내용을 공개해 달라고 요구했다.
급변하다	change suddenly	동	사회가 급변함에 따라 생활방식과 사고방식도 변해가기 마련이다.
기피하다	avoid	동	요즘 사람들은 힘든 일을 기피하는 경향이 있다.
미루다	delay/postpone	동	오늘 할 일을 내일로 미루면 안 된다.
보장되다	be assured/ be guaranteed	동	인권이 보장되지 않는 사회에서는 인간답게 살 수 없다.
부추기다	incite/encourage	동	광고는 소비자의 소비 심리를 부추겨서 판매를 촉진하는 역할을 한다.
위축되다	be frustrated	동	경기 불안으로 투자가 위축되었다.
주장하다	assert/claim	동	시간제 노동자는 부당 해고를 당했다고 주장하고 있다.
머지않다	not long	형	조금만 더 참고 견디면 머지않아 좋은 일이 생길 거예요.

🌱 오늘의 문법

V-기 마련이다	어떤 일이 일어나는 것이 당연함을 나타낸다. This expresses that it is natural for a certain event to happen. 예 사람은 누구나 늙고 늙으면 죽기 마련이다.
N을/를 불문하고	어떤 상황이든지 상관하지 않음을 나타낸다. This expresses that it doesn't matter regardless of the situation. 예 비빔밥은 국적을 불문하고 모두가 좋아하는 한국의 대표 음식이다.

📖 유형분석

최근의 **이슈나 정책, 제도에 대해 문제 제기를 하고 있습니다.** 따라서 글의 목적과 필자의 태도를 이해해야 합니다. 국가 정책이나 법과 제도, 사상과 심리 등의 주제를 많이 다루므로 이와 관련된 뉴스를 보는 것이 좋습니다.

The article is raising a question about a current issue, policy, or system. Therefore, you need to understand the purpose of the article and attitude of the author. The article is likely to be about national policies, law and system, ideology and psychology, etc., so it is recommended to read related television news.

48 글을 쓴 목적 고르기

글의 목적을 고르는 문제이므로, **글의 처음 부분과 마지막 부분을 집중적으로 살펴보는 것이 좋습니다.** 필자는 우선 글의 앞부분에서 문제 제기를 할 대상을 소개하고 있습니다. 이후 '그러나'와 같은 대조를 나타내는 접속 부사와 함께 필자의 생각을 주장합니다. 그렇기 때문에 대조를 나타내는 접속 부사를 찾아 이후 내용을 잘 살펴봐야 합니다. 그리고 마지막 부분에는 다시 요약하거나 강조하는 내용이 나옵니다. 글의 **목적을 제대로 파악하기 위해서는 '요구하다, 반박하다, 제시하다, 지지하다, 제안하다, 분석하다, 주장하다' 등과 같은 표현을 알아 두는 것이 좋습니다.**

You need to choose the purpose of this article, so it is recommended to focus on the beginning and the last part of the article. First, the author introduces the subject of the complaint at the beginning of the article. After that, you need to find a conjunctive adverb which expresses contrast such as '그러나' and to check the following content. Also, the last part of the article summarizes or emphasizes the article again. In order to properly comprehend the purpose of this article, it is recommended to be familiar with the expressions such as '요구하다, 반박하다, 제시하다, 지지하다, 제안하다, 분석하다, 주장하다', etc.

49 괄호에 들어갈 내용으로 알맞은 것 고르기

빈 칸의 앞 문장과 뒤 문장의 내용을 파악해야 합니다. 보통 빈 칸은 이미 앞에 제시된 내용에 대해서 정리하거나 중요한 부분을 짚어주는 문제가 많이 출제됩니다. 따라서 '( )' 괄호 앞부분의 내용을 잘 알아 두어야 하며 **'( )' 괄호의 앞뒤에 나오는 연결 표현을 알아 두면 좋습니다.**

※ 연결 표현
1) 수식: -(으)ㄴ/는
2) 대조: -지만, -(으)ㄴ/는 반면에
3) 대등: -고, -(으)ㄴ/는 데다가
4) 인과: -아/어서, -기 때문에, -(으)므로

You need to comprehend the content of the preceding and following sentences of the parenthesis. Generally, the phrase which fits the blank should summarize or point out the important part. Therefore, it is recommended to know what the content which precedes the parenthesis '( )' is about and what the connecting expressions which come before and after the parenthesis '( )' means.

50 밑줄 친 부분의 태도 고르기

밑줄 친 부분의 필자의 태도는 필자가 문제 제기한 내용과 관련이 있습니다. 따라서 필자가 문제 제기한 것이 무엇인지 먼저 파악하는 것이 좋습니다. '-겠는가?, -(으)ㄹ까?' 등과 같은 반어적 표현이나 부정적인 표현으로 필자의 비판적 태도를 나타냅니다. 선택지에서 태도를 나타내는 표현에는 '염려하다, 동정하다, 비판하다, 역설하다, 지적하다, 제안하다, 주장하다, 예측하다, 가정하다, 설득하다, 수긍하다' 등이 있습니다.

The author's attitude shown in the underlined part is relevant to what problem the author is raising. Therefore, it is recommended to comprehend what problem the author is raising first. Ironical expressions or negative expressions such as '-겠는가?, -(으)ㄹ까?', etc. expresses that the author shows a critical attitude. Expressions that indicate a certain attitude in the answer choices are '염려하다, 동정하다, 비판하다, 역설하다, 지적하다, 제안하다, 주장하다, 예측하다, 가정하다, 설득하다, 수긍하다', etc.

48-50

🔍 문제분석

※[48~50] 다음을 읽고 물음에 답하십시오. `각 2점`

> 　성장과 분배는 경제 정책의 양 축이다. 새가 두 날개로 날듯 둘 중 하나만으로는 국가 경제가 제대로 굴러갈 수 없다. 문제는 어느 쪽에 더 정책의 무게를 두느냐에 있다. 지난 정부에서는 성장률이 올라가면 저절로 분배가 이루어진다는 '낙수 효과'를 기대하고 선성장 후분배 정책을 시행했지만 큰 효과를 보지 못하였다. 1950년대와 1960년대에 일부 국가들이 (　　　　　　), 이와 함께 소득 불평등이 크게 완화된 예가 있기는 하다. 그러나 대기업이 주도하는 현재 우리의 경제 구조에서는 발전의 성과가 편중되기 마련이어서 낙수 효과를 기대하기가 어렵다. 그러므로 경제 성장에 따른 소득 불평등 완화 현상은 실현되기 어렵다. 따라서 소득 불평등의 심화는 필연적이므로 이에 대한 획기적인 정책이 마련되어야 한다. 이런 점에서 현 정부가 발표한 성장과 분배의 균형에 목표를 둔 '소득 주도 성장' 정책은 시의적절하다고 볼 수 있다.

48 필자가 이 글을 쓴 목적을 고르십시오.
① 정부의 지원 대책 마련을 요구하기 위하여
② 낙수 효과가 일어나는 현상을 설명하기 위하여
③ 선성장 후분배의 성공 사례를 제시하기 위하여
④ 정부의 새로운 경제 성장 정책을 지지하기 위하여

49 (　　　　)에 들어갈 내용으로 알맞은 것을 고르십시오.
① 높은 경제 성장을 이루고
② 다양한 분배 정책을 실시하고
③ 성장과 분배가 조화를 이루고
④ 적은 세금을 국민에게 부과하고

　※선성장 ⟹ 높은 경제 성장
　　후분배 ⟹ 소득 불평등이 크게 완화

〈TOPIK 36회 읽기 [48~50]〉
- 분배 distribution
- 굴러가다 roll/operate
- 낙수 효과 trickle-down effect
- 선성장 후분배 distribution after economic growth
- 불평등 unfair/unequal
- 완화되다 relax/ease
- 성과 outcome
- 편중되다 be concentrated/be biased
- 마련이다 be certain
- 실현되다 be realized
- 필연적 inevitable
- 획기적 groundbreaking/epoch-making
- 시의적절하다 timely
- 부과하다 impose
- 가정하다 assume/suppose

48
마지막 문장에서 '현 정부에서 발표한 '소득 주도 성장'은 시의적절하다(그 당시의 사정이나 요구에 아주 알맞다)'고 하였습니다. 따라서 필자는 현 정부의 정책을 긍정적으로 생각하고 있으며 정책을 지지하기 위하여 이 글을 썼다는 것을 알 수 있습니다. 따라서 답은 ④입니다.

The last sentence states that '현 정부에서 발표한 소득 주도 성장은 시의적절하다'. Thus, it can be guessed that the author considers the policy positive and wrote this article to support this policy. Therefore, the correct answer is ④.

49
'(　)' 괄호의 앞부분에서는 지난 정부가 낙수 효과를 기대하고 시행한 선성장 후분배 정책을 설명하였습니다. '(　)' 괄호를 포함한 문장은 이 효과의 성공 사례를 들고 있습니다. 따라서 '(　)' 괄호에는 선성장을 나타내는 내용이 들어가야 하므로 정답은 ① 이 됩니다.

Before the parenthesis '(　)', it is explained about the 'distribution after economic growth' policy which the previous government has implemented with expectation toward the trickle-down effect. The sentence which includes the parenthesis '(　)' shows a success example of this effect. Therefore, the parenthesis '(　)' should include description of economic growth, so the correct answer is ①.

50 밑줄 친 부분에 나타난 필자의 태도로 알맞은 것을 고르십시오.

① 소득 불평등 문제가 해소된 상황을 가정하고 있다.
② 소득 주도 성장을 위한 다양한 방법을 제안하고 있다.
③ 이전과 같은 성장에 따른 분배가 불가능함을 주장하고 있다.
④ 정책 변화로 인해 경제 성장률이 떨어질 것을 예측하고 있다.

샘플문제

※ [48~50] 다음을 읽고 물음에 답하십시오. 각 2점

최근 편안한 노후 생활을 위해서 경제 활동이 활발한 청년층부터 노후 준비를 해야 한다는 목소리가 높아지고 있다. 이에 나이를 불문하고 국민연금에 대한 관심이 뜨거워지고 있다. 그러나 국민연금제도의 신뢰도가 추락하면서 가입을 미루거나 기피하는 현상까지 생기고 있다. 이러한 현상이 생기는 가장 큰 이유는 장기적으로 볼 때 <u>국민연금의 재정이 불안하다는 것</u>이다. 현재 우리 사회는 이미 고령화 사회로 접어들었고 노령 인구는 더욱 많아질 것이기 때문에 머지않아 (   ) 소문이 돌고 있다. <u>노후 생활을 담보로 이러한 부담을 감수하면서까지 그 누가 도박을 하고 싶겠는가?</u> 국민연금제도에 대한 국민들의 불신은 날이 갈수록 깊어지고 있고 정부 또한 뚜렷한 대책을 내놓지 못하고 있다. 국민연금 기금의 운영이 안정성이나 수익성에서 보장이 되어야 국민들의 신뢰를 얻을 수 있다. 따라서 <u>급변하는 시대에 맞게 국민들의 요구를 반영한 국민연금제도 개혁안이 하루빨리 나와야 할 것이다.</u>

48 필자가 이 글을 쓴 목적을 고르십시오.

① 노후 준비의 필요성을 알리기 위하여
② 기금 운영의 투명성을 요구하기 위하여
③ 연금제도 개혁의 필요성을 주장하기 위하여
④ 연금 재정이 불안한 이유를 분석하기 위하여

49 (　　　　)에 들어갈 내용으로 알맞은 것을 고르십시오.

① 연금 가입이 늘 거라는

② 국민의 신뢰를 얻을 거라는

③ 연금 재정이 고갈될 거라는

④ 편안한 노후가 보장될 거라는

49

'(　)' 괄호 앞의 내용은 연금제도가 필요한 사회 구조에 대한 내용이 나오고 있고 '머지 않아'가 있으므로 곧 어떤 일이 발생될 것임을 예측할 수 있습니다. 또한 '소문'이 있으므로 앞의 내용으로 미루어 '연금 재정이 곧 없어질 거라는' 소문임을 알 수 있습니다. 답은 ③이 됩니다.

The preceding content of the parenthesis '(　)' is about the social structure that requires pension scheme, and as it includes '머지않아', it can be predicted that something will happen soon. Also, on the basis of the preceding content, it can be guessed that the '소문' which follows the parenthesis '(　)' is a rumor that '연금 재정이 곧 없어질 거라는'. Therefore, the correct answer is ③.

50 밑줄 친 부분에 나타난 필자의 태도로 알맞은 것을 고르십시오.

① 노후 준비를 해야 하는 사람들을 설득하고 있다.

② 연금제도에 불만이 있는 사람들을 비판하고 있다.

③ 연금 재정 문제를 일으킨 사람들을 지적하고 있다.

④ 연금에 가입하지 않는 사람들 의견에 동조하고 있다.

50

질문을 통해 국민 연금 가입에 대한 부정적 생각을 반어적으로 표현하고 있습니다. 즉 많은 사람들이 연금에 가입하지 않는 현상에 대해 동조하고 있습니다. 따라서 답은 ④입니다.

Through the questions, the author expresses his/her negative thought on joining the pension scheme ironically. Thus, the author sympathizes with the phenomenon that many people do not join the pension. Therefore, the correct answer is ④.

48-50

※[48~50] 다음을 읽고 물음에 답하십시오. 각 2점

　최근 정부는 스마트폰의 출고가와 판매가의 차이로 인한 문제점을 개선하고자 '단통법'이라는 법안을 실시했다. 이 법은 정부의 보조금을 줄이고 공개해서 투명화하는 대신 요금 할인제를 선택해서 이용할 수 있으며 소비자에게 고가의 요금제나 부가서비스를 강요하지 못하게 하여 (　　　　　) 취지에서 출발하였다. 기존에 제조사나 통신사들의 치열한 경쟁으로 천차만별이었던 휴대 전화의 가격을 통일시켜서 가격의 거품을 없애고 그 혜택을 소비자에게 돌리고자 함이다. 이에 대해 제조사들은 휴대 전화 시장이 위축될 가능성을 제기하고 있으며 통신사들도 소비자들을 끌어들이기 위해 앞 다퉈 보완책을 내놓고 있다. 그러나 <u>현재 비관적인 전망을 내세우며 이 법안의 폐지를 주장하거나 수정을 요구하는 것은 아직 시기상조가 아닐까?</u> 과연 정부의 계획대로 제조사의 단말기 출고가가 인하되고 통신사의 서비스가 개선되어 국민들의 가계 통신비 절감 효과를 낼 수 있을지는 좀 더 지켜봐야 할 일이다.

48 필자가 이 글을 쓴 목적을 고르십시오.

① 새 법안을 제정한 취지를 밝히고 설득시키기 위하여
② 새 법안에 대한 성급한 판단 자제를 요구하기 위하여
③ 새 법안에 대한 폐지나 수정의 필요성을 알리기 위하여
④ 새 법안의 문제점을 분석하고 해결책을 제시하기 위하여

49 (　　　　　)에 들어갈 내용으로 알맞은 것을 고르십시오.

① 휴대 전화 시장을 활발하게 하려는　　② 제조사의 생산량을 늘리고자 하는
③ 통신사들의 경쟁을 치열하게 하려는　　④ 국민들의 통신비 부담을 줄이고자 하는

50 밑줄 친 부분에 나타난 필자의 태도로 알맞은 것을 고르십시오.

① 법안 실시에 대한 부정적인 태도를 우려하고 있다.
② 법안 폐지나 수정을 요구하는 의견에 수긍하고 있다.
③ 휴대 전화 가격 경쟁을 부추기는 유통 구조 개선을 요구하고 있다.
④ 법안을 실시함으로써 발생할 문제들을 비관적으로 예견하고 있다.

출고가 ex-factory price | **판매가** selling price | **단통법 (단말기 유통 구조 개선법)** Legislation for improvement of cellphone distribution structure | **법안** bill | **투명화하다** make transparent/clear | **부가서비스** additional service | **제조사** manufacturer | **치열하다** fierce/keen | **천차만별** various kinds | **통일시키다** unify | **거품을 없애다** remove bubbles | **끌어들이다** attract/draw | **앞을 다투다** compete | **보완책** countermeasure/supplementary measure | **비관적** pessimistic | **내세우다** stand on/put forward | **폐지** abolition/revocation | **시기상조** prematurity | **인하되다** decrease/be reduced | **절감** reduction/saving | **자제** self-control/self-restraint | **성급하다** hasty | **수긍하다** agree/accept | **예견하다** predict

〈 읽기 연습문제 정답 및 해설 〉

1 ②

여행 일정이 취소된 이유는 '눈이 왔다'이므로 '(   )' 괄호에 들어갈 문법은 부정적인 원인, 이유를 나타내는 '-(으)ㄴ/는 탓에'입니다.

The reason why the travel schedule has been canceled is '눈이 왔다(it snowed)', so the grammar which fits the parenthesis '(   )' should be '-(으)ㄴ/는 탓에' which expresses a negative cause or reason.

2 ④

백화점에서 옷과 신발을 모두 샀다는 의미의 문장입니다. 두 가지 동작을 모두 했다는 의미인데, 선택지에 있는 문법 중에서는 '어떤 일의 기회나 계기로 두 가지 동작을 하다'는 의미의 '-는 김에'를 쓸 수 있습니다.

The sentence means the author bought clothes as well as shoes at the department store. It means that the author did both actions, so in the grammar in the answer choices, '-는 김에' can be used, which means 'do two things as a motivation or an opportunity'.

3 ③

어렵고 힘든 '가정'의 상황에서도 영향을 받지 않고 잘 참고 견뎌야 한다는 의미입니다. '어떤 가정의 상황에도 영향을 받지 않음'을 의미하는 연결 표현 '-(으)ㄹ지라도'와 비슷한 표현으로는 '-더라도'가 있습니다.

It means that even in a 'hypothetic' situation which is hard and difficult, people should not be affected by it and endure it well. The expression '-더라도' is similar to the connective expression '-(으)ㄹ지라도' which means 'not be affected by any hypothetic situation.'

4 ④

일을 서둘러서 처리하면 당연히 실수를 한다는 의미의 문장입니다. '-(으)ㄴ/는 법이다'라는 표현은 앞의 상황이 일어나는 것이 당연함을 나타내는데, 이 표현은 '-기 마련이다'와 비슷한 표현입니다.

It means if you do things in a hurry, people will likely make a mistake. The expression '-기 마련이다' is similar to the expression '-(으)ㄴ/는 법이다' which means that it is natural for a certain event to happen.

5 ②

광고 문구에 '엄마의 사랑, 따뜻함, 오래오래'라는 표현을 보면 '보온병'에 대한 내용임을 알 수 있습니다.

It can be guessed that the commercial ad script is about 'thermos', on the basis of the expressions '엄마의 사랑(mother's love)', '따뜻함(warmness)', '오래오래(for a long, long time)' in it.

6 ①

핵심 문구를 찾으면 '지식 창고, 늘리다'입니다. 이 단어를 통해서 책과 관련된 '서점'이라는 것을 알 수 있습니다.

The key phrase is '지식 창고(storage of knowledge), 늘리다(expand)'. Through these words, it can be guessed that it is about a 'bookstore' related to books.

7 ②

마실 때에는 5분밖에 안 걸리고, 버릴 때에는 1초밖에 안 걸리지만 그때 사용한 종이컵이 썩어서 없어지기까지는 20년이 걸린다는 내용의 문장입니다. 또한 '썩다'라는 표현을 통해서도 환경 문제라는 것을 알 수 있습니다.

It is a sentence stating that it takes only 5 minutes to drink with a paper cup, and only 1 second to throw it away, but takes 20 years for it to decay and disappear. Also, it can be guessed through the expression '썩다' that it is about an environmental problem.

8 ③

약 복용 시 주의해야 할 사항을 의미하는 문구입니다. 핵심 어휘 '용량, 지키다, 이상, 상의하다'를 통해 약품을 복용할 때 유의해야 할 사항이라는 것을 알 수 있습니다.

The phrases shows the precautions when people take medicine. By the key vocabulary '용량, 지키다, 이상, 상의하다', it can be guessed that it is about the precautions in taking medicine.

9 ④ 이 글은 불꽃 축제에 대한 안내의 글입니다. '※' 참고표에 자세한 내용은 홈페이지를 참고하라고 했으므로 축제에 대한 내용은 인터넷을 통해서도 확인이 가능함을 알 수 있습니다.

The article is an informative notice of a firework festival. The note following '※' recommends to refer to the web site for more information, so it can be guessed that information about the festival can also be found through the internet.

10 ③ 외국인이 한국을 방문하는 목적에 대한 그래프입니다. 그래프에 나와 있는 통계 수치와 문제를 비교해 가면서 관계없는 내용을 하나씩 제외시켜야 합니다. 먼저 '쇼핑, 관광, 업무, 미용'과 같은 단어의 의미를 이해해야 합니다. 전체적으로 여성은 '쇼핑>관광>미용>업무'의 순서이고, 남성은 '관광>쇼핑>업무>미용'의 순서입니다. 관광을 목적으로 한국을 방문하는 외국인은 남자가 여자보다 더 많습니다.

It is a graph which shows the purpose for foreigners to visit Korea. You should compare the statistical values in the graph with the question and to exclude the irrelevant content one by one. First, you need to understand the meaning of the words '쇼핑, 관광, 업무, 미용'. Above all, female foreigners visited Korea, from the most chosen purpose to the least chosen purpose, for shopping, sightseeing, beauty care, or business affairs; and male foreigners visited Korea for sightseeing, shopping, business affairs, or beauty care. More female foreigners visited Korea for sightseeing than male foreigners.

11 ③ 서울의 한강에 개장된 '한강공원 여름 캠핑장'에 대한 글입니다. 이곳에서는 전시 및 체험 행사 등 다양한 프로그램을 통해 서울 시민들에게 새로운 캠핑 문화를 제안하고 있다고 했습니다.

The article is about the 'summer camping site in Hangang Park' provided along the Hangang River in Seoul. It states that this site is proposing a new camping culture to Seoulites through various programs such as exhibitions and experience events.

12 ① 색채 치료 방법에 대한 글입니다. 색채 치료는 말로 표현해 내기 어려운 감정들을 그림이나 색으로 표현하는 것을 말합니다.

The article is about color therapy. Color therapy refers to expressing feelings which are hard to describe in words, by paintings or colors.

13 ① 처음으로 올 수 있는 문장은 (나)와 (다) 중의 하나입니다. (다)는 '그것이다'가 있기 때문에 첫 문장이 될 수 없고, 따라서 첫 문장은 (나)가 됩니다. (나)의 '특별한 선물'은 (다)의 '떡과 엿'입니다. 다음은 이것과 반대되는 미역국을 먹으면 떨어진다는 내용인 (라)가 올 수 있습니다. 다음으로는 생일날이어도 미역국을 먹지 않는 경우를 설명한 (가)가 올 수 있습니다.

The sentence that could come first is either (나) or (다). As (다) cannot be the first sentence as it includes '그것이다', therefore, (나) becomes the first sentence. '특별한 선물 (special gifts)' mentioned in (나) are '떡과 엿 (Tteok and Yeot/Korean rice cake and Korean taffy)' mentioned in (다). What comes next should be (라), the contrary content to the preceding one, which states that eating Miyeok-guk(Korean seaweed soup) will lead to failing the test.

14 ④ 이 글의 주제는 '도서정가제'입니다. 첫 문장은 글의 주제인 '도서정가제'가 무엇인지 설명하는 (다)입니다. 다음은 이 문장을 받는 '이는'으로 시작하는 (나)입니다. (나)에서 '앞으로 보다 강화될 예정이다'로 끝나기 때문에 다음 문장은 그 이유를 설명하는 '-기 때문이다'로 끝나는 (가)입니다. 마지막 문장은 '하지만'으로 시작하여 앞 문장의 반대의 내용을 제시하는 (라)입니다.

The topic of this article is 'fixed book pricing scheme.' The first sentence should be (다) which explains what 'fixed book pricing scheme' is. What comes next should be (나) which begins with '이는' that connects with the preceding sentence. As (나) ends with '앞으로 보다 강화될 예정이다 (it will be strengthened in the future)', so its next sentence should be (가) which ends with '-기 때문이다' as it explains why. The last sentence should be (라) which begins with '하지만' as it is contrary to the preceding sentence in meaning.

15 ② 이 글은 감정노동자와 일의 능률에 대한 글입니다. 처음 문장은 '감정노동자'가 무엇인지에 대해 설명하는 (가)입니다. 다음 문장은 '감정노동자'를 받는 '이런 감정노동자들은'이 있는 (라)입니다. 다음은 (라)에서 '미소를 지어야 할 때가 많다'는 내용을 받는 '이렇게'가 있는 (나)입니다. 마지막 문장은 '반면'으로 시작하여 앞 문장의 반대의 내용을 제시하는 (다)입니다.

The article is about emotional laborer and their work efficiency. The first sentence should be (가) which explains what '감정노동자' is. What comes next should be (라) which includes '이런 감정노동자들은' which connects with '감정노동자'. The next should be (나) which includes '이렇게' that connects with '미소를 지어야 할 때가 많다' in (라). The last sentence should be (다) which begins with '반면' and presents the contrary content to the preceding sentence.

16 ③　'( )' 괄호 뒤에 있는 '오히려'를 통해 이 문장은 '뇌에 좋은 음식을 먹는 것'에 대해 반대 의견을 제시하고 있음을 알 수 있습니다. 이러한 부정적인 견해를 제시함으로써 마지막 문장에 있는 '골고루 섭취하는 것이 뇌 건강에 좋다'는 결론을 내리고 있습니다. 따라서 '( )' 괄호에 들어갈 내용은 '특정 음식을 골라 먹는 것'입니다.

By '오히려' which comes after the parenthesis '( )', it can be guessed that this sentence is disagreeing with 'eating the food good for the brain'. By presenting such negative view, it concludes that eating various foods is good for the brain health as mentioned in the last sentence. Therefore, the content that fits the parenthesis '( )' should be '특정 음식을 골라 먹는 것'.

17 ④　이 글은 '식도의 운동'에 대해 설명하고 있습니다. 주목해야 할 부분은 식도는 '음식을 위에서 아래쪽으로 내려 보내는 운동을 한다'입니다. 이러한 운동은 매우 강력하기 때문에 '( )' 괄호와 같은 상황에서도 소화를 할 수 있다는 것입니다. 따라서 정답은 '똑바로 서 있지 않아도'입니다.

The article explains about the 'esophageal motion'. What you should note is the esophagus '음식을 위에서 아래쪽으로 내려 보내는 운동을 한다(moves to send the food downwards)'. It is stated that as such motion is very powerful, it can digest even in the situations mentioned in the parenthesis '( )'. Therefore, the correct answer is '똑바로 서 있지 않아도'.

18 ①　'목소리의 차이'가 '( )' 괄호에 들어가는 '무엇'의 중요한 요인이 되는지 찾는 문제입니다. '( )' 괄호 뒤에 있는 문장이 무엇을 설명하고 있는지 이해하면 답을 찾을 수 있습니다. 목소리의 변화로 '인자하고 따뜻한 이미지로 대중의 인식을 바꿔 놓았다'는 내용을 통해 목소리의 차이가 '인상을 결정하는 데' 중요한 요인이 됨을 알 수 있습니다.

You need to choose what is '목소리의 차이' is the main factor of '무엇(something)'. You should find the correct answer if you understand what the sentence which follows the parenthesis '( )' explains about. Through the content '인자하고 따뜻한 이미지로 대중의 인식을 바꿔 놓았다(he has changed the public's perception of his impression to a kind and warm person)' by vocal change, it can be guessed that the voice difference becomes an important factor of '인상을 결정하는 데(in determining one's impression)'.

19 ②　이 글의 주제는 '재능 기부의 장점'입니다. '( )' 괄호가 있는 문장의 앞에는 금전 기부나 봉사활동의 단점에 대해 설명하였고 '( )' 괄호가 있는 문장에는 재능 기부의 장점에 대한 내용입니다. 따라서 반대의 문장으로 이어 주는 ② '오히려'가 답이 됩니다.

The topic of this article is 'the advantages of talent donation'. The disadvantages of monetary donation or volunteer activity are explained before the parenthesis '( )' and the sentence which includes the parenthesis '( )' is about the advantages of donating one's talent. Therefore, ② '오히려' which connects with the contrary content is the correct answer.

20 ③　'봉사활동은 개인의 차이를 고려하지 않고 이루어진다'와 반대로 '재능 기부는 기부를 받는 사람에게 맞춤형 기부를 제공한다'고 하였습니다.

It states '재능 기부는 기부를 받는 사람에게 맞춤형 기부를 제공한다(talent donation provides customized donation to beneficiaries)' in contrast to '봉사활동은 개인의 차이를 고려하지 않고 이루어진다(volunteer activity is conducted without considering the difference of each individual)'.

21 ④　과대 포장에 대해서 소비자들이 지속적으로 문제를 제기해야 함을 주장하는 글입니다. '( )' 괄호 앞에는 과대 포장에 대해서 나오고 있으며, 이러한 사태를 '( )' 괄호와 같이 하면 계속 속게 될 거라고 말하고 있습니다. 따라서 '자기와 관계없는 일이라고 생각해서 무관심하게 지켜보다'는 의미에 해당되는 '강 건너 불 보듯 하다'가 정답입니다.

The article asserts that customers should constantly raise questions about over-packaging. It is explained about over-packaging before the parenthesis '( )' and it states that if such situation goes on as mentioned in the parenthesis, they will continue to be deceived. Therefore, the correct answer is '강 건너 불 보듯 하다' which '자기와 관계없는 일이라고 생각해서 무관심하게 지켜보다(watch something without interest because it is considered as being irrelevant)'.

22 ④　중심 생각을 고르는 문제는 글의 뒷부분을 주의 깊게 봐야 하며, '따라서, 그러므로' 등과 같은 표현을 잘 봐야 합니다. 이 글에서는 제일 마지막 문장에 있는 '따라서 소비자들은 이러한 문제를 지속적으로 제기할 필요가 있다.'가 중심 문장이 됩니다. 따라서 ④의 '소비자들은 과대 포장 문제에 대해 건의해야 한다.'가 정답입니다.

As for the questions which ask you to choose the main idea, you need to read the latter part of the article carefully, and focus on the expressions such as '따라서, 그러므로', etc. In this article, the main sentence should be '따라서 소비자들은 이러한 문제를 지속적으로 제기할 필요가 있다(therefore, customers should constantly bring up this problem)' in the last sentence. Therefore, '소비자들은 과대 포장 문제에 대해 건의해야 한다' of the answer choice ④ is the correct answer.

23 ② 밑줄 친 부분의 '눈가가 촉촉이 젖어 들었다'는 것은 눈물이 났다는 의미입니다. 이 부분에 나타난 나의 심정을 알기 위해서는 앞의 문장을 봐야 합니다. 앞에 '어머니의 머리도 세월에 따라 백발로 변해 있었다', '집안의 궂은 일을 마다하지 않으시는'을 통해 '나'의 심정은 ②의 '안쓰럽다'임을 알 수 있습니다.

'눈가가 촉촉이 젖어 들었다' in the underlined part means that the eyes got moist. To figure out what 'I' am feeling described in this part, you need to read the preceding sentence. Through the preceding expressions '어머니의 머리도 세월에 따라 백발로 변해 있었다(mother's hair is gray as time went by)' and '집안의 궂은일을 마다하지 않으시는(willing to do chores at home)', it can be guessed that the feeling of 'I' is '안쓰럽다 (feel pitiful)' of answer choice ②.

24 ② 어머니는 백발로 변해 있는 만큼 많이 늙으셨지만 여전히 궂은일을 하면서 쉬지 않고 일하신다고 했습니다.

It is stated that my mother is very old as her hair turned gray, but still does unpleasant jobs without rest.

25 ④ 존대법을 너무 많이 사용하는 것은 오히려 손님들의 기분을 더 나쁘게(불쾌하게) 만들 수 있다는 기사입니다.

The article states that use of too many honorific modes could make guests feel more uncomfortable.

26 ③ 유명 연예인들이 인터넷에 올린 나쁜 내용의 댓글로 인해 심적으로 힘들고 많은 어려움을 겪고 있다는 기사입니다. 여기에서 '몸살'은 '몸이 아프다'는 의미가 아닌 '심적으로 힘들고 어렵다'는 의미를 나타냅니다.

The article is that famous celebrities are going through a lot of psychological hardships due to blaming comments posted on the internet. In here, '몸살' does not mean 'bodyache' but 'mental difficulty'.

27 ④ 내년의 세계 경제 성장률은 오르지 않고(제자리) 올해와 같을 거라고 예상하고 있습니다. 이렇게 전망을 하는 이유로 무역 감소가 큰 영향을 주었다(한몫을 했다)고 보고 있습니다.

It forecasts that the world economic growth rate next year will not increase (be same) but maintain as same as this year's. It states the reason for such prospect is that the decrease of export will have a big effect.

28 ③ 분수대의 일반적인 기능에서 벗어나 음악을 접목시킨 분수대가 인기를 끌고 있다는 내용입니다. 이 분수대는 독특하고 화려한 볼거리를 주기 때문에 '( )' 괄호에는 ③의 '시민들에게 색다른 즐거움'을 주는 것이 답이 됩니다. '독특하다'가 있다고 해서 ④번 '독특하고 기발한 생각'을 고르지 않도록 주의해야 합니다. 독특한 것은 맞지만 '기발한 생각'을 주는 것은 아니기 때문입니다.

It states that a water fountain that is combined with music in addition to its general functions is gaining popularity. As such water fountain provides unique and spectacular attraction, the correct answer which fits the parenthesis '( )' should be '시민들에게 색다른 즐거움' of answer choice ③. You should be careful not to choose the answer choice ④ '독특하고 기발한 생각' for the reason that it includes '독특하다'. This is because though being unique, it doesn't inspire '기발한 생각 (brilliant idea)'.

29 ④ 최근 드라마의 시청률이 예전에 비해 그리 높지 않음을 지적하며 그 이유를 설명하고 있습니다. 시청률이 떨어진 두 번째 이유를 '여러 대의 텔레비전으로 각기 다른 방송을 본다'로 제시하고 있습니다. 따라서 집안의 텔레비전이 여러 대가 된 것과 관련된 말을 찾으면 되는데 ④ '텔레비전 보유 개수가 많아져'가 이와 같은 의미를 나타내므로 정답이 됩니다.

It points out that the view rate of recent television drama is not that high in comparison with that in the past, and explains why. It presents its second reason that 'each family member watches different broadcasts on different televisions'. Therefore, it is necessary to find the words related to the household having multiple televisions; and because ④ '텔레비전 보유 개수가 많아져' has such meaning, it becomes the correct answer.

30 ③

한국의 전통 음식인 비빔밥을 세계화시키기 위해 개발된 '비빔밥 버거'에 대해 설명하고 있습니다. '( )' 괄호에 들어갈 내용은 햄버거와 비빔밥, 두 요소가 만난 것이 어떤 특징이 있는지 이해하면 됩니다. 따라서 독특하고 차별화된 두 요소가 합쳐졌다는 점에서 ③이 정답입니다.

It is explaining about 'Bibimbap burger' developed to globalize Korean traditional food Bibimbap. To choose what fits the parenthesis '( )', you should understand the characteristic of the two different elements 'hamburger' and 'Bibimbap' combined in here. Therefore, in terms of two unique and distinct elements combined, ③ is the correct answer.

31 ④

금연 구역의 확대와 더불어 건물 전체를 금연으로 지정한 아파트가 인기를 얻고 있다는 내용의 기사입니다. '( )' 괄호의 뒷부분으로 금연 구역을 지정하려는 시도가 시민들의 노력 때문인 것을 알 수 있습니다. 또한 선택지가 모두 '-(으)려는'으로 끝나기 때문에 '( )' 괄호에는 금연 구역을 지정한 시민들의 의도를 나타내는 내용을 찾으면 됩니다.

The article states that apartments of which whole area is designated as non-smoking area, with the expansion of non-smoking area, are gaining popularity. It can be guessed from the following part of the parenthesis '( )' that the attempt to designate a non-smoking area was made due to the citizens' effort. Also, all of the answer choices end with '-(으)려는', so you should find the citizens' intention to designate the non-smoking area in the parenthesis '( )'.

32 ①

'나들이 식품의 핵심 기술은 가열 기술에 있다'라고 했으므로 정답은 ①입니다. '핵심 기술'과 '주요 기술'은 의미가 같습니다. ② 나들이객의 증가로 군인들의 비상식량의 질이 아니라 C기업의 매출이 늘었습니다. ③ '손쉽게' 음식을 만들 수 있기 때문에 '번거롭다'라는 표현은 틀립니다. ④ 불이 아닌 발열 용액을 통해 가열합니다.

As it states 'the key technology of travel food is the heating technology', the correct answer is ①. '핵심 기술' and '주요 기술' have the same meaning. ② The increase of travelers has increased the sale of the company C, not the quality of emergency food for soldiers. ③ It can be cooked '손쉽게(easily)', so the expression '번거롭다(troublesome)' is not the appropriate expression. ④ It is heated by an exothermic solution, not by fire.

33 ②

답은 ②번으로 '웰빙'은 '건강한 삶'을 의미합니다. ① 농약과 화학비료의 사용량과 지렁이는 상관이 없습니다. ③ 지렁이 배설물은 배수가 잘되어 뿌리가 내리는 데 도움을 줍니다. ④ 지렁이 농법은 지렁이 배설물을 이용하는 것으로 배수성과 통기성이 뛰어나고 토양을 개선해 주는 데에 중요한 역할을 합니다.

The answer is ②; as '웰빙 (well-being)' means 'healthy life'. ① The consumed amount of pesticides and chemical fertilizers is not related to earthworm. ③ The earthworm's excrement is drained well, and helps plants put down root. ④ Earthworm farming is to use earthworm's excrement, which plays an important role to improve the soil because it has excellent drainage and permeability.

34 ④

폐 휴대 전화를 수거하여 경제적 손실을 막고 환경을 보호하자는 내용으로 ① 2011년을 기점으로 '증가'가 아니라 '감소'하고 있다고 했습니다. ② 폐 휴대 전화의 유해물질로 인한 환경파괴의 위험성을 경고한 것이지 사람이 사용하는 횟수를 줄이라는 내용은 없습니다. ③ 소비자들의 요구가 아니라 '휴대 전화의 기능과 다양한 디자인의 변화'로 소비자들의 교환 시기가 빨라지고 있다고 했습니다. ④ '환경도 보호하고 경제적 손실도 막는 일석이조의 효과'라고 했으므로 글의 내용과 같습니다.

It is about collecting used cell phones to prevent economic loss and protect the environment. ① It states that starting in 2011, it has 'decreased', not 'increased'. ② It warns about the risk of environmental destruction due to hazardous substances of used cell phones; it doesn't state about reducing the use of cell phone. ③ It states that costumers are switching their cell phones sooner due to 'cell phone features and various design changes'm not because of customers' demand. ④ It states that 'it can kill two birds with one stone: protecting the environment and preventing economic loss', so it matches with the article's content.

35 ①

취업을 위한 성형 수술에 대한 글입니다. 마지막 문장에서 외모에 자신감이 없던 사람들이 수술 후 자신감을 얻고 긍정적인 사회생활을 하는 사례가 늘어나면서 수술 선호도는 꾸준히 증가하고 있다고 했습니다. 이 마지막 문장에서 글의 전체 내용을 정리하면서 이 글의 주제를 나타내고 있습니다.

The article is about plastic surgery to get a job. The last sentence states that preference of such surgery is steadily increasing due to the increase of cases that those who lacked confidence in their appearance get confidence and can make a positive social life after taking such a surgery. The last sentence is summarizing the overall content of the article and presenting its topic.

36 ②

이 글은 최근 증가하고 있는 '파랑새 증후군'의 현상, 발생 원인 등을 설명하고 있습니다. 주제를 찾기 위해서는 '그러나'로 시작하면서 필자의 주장을 나타내고 있는 마지막 문장을 주의 깊게 읽어야 합니다. '노력 없이 행복을 얻을 수 없다'로 보아 이 글의 주제는 행복을 위해서는 노력이 필요하다는 ②입니다.

This article explains the phenomenon and cause of the recently increasing '파랑새 증후군(bluebird syndrome)'. To find the topic, you should carefully read the last sentence which begins with '그러나' and presents the author's assertion. On the basis of '노력 없이 행복을 얻을 수 없다', it can be guessed that the topic of this article is ② which states that we need to strive to gain happiness.

37 ③

이 글은 오프라인, 온라인 출판 시장에 대한 글입니다. 마지막 문장에서 '소비자들은 어느 일방이 아닌 쌍방의 상생 구조가 양립되길 희망하고 있다'로 끝납니다. '쌍방의 상생 구조가 양립되길 희망하고 있다'는 ③ '시장의 공존을 희망한다.'로 바꿀 수 있습니다. 여기서 '공존, 상생, 쌍방, 양립' 등의 어휘를 이해하면 정답을 찾을 수 있습니다.

This article is about the offline and online publishing market. The last sentence ends with '소비자들은 어느 일방이 아닌 쌍방의 상생 구조가 양립하고 있다(consumers want the win-win paradigm of both parties to be compatible instead of one-side winning structure)'. The expression '쌍방의 상생 구조가 양립되길 희망하고 있다(want the win-win paradigm to be compatible)' can be replaced with '시장의 공존을 희망한다(want to co-existence of market)' of ③. Understanding the vocabulary '공존, 상생, 쌍방, 양립', etc. in here will help you to find the correct answer.

38 ①

이 글은 '단말기 보조금 제도의 역기능'에 대해 설명하고 있습니다. 전체적으로 일관되게 단말기 보조금 제도가 제 역할을 하지 못하고 오히려 소비자들의 부담을 증가시키고 있는 점을 설명하고 있습니다. 특히 마지막 문장에서는 글을 정리하면서 '개인에게 큰 부담을 주고 있다.'로 마무리하고 있습니다.

The article explains the '단말기 보조금 제도의 역기능(dysfunction of the cell phone subsidy system). In general, it constantly explains that cell phone subsidy system fails to play its role and rather increases the burden of consumers. Especially, the last sentence summarizes the article by concluding with '개인에게 큰 부담을 주고 있다(gives a big burden to each individual)'.

39 ③

〈보기〉의 내용은 화석연료를 사용하는 자동차의 배기가스가 지구온난화의 주요 원인이라는 내용입니다. 따라서 〈보기〉의 앞에서는 이 내용을 포괄적으로 설명하는 글이 오는 것이 자연스럽습니다. 뒤에서는 이와 비슷한 화석연료 피해의 예를 제시하는 글이 올 수 있는데 ⓒ의 뒤 문장에서 '또한'으로 시작하면서 피해의 예를 더 제시하고 있기 때문에 〈보기〉는 이 앞에 들어가는 것이 자연스럽습니다.

The content of 〈보기〉 is that the main reason of global warming is the exhaust emission from automobiles using fossil fuels. Therefore, it is natural that the sentence which explains such content comes before 〈보기〉. It can be followed by a sentence which presents another example of damage caused by fossil fuels similar to that in 〈보기〉; and as the sentence which comes after ⓒ begins with '또한' and presents more examples of damages caused by fossil fuel, it is natural for 〈보기〉 to fit ⓒ.

40 ③

이 글은 '실버타운'을 세 유형으로 나누고 그 장단점을 소개하고 있습니다. 〈보기〉는 어느 한 유형의 단점을 소개하고 있습니다. 단점의 내용을 잘 읽고 유형을 찾으면 됩니다. '거리상의 문제'가 단점의 원인이 되기 때문에 '전원 휴양형'의 단점이 되고, '그렇지만'으로 시작하기 때문에 장점 뒤에 〈보기〉가 오는 것이 자연스럽습니다.

The article divides the '실버타운(retirement home)' into three types and introduces each advantage and disadvantage. 〈보기〉 introduces the disadvantage of a certain type. You should read carefully what the disadvantage is to find its corresponding type. As '거리상의 문제(a matter of distance)' is the cause of the disadvantage, it is the disadvantage of '전원 휴양형'; and as 〈보기〉 begins with '그렇지만', it is natural for '보기(example)' to follow its corresponding advantage.

41 ②

이 글은 '이순신'이라는 한국의 역사적 인물에 대해 소개하고 있습니다. 그 소개 중에서 〈보기〉의 내용은 이순신이 어머니에 대해 보였던 사랑의 구체적인 예입니다. 이순신의 인간적인 모습에 대한 예이기 때문에 그가 '평범한 남편이자 아들이었으며 정이 많은 아버지였다.'의 뒤에 구체적인 예로 〈보기〉가 들어가는 것이 자연스럽습니다.

The article introduces a historical figure whose name is '이순신' who is a historic figure of Korea. In the introduction, 〈보기〉 is a specific example of the love that 이순신 showed to his mother. Because it is an example of 이순신's figure as an ordinary human, it is natural for 〈보기〉 to follow '평범한 남편이자 아들이었으며 정이 많은 아버지였다(he was an ordinary husband, son and warm-hearted father)' as its specific example.

42 ②

여자 아이들이 우림이를 보고 하는 말입니다. '흥'이라는 단어에서 마음에 들어 하지 않는다는 것을 알 수 있으며 '지가 무슨 공주 마마라도 되는 줄 아나 보지?'에서는 우림이가 너무 공주처럼 도도하고 건방진 것에 대한 아이들의 불만이 나타나 있습니다. 아이들이 우림이에 대해서 빈정거리면서 말하고 있습니다.

The girls are talking about 우림. Through the exclamation '흥(humph!)', it can be guessed that they do not like her; and the expression '지가 무슨 공주 마마라도 되는 줄 아나 보지?(does she think she is a princess?)' shows the girls' displeasure with 우림 behaving haughtily and being arrogant like a royal princess. The children are speaking with sarcasm about 우림.

43 ②

내 짝꿍인 우림이보다 다른 친구들과 더 빨리 친해질 정도로 나는 성격이 얌전하지 않았다고 했으므로 ①의 조용하다는 말은 정답이 될 수 없습니다. 나는 우림이가 좋지는 않지만 다른 아이들한테 따돌림을 받는 것이 불쌍하고 가엾게 느껴졌다고 했으므로 ② '우림이가 안돼 보였다'가 정답입니다. 우림이는 결코 남에게 먼저 말을 걸지 않으며 항상 혼자라고 했으므로 ③과 ④는 모두 정답이 될 수 없습니다.

It states that 'I' was temperamental enough to get close with friends rather than my friend 우림 who sat next to me, so ① which states that 'I' was a quiet person cannot be the correct answer. It states that 'I' didn't like Woo-rim, but felt pitiful on her as she was bullied from other classmates, so ② '우림이가 안 돼 보였다' is the correct answer. It is stated that 우림 never began a conversation with others and was always alone, so neither ③ nor ④ can be the correct answer.

44 ②

자유무역협정을 설명하면서 글의 마지막 부분에 이 협정은 국가와 국민의 경제와 발전에 도움이 될 수 있는지를 철저하게 조사하고 분석하여 합리적인 대응책을 마련해야 함을 주장하고 있습니다.

It explains about the Free Trade Agreement and asserts in the last part that such agreement should be thoroughly researched and analyzed to determine whether or not it helps the development of the country and people, so reasonable countermeasures should be prepared.

45 ③

'( )' 괄호의 앞뒤를 잘 살펴봐야 합니다. 앞에는 '다른 업체들에 비해 낮은 관세율이 적용되어'가 있으므로 세율이 낮다는 것은 그만큼 가격이 싸질 수 있다는 것을 의미합니다. 또한 뒤에는 많은 경제적 이득을 취할 수 있다고 했으므로 가격과 관련된 내용이 와야 합니다.

You should carefully read the preceding and following contents of the sentence which includes the parenthesis '( )'. The preceding content includes '다른 업체들에 비해 낮은 관세율이 적용되어(lower customs tariff is applied than to other companies)', so a lower customs tariff means that the products' price can be lower. Also, it is mentioned afterwards that it would bring a lot of economic benefits, so the content in the parenthesis '( )' should be about price.

46 ④

제시된 문장을 살펴보면, '따라서'로 시작하면서 겨울에 따뜻하고 여름에는 시원하므로 냉방비와 난방비를 절약하는 것에 대한 내용입니다. 따라서 제시된 문장과 앞에 올 수 있는 문장의 관계는 인과관계로 볼 수 있으므로 앞에는 난방비와 냉방비를 절약할 수 있게 된 원인이나 이유에 관련된 문장이 올 수 있습니다. 글의 ㉠~㉣의 앞 뒤 문장을 살펴보면 마지막 ㉣의 앞에 단열 성능을 상승시킨다는 내용이 나오며 뒤에는 경제적인 부담을 줄일 수 있다는 내용이 나와야 합니다.

The provided sentence begins with '따라서' and is about saving air-conditioning and heating expenses as the concerned house is warm in the winter and cool in the summer. Therefore, the relation between the provided sentence and its preceding sentence can be considered as cause and effect, so the sentence about the cause or reason for saving air-conditioning and heating expenses may come before the provided sentence. If you carefully read the preceding and following sentences of ㉠~㉣ in the article, you will find a sentence that states that it increases the insulation performance which comes before ㉣ located in the last part, and a sentence that states it helps to reduce the economic burden should come after ㉣.

47 ④

이 단열 시스템은 기존의 벽과 비교했을 때 두께는 동일함을 유지하지만 단열 성능은 더 좋다고 했으므로 ④가 정답입니다. 하루 빨리 '상용화(일상적으로 쓰임)' 되기를 바란다고 했으므로 ②는 틀립니다.

The walls to which such insulation system is applied, in comparison with ordinary walls, maintain the same thickness but show better insulation performance, so ④ is the correct answer. The author hopes that it would be 'commercialized' as soon as possible, so ② is incorrect.

48 ②　스마트폰의 가격을 공정하고 투명하게 하기 위해서 정부가 제정한 '단통법'에 대한 글입니다. 이 글은 눈에 보이는 부정적인 영향들 때문에 폐지하자고 하거나 수정해야 한다는 등의 말을 하기보다는 좀 더 지켜봐야 한다고 말하고 있으므로 성급한 판단의 자제를 요구하고 있습니다.

The article is about '단통법(law for improvement of cell phone distribution structure)' which the government legislated in order to make the price of smart phones fair and transparent. In this article, the author asks to refrain from making hasty judgement by saying that we should wait and see, rather than asserting that it should be abolished or revised due to its negative effects.

49 ④　'(　)' 괄호의 앞에 있는 문장은 '소비자에게 고가의 요금제나 부가서비스를 강요하지 못하게 하여'가 있고, 뒤에는 그런 목적에서 이 법안이 출발하였다는 이야기를 하고 있습니다. 따라서 이 법안의 목적은 국민들의 통신비를 줄이는 데에 목적이 있다고 밝히고 있습니다.

The sentence that comes before the sentence which includes the parenthesis '(　)' states that '소비자에게 고가의 요금제나 부가서비스를 강요하지 못하게 하여(by prohibiting the companies from forcing users high cell phone rates or additional services)' and that such legislation has been established for that purpose. Therefore, it is stating that the purpose of this legislation is to reduce people's communication expenses.

50 ①　현재 나타나는 비관적인 현상을 통해 사람들이 법안의 폐지나 수정을 요구하는 것에 대해서 아직은 성급하다고 이야기하면서 이 법안의 부정적인 시각에 대해서 조심스럽게 비판하면서 우려(걱정)하고 있습니다.

Stating that it is still hasty to demand for abolishment or revision of the legislation because of its pessimistic phenomenon that appears now, and expresses the author's concern while criticizing the negative view on this legislation carefully.

---

1) 월간 「샘터」 2014년 10월호 행복일기 중에서 「장인과 산다」
2) 위기철의 「아홉살 인생」 본문 중에서

번호	답 란
1	① ② ③ ④
2	① ② ③ ④
3	① ② ③ ④
4	① ② ③ ④
5	① ② ③ ④
6	① ② ③ ④
7	① ② ③ ④
8	① ② ③ ④
9	① ② ③ ④
10	① ② ③ ④
11	① ② ③ ④
12	① ② ③ ④
13	① ② ③ ④
14	① ② ③ ④
15	① ② ③ ④
16	① ② ③ ④
17	① ② ③ ④
18	① ② ③ ④
19	① ② ③ ④
20	① ② ③ ④

번호	답 란
21	① ② ③ ④
22	① ② ③ ④
23	① ② ③ ④
24	① ② ③ ④
25	① ② ③ ④
26	① ② ③ ④
27	① ② ③ ④
28	① ② ③ ④
29	① ② ③ ④
30	① ② ③ ④
31	① ② ③ ④
32	① ② ③ ④
33	① ② ③ ④
34	① ② ③ ④
35	① ② ③ ④
36	① ② ③ ④
37	① ② ③ ④
38	① ② ③ ④
39	① ② ③ ④
40	① ② ③ ④

번호	답 란
41	① ② ③ ④
42	① ② ③ ④
43	① ② ③ ④
44	① ② ③ ④
45	① ② ③ ④
46	① ② ③ ④
47	① ② ③ ④
48	① ② ③ ④
49	① ② ③ ④
50	① ② ③ ④

한국어능력시험
TOPIK II
2 교시 (읽기)

성 명 (Name)
한 국 어 (Korean)
영 어 (English)

수 험 번 호

결 시 확인란
결시자의 영어 성명 및 수험번호 기재 후 표기

답안지 표기 방법(Marking examples)
바른 방법(Correct)
틀린 방법(Incorrect)

※ 위 사항을 지키지 않아 발생하는 불이익은 응시자에게 있습니다.

감독관 확인
본인 및 수험번호 표기가 정확한지 확인 (인)

번호	답 란
1	① ② ③ ④
2	① ② ③ ④
3	① ② ③ ④
4	① ② ③ ④
5	① ② ③ ④
6	① ② ③ ④
7	① ② ③ ④
8	① ② ③ ④
9	① ② ③ ④
10	① ② ③ ④
11	① ② ③ ④
12	① ② ③ ④
13	① ② ③ ④
14	① ② ③ ④
15	① ② ③ ④
16	① ② ③ ④
17	① ② ③ ④
18	① ② ③ ④
19	① ② ③ ④
20	① ② ③ ④

번호	답 란
21	① ② ③ ④
22	① ② ③ ④
23	① ② ③ ④
24	① ② ③ ④
25	① ② ③ ④
26	① ② ③ ④
27	① ② ③ ④
28	① ② ③ ④
29	① ② ③ ④
30	① ② ③ ④
31	① ② ③ ④
32	① ② ③ ④
33	① ② ③ ④
34	① ② ③ ④
35	① ② ③ ④
36	① ② ③ ④
37	① ② ③ ④
38	① ② ③ ④
39	① ② ③ ④
40	① ② ③ ④

번호	답 란
41	① ② ③ ④
42	① ② ③ ④
43	① ② ③ ④
44	① ② ③ ④
45	① ② ③ ④
46	① ② ③ ④
47	① ② ③ ④
48	① ② ③ ④
49	① ② ③ ④
50	① ② ③ ④

한국어능력시험
TOPIK II

1교시 (쓰기)

| 수 험 번 호 | | | | | | 8 | | | | | |

| 0 1 2 3 4 5 6 7 8 9 | 0 1 2 3 4 5 6 7 8 9 | 0 1 2 3 4 5 6 7 8 9 | 0 1 2 3 4 5 6 7 8 9 | | 0 1 2 3 4 5 6 7 8 9 | 0 1 2 3 4 5 6 7 8 9 | 0 1 2 3 4 5 6 7 8 9 | 0 1 2 3 4 5 6 7 8 9 | 0 1 2 3 4 5 6 7 8 9 |

주관식 답안은 정해진 답란을 벗어나거나 답란을 바꿔서 쓸 경우 점수를 받을 수 없습니다.
(Answers written outside the box or in the wrong box will not be graded.)

51 ⓐ
ⓑ

52 ⓐ
ⓑ

53 아래 빈칸에 200자에서 300자 이내로 작문하십시오 (띄어쓰기 포함).
(Please write your answer below; your answer must be between 200 and 300 letters including spaces.)

※ 54번은 뒷면에 작성하십시오. (Please write your answer for question number 54 at the back.)

300
250
200
150
100
50

주 관 식 답 란 (Answer sheet for composition)

아래 빈칸에 600자에서 700자 이내로 작문하십시오 (띄어쓰기 포함).
(Please write your answer below; your answer must be between 600 and 700 letters including spaces.)

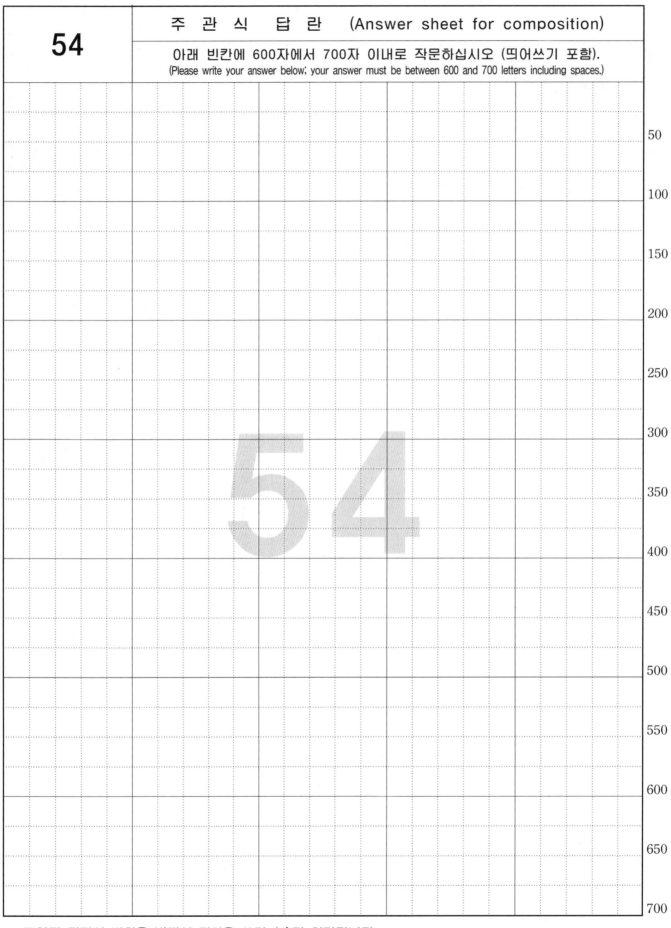

50

100

150

200

250

300

350

400

450

500

550

600

650

700

※ 주어진 답란의 방향을 바꿔서 답안을 쓰면 '0'점 처리됩니다.
(Please do not turn the answer sheet horizontally. No points will be given.)